전남대학교 인문학연구원 HK+ 가족커뮤니티사업단 시민문화총서

안과 밖의 경계
가족과 공동체의 풍경

전남대학교 인문학연구원 HK+ 가족커뮤니티사업단 시민문화총서

안과 밖의 경계
가족과 공동체의 풍경

강의혁 · 김 현 · 장복동 · 한수현 · 이수진 · 이혜란
박중렬 · 김청우 · 박세인 · 한의숭 · 조상현 저

전남대학교출판문화원

■ 머리말

전남대학교 인문학 연구원은 2018년 한국연구재단으로부터 지원을 받아 "초 개인화시대, 통합과 소통을 위한 가족 커뮤니티 인문학"이라는 주제로 인문한국플러스 사업을 수행 중에 있다. 인문학 연구원은 사업의 한 부분으로 지역인문학 센터를 운영하고 있으며, 지역의 시민과 청소년을 대상으로 다양한 인문 강좌와 인문 프로그램을 제공하고 있다. 이 책은 지역인문학 센터에서 강의를 맡아주신 선생님들과 인문학 연구원 선생님들의 가족과 공동체에 관한 글들로 구성되어 있다. 이 책에서는 문학과 역사, 철학을 전공하신 인문학자들이 우리에게는 아주 친숙하지만, 때로는 가장 낯선 모습으로 나타나기도 하는 가족과 공동체라는 주제를 영화와 사진, 그리고 소설들을 분석함으로써, 그리고 이러한 주제에 대한 과거 학자들의 시선들을 추적함으로써 다양한 방식으로 접근하고 있다.

현재 한국사회에서는 가족의 위기와 공동체의 해체라는 표현들을 아주 쉽게 접할 수 있다. 지속적인 변화 속에 있는 혈연 중심의 전통적인 가족은, 이혼율의 증가에 따른 한 부모가족이나 조손가족, 그리고 패치워크가족, 독신가족과 무자녀가족, 동거가족과 동성애가족 등 다양한 형태의 가족으로 분화되고 있다. 최근에는 어느 범위까지 가족으로 묶을 수 있을지에 대한 논의가 심각하게 행해질 정도로 가족의 경계조차 불분명하게 되었다. 또한 공동체보다는 개인의 권리와 행복을 우선시하는 개인주의적 사고와 함께 혼밥과 혼술이 하나의 보편적인 문화 현상으로 자리 잡고 있다.

그러나 따스한 안식처로만 이해되었던 기존의 가족과 공동체 문화의 해체가 모든 인간관계의 단절을 의미하는 것은 아니다. 오히려 이러한 변화는 개인의 행복을 토대로 하는 새로운 관계 맺음을 위한 하나의 과정과 진통으로 이해될 수 있다. 따라서 현재는 개인의 희생을 어느 정도 담보로 했던, 혈연 중심의 전통적인 가족과 폐쇄된 공동체를 벗어나 친밀성이라는 정서적 요소를 중심으로 한 대안적 관계들에 대한 진지한 고민이 요구되는 시점이라 할 수 있다. 가족과 공동체에 관한 여러 선생님들의 인문학적 사유를 모아 논 이 책과 함께 가족과 관계 맺음의 가치를 새롭게 모색하고, 열린 공동체의 문화가 확산할 수 있기를, 이와 함께 한국 사회가 새로운 온기로 충만할 수 있기를 소망한다.

2020년 2월

전남대학교 인문학연구원장 정미라

■ 차 례

제1부

흐르는 공동체, 새로운 삶의 모색

네 장의 사진: 타인에 대한 이해와 공감의 논리*

강 의 혁

첫 번째 사진: 케빈 카터의 <독수리와 소녀>

케빈 카터 <독수리와 소녀>

*이 글의 일부 내용은 『미국학』 2019년 겨울호에 실린 "Jeff Wall's Politics of Representation of the Other"이라는 논문에서 소개되었지만, 『안과 밖의 경계: 가족과 공동체의 풍경』에 맞게 수정, 보완하여 새롭게 고쳐 썼음을 밝힌다.

1994년 퓰리처상 수상작이자 사진작가 카터(Kevin Carter)에게 스스로 목숨을 끊도록 이끈 사진으로 널리 알려진 <독수리와 소녀>(The Vulture and the Little Girl) 사진은 많은 논쟁을 불러 일으켰다. 우선 이 사진은 당시 수단의 기근이 수없이 많은 사람을 기아와 갈증으로 내몰던 현실을 국제사회에 알려 아프리카 아이들이 겪는 비참함에 대한 휴머니즘적인 반응을 이끌었지만, 동시에 많은 이들은 아사(餓死) 직전의 아이와 '인간 사냥'을 기다리는 독수리를 찍고 있는 작가에게 '왜 구원의 손길을 내미는 대신 사진 셔터를 누르고 있었는가'라는 의문을 제기했다. 카터의 손을 들어준 사람들은 고통의 이미지를 통해 그 고통에 대한 인간적 개입의 필요성을 역설하는 포토저널리즘(photojournalism)의 논리에 동감하는 편이었고, 카터를 비난하는 이들은 사진의 프레임 밖에 있는 '사진작가의 위치,' 정확하게는 사진작가가 사진의 피사체에 대하여 가지는 객관적, 관찰자적, 그리고 심하게는 방관자적 위치를 지적하며 포토저널리즘의 윤리성에 문제를 제기했다.

물론 이런 문제적 사진을 읽는 과정에서 그 논쟁에 관련된 윤리적, 정치적, 미학적 논리를 살펴보고 우리의 입장을 만들어 나가는 것은 중요하다. 그러나 이 사진을 읽는 또 하나의 방법은 어느 한편의 논리를 따르기보다는 왜 이런 논쟁이 제기되었는가를 맥락화 하고 그 역사적 의미를 통해 우리 자신의 위치를 되돌아보는 것이다. 하나의 문화적 사건이 팽팽하게 맞부딪히는 논리적 충돌, 즉 이율배반(antinomy)이라는 교착상태(deadlock)로 이어질 때, 이를 이해하는 방식 중의 하나는 이 사건을 배태한 역사적 모순(contradiction)을 이해하고 이를 우리의 상황을 비추는 거울로 삼는 것이 될 것이다.

이런 관점에서 볼 때, 카터의 사진에 대한 논쟁은 그 사진이 속한 장르, 즉 포토저널리즘에 대한 역사적 비판과 무관하지 않다. 고통을 사진으로 옮길 때의 포토저널리즘의 논리는 바로 우리의 평온한 일상과는 다른 끔찍한 일이 벌어지고 있다는 고발이며, 더 나아가 이런 열악한 현실에 대한 인간적 공감과 적극적인 대책을 촉구하는 인정에의 호소라고 할 수 있다. 그러나 이런 포토저널리즘의 긍정적인 정치성에도 불구하고 조금만 관점을 달리한다면 우리는 '고통의 전시'라는 사진의 정치학이 가져온 역효과를 목도하게 된다. 그것은 바로 폭력의 가시화, 폭력의 전시, 폭력의 스펙터클이며 더 나아가 끊임없이 더 자극적인 폭력과 더 충격적인 고통을 통해 상업적인 효과를 노리는 포토저널리즘의 이면이다. 또한 이런 포토저널리즘의 논리는 소위 상업영화의 '폭력 미학'과도 무관하지 않다. 즉, 폭력을 소재로 한 거의 모든 영화는 그 바탕에 휴머니즘적인 목소리를 깔고 있으며, 이를 역으로 말하면 휴머니즘은 이미 한낱 클리셰(cliché)에 지나지 않게 되었으며 오히려 얄팍한 휴머니즘에 기대 끊임없이 새로운 '폭력 미학'을 보여주는 것이 소위 블록버스터(blockbuster)의 관행이 된지 이미 오래라는 이야기다.

이런 이유로 고통을 전시하는 많은 다큐멘터리적 사진을 두고 앨런 세큘러(Allen Sekula)는 "인간의 비참함을 '직접적으로' 재현하는 포르노그래피"라는 가차 없는 비판을 가한 것이다.[1) 그리고 이런 비판의 근거는 바로 지금의 사회가 이미지의 홍수로 과부하 되어 있으며 끊임없이 '더' 충격적인 이미지의 생산을 통해 이윤을 추구하는 문화산업의 논리가 이미 우리 삶의 풍경에 녹아든지 오래라는 것이다. 물론 기 드보르(Guy Debord)라 '스펙터클의 사회'라고 지적했던 이런 상황에도 불구하고[2] 숨겨진 부정의(不正義)의 모습들, 조직적으로 은폐되는 억압적 상황들, 그리고 우리의 일상문화에서 잘 보이지 않는 가난과 고통의 현장들을 알리고 이에 대한 반성을 촉구하는 일은 정말 중요하다. 그러나 우리 시대의 가장 큰 문제 중의 하나는 이미 상업화되고 자극적으로 재편된 문화적 조건 하에서 정작 고통과 부정의의 폭로도 지극히 상업적으로 조작된 이미지와 구분이 불가능한 경우가 많다는 것이다. 더 나아가 포스트모더니즘 이론에서 자주 논의된 것처럼 진실과 거짓, 원본과 복제, 독창성과 차용(appropriation)의 구분이 갈수록 무의미하게 되는 상황[3], 이에 따라 문화의 거의 모든 부분이 상업화되면서 심지어는 전통적인 포토저널리즘도 의심의 눈으로 쳐다보지 않을 수 없는 상황에서 "진짜" 고통과 스펙터클로서의 고통의 분별은 밀려오는 이미지의 홍수와 원자화된 현대인의 일상 속에 묻히게 되는 것이다.

카터의 사진에 관한 논쟁은 바로 이런 '문화의 상업화'라는

---

1) Allen Sekula, *Photography Against the Grain* (London: Mack, 2016): 62.
2) Guy Debord, *The Society of the Spectacle* (New York: Zone Books, 2006).
3) 이런 비판을 잘 정리한 글로는 Fredric Jameson, *The Cultural Turn* (New York: Verso, 1998)의 1장 "Postmodernism and Consumer Society" (1-20)를 참조.

맥락에서 바라볼 수 있다. 그의 사진에 대한 비판과 옹호는 포토저널리즘이 현대사회에서 처한 역설적 상황, 즉 '진실'을 보도해야 된다는 당위와 이미 '상업화된 진실' 사이의 긴장과 모순을 징후적으로 보여주는 예인 것이다. 이는 카터의 사진과 베트남계 미국인 사진작가 닉 우트(Nick Ut)가 1972년에 찍은 <전쟁의 테러>(the Terror of War)를 비교하면 잘 드러난다. 우선 닉 우트의 사진과 카터의 사진에는 약 20년의 시간차가 존재한다. 닉 우트의 사진이 찍혀진 시기는 베트남전과 세계적인 인권운동의 물결에 힘입어 포토저널리즘과 이를 대변하는 단어였던 "종군기자"의 휴머니즘, 그리고 이들의 사진미학에 대한 의문과 반성이 일반화되지 않은 시기였으며, 카터가 활동한 90년대 초반은 이미 사상적으로는 포스트모더니즘이, 정치경제학 면에서는 신자유주의가, 그리고 문화적으로는 문화의 상업화가 이미 일상의 곳곳에 침투해왔던 시기였다. 또한 유독 카터의 <독수리와 소녀>를 둘러싸고 유독 논쟁이 가열되었던 이유는 바로 사진작가의 위치가 너무 '안전하다'는 그간의 인식이 이 사진에서 적나라하게 드러났기 때문이기도 하다. 사진 프레임의 미학에서 볼 때, <전쟁의 테러>에서 작가의 위치는 사진 속의 아이들과 마찬가지로 위험에 노출되어 있다고 볼 수 있는 반면, <독수리와 소녀>에서 사진작가의 위치는 전혀 위험에 노출되지 않았다고 볼 수 있다. 다시 말해 닉 우트의 사진에서 사진작가의 위치가 어디이건 간에 작가에게 느껴질 위협과 공포를 독자는 공유하는 반면에, <독수리와 소녀>에 드러나는 프레임의 논리에 따르면 사체(死體)를 먹이로 삼는 독수리 앞의 소녀는 배고

픔 뿐 아니라 잡아먹힐 수밖에 없는 절대적 공포를 경험하고 있지만 사진작가(그리고 독자)는 이 소녀의 물리적, 정신적 상황을 공유하고 있지 않다는 것이다.

닉 우트 <전쟁의 테러>

이렇게 볼 때, 카터의 사진을 둘러싼 논쟁은 소위 포토저널리즘이라는 하나의 사진 장르가 오늘날의 문화적 상황에서 겪게 되는 교착상태를 예증하고 있다고 하겠다.

두 번째 사진: 세바스치앙 살가두의 <눈 먼 여인>

사실 카터의 사진에서 드러나는 '안전한 거리'는 상업화된 포토저널리즘의 문제이기도 하지만, 오늘날 대중들이 직면한 문화적 현실이기도 하다. 아서 클라인만과 조안 클라인만(Arthur Kleinman and Joan Kleinman)은 소비사회에서 해결될 수 없는 수 없이 많은 문제들, 특히 고통 이미지의 남용과 세계화(globalization)가 도덕적 피로(moral fatigue), 공감의 고갈, 정치적 무력감 등을 증대시켜 결국 대중을 무감각화(desenitize)한다고 설명하면서, 이런 상태가 대중들의 삶에서 고통의 스펙터클에 대한 '안전한 거리'라는 구체적 형태로 드러난다고 주장한다.[4] 대중들은 머나먼 곳의 고통을 '남의 일'로 느끼게 되며 동시에 이 고통의 세계화, 재난의 스펙터클화에 둘러싸이면서 고통과 재난에서 비켜선 자신의 일상을 '안전'이라는 감성적 거리로 자연스레 치환한다는 것이다.

이런 안전함은 사진 미학에도 직접적으로 영향을 미친다. 과거 포토저널리즘의 사진 미학을 단순화시켜서 말하자면, 그것은 소위 고급예술의 미학과는 차별화된 다큐멘터리적 미학, 즉 고통의 현장을 '가감없이' 또는 '진실되게' 전달한다는 것이며 따라서 미학적 가공이나 예술적 구성이 없이 거친 삶의 현장성이 생생하게 전달될 수 있는 일종의 아마추어리즘(amateurism)을 선호한다고 할 수 있다. 물론 여기에서 "아마추어리즘"이라고 표현된 용어가 실제로 아마추어, 즉 취미로 사진을 찍는 사람을 의미하는 것은 아니다. 종군 사진 기자들은 전문적으로 사진을 찍는 프로페셔널들이며 이들이 찍는 사진은 운수 좋게 맞닥뜨린 순간을 포착한 것이라기보다는 오랜 시간을 걸쳐 준비된 장소 선정, 기다림, 예측 등의 전문가적 요소와 명암, 대비, 구도 등의 사진 미학에 대한 훈련이 결합된 결과라고 봐야한다. 즉, 포토저널리

4) Arthur Kleinman and Joan Kleinman, "Cultural Appropriations of Suffering in Our Times" in *Social Suffering*, eds. Arthur Kleinman et. al. (Berkeley: University of California Press, 1997) 6-15.

즘은 아마추어리즘과 동일시될 수 없으며 오히려 아마추어적 효과를 노리는 특정한 사진 미학이 지배하고 있는 장르라고 보아야 하는 것이다. 문제는 이런 식으로 고통을 극화하는 사진들이 독자의 일상과의 (안전한) 거리를 강조하게 되면서 한편으로는 문화산업의 자극적 상업화 경향에 일조하게 되고 또 다른 한편으로는 현장감이 강조되기 보다는 오히려 천편일률적이며 식상한 미학적 효과로 귀결될 위험에 빠지게 된다는 것이다.

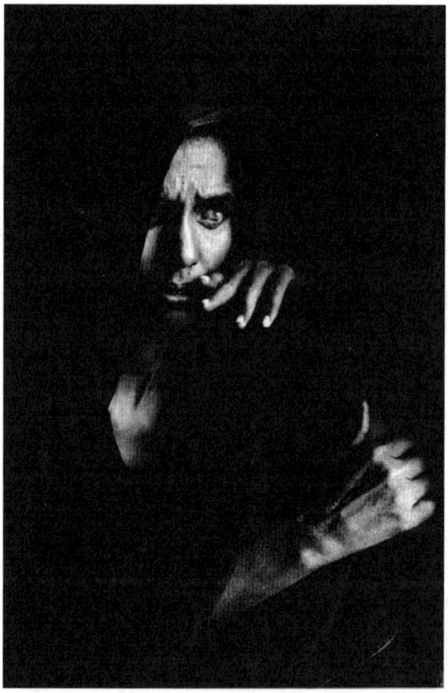

세바스치앙 살가두 <눈 먼 여인>

브라질의 사진작가 살가두((Sebastião Salgado)의 <눈 먼 여인>(Blind Woman)은 바로 종래의 고전적 포토저널리즘에 대한 반발을 징후적으로 보여준다. 그의 우아하기까지 한 흑백의 이미지는 빛과 어둠의 절절한 대비, 철저하게 계산된 미학적 구도, 의도적인 과장과 디테일의 과감한 생략을 통해 소위 고급예술, 특히 회화에서 발전된 미학적 원리들을 수용한다. 그의 사진은 마치 화가가 그린 그림과 분간할 수 없을 정도로 프레임 내부의 모든 요소가 통제된 느낌을 준다.

그의 사진에 대해 쏟아진 온갖 비난들은 바로 그가 보여주는 기존의 포토저널리즘에 대한 미학적 배신 혹은 저항에 기인한다. 예컨대 잉그리드 시시(Ingrid Sischy)는 "좋은 의도"(Good Intentions)라는 『뉴욕 타임스 매거진』의 글에서 "인간 비극을 미화한 그의 사진이 결국 그 사진이 폭로한 경험에 대한 우리의 수동성을 강화하는 것으로 귀결된다"로 말하며 그의 "좋은 의도"와 결과가 불일치하다고 주장한다.[5] 물론 살가도 자신은 "사진의 아름다움은 그 사진 속의 사람들에게 존엄(dignity)을 부여한다"며 반박하지만[6] 시시 이외에도 많은 이들은 살가두의 미학적 형식주의를 비판한다.[7] 살가두의 입장에서 이 논쟁을 평가한다면 그것은 바로 아름다움/숭고함과 추함/비참함의 일상적 대립을 극단적으로 무너뜨림으로서 흔히 비참함으로 인식되

5) Ingrid Sischy, "Good Intentions," *New York Times Magazine*, September 09, 1991.

6) Sebastiao Salgado, "Migrations, The Work of Sebastiao Salgado: Conversation, Sebastiao Salgado and Orville Schell," Dorren B. Townsend Center Occasional Papers 26, University of California, Berkeley 2002.

7) Francisco Quinteiro Pires, "Sebastião Salgado, a Man of Contradictions," *Zum Magazine*, April 2015.

는 이들에게서 숭고함을 본다는 것이며, 이 때 그를 비판하는 사람들은 그들이 가진 냉소주의 때문에 고통 받는 자에게 있는 존엄을 보지 못한다는 것이다.[8)]

물론 살가두의 주장처럼 고통 받는 자에게 존엄을 찾지 못할 이유는 없다. 그러나 비록 기존의 포토저널리즘 미학에 뚜렷한 한계가 있다고 할지라도 그의 미학적 방법론에도 문제가 없지는 않다. 그의 미학주의는 남루한 자에게도 존엄이 있다는 선언으로 정치적인 가치는 있지만, 이미 사진 미학의 역사를 통해서 '아름다움'을 구성하는 원칙으로 굳어진 '객관적' 방법론, 특히 고급예술에서 발전된 미학의 원칙들을 매우 피상적으로 수입하고 있다. 다시 말해, 물론 약자를 비롯한 모든 이들에게 존엄이 있다는 그의 말은 옳지만, 실제 고통을 묘사하는 모든 포토저널리즘의 사진은 고통 받는 이들도 고통 받지 않을 권리가 있다는 인간의 존엄을 이미 그 바탕에 깔고 있으며 여기서 문제가 되는 것은, 따라서, 미학형식이이다. 포토저널리즘의 다큐멘터리 방식이 시대의 질곡을 거치며 많은 문제를 드러냈다는 점을 인정하더라도 소위 부르주아 고전 미학에서 발전된 형식을 차용하는 살가두의 사진이 포토저널리즘의 문제를 해결한 것처럼 보이지는 않는다.

오히려 살가두는 피사체의 존엄이 가진 아름다움을 지극히 고전적인 사진 문법에서 발전된 획일적인 방식의 아름다움으로 덮어 버리는 것은 아닐까? 포토저널리즘의 냉소주의를 비판

---

8) 위의 글.

하는 살가두의 사진이 '고발'이라는 포토저널리즘의 사회적 기능까지 희석시켜버리는 이유 역시 여기에 있다. 또한 살가두의 사진은 (고전적 의미에서) 아름답지만 그로인해 살가두의 피사체가 존엄을 부여받지는 않는다. 오히려 살가두의 사진은 가난, 약탈, 착취 현장의 고발이라는 포토저널리즘의 초점에서 벗어나 사진 형식의 아름다움을 '감상'하게 만든다. 세계 곳곳을 다니며 약자들과 같이 오랜 기간을 생활하면서 그들의 동의를 얻어서 사진을 찍는 살가두의 참여적(participatory) 사진을 폄하할 의도는 없지만, 그의 사진은 약자의 고통이라는 내용과 빛과 어둠의 대조를 통한 아름다움이라는 형식이 서로 긴밀하게 조응하는 의미를 만들어 내지 못한 것 같다. 요약해서 말하자면, 그의 참여적 사진 미학은 흔히 많은 이들이 비판하는 것처럼 "저속하고", "겉만 번지르르한" 것은 아니지만,[9] 그럼에도 불구하고 그 내용에 걸맞은 형식을 갖추지 못한 뚜렷한 한계를 보인다. 명암대조의 고전적인 사진 미학은 그 시대의 요청과 요구에 맞게 발전되어온 것이며, 이런 미학 형식을 여과 없이 뒤집어쓴 그의 피사체들은 처절하리만큼 아름다우면서도 동시에 일종의 좌파적 선정주의의 혐의를 두게 한다. 특이한 소재의 전시, 전통에 대한 선동적 반발, 내용/사상을 표현할 방법론이나 미학 형식에 대한 진지하고 독창적인 개발의 부재, 필요이상의 극단적 대조 등은 언제나 상업주의나 선정주의의 요소를 가지고 있으며, 그 판정은 미학과 정치의 장구한 역사에서 가려지는 것이

9) Sischy, 앞의 글.

지 작가의 작품에 부여하는 주관적 의미나 작가의 개인적 정치 성과는 큰 상관관계가 없다.

살가두의 사진을 둘러싼 논쟁을 살펴봄에 있어서 중요한 참조점은 살가두가 기존의 사진 미학을 거부하고 나가가는 과정에서 (미학에 대한 그의 개인적인 신념과 상관없이) 사실상 시대의 문제로 떠오른 '안전한 거리,' 혹은 고통에 대한 우리의 안일함을 얼마나 극복하였는가 하는 것이다. 위에서 언급하였듯 독자가 고통의 광경에 대해서 느끼는 안전함은 자본주의적 상업문화의 소산임에 분명하지만, 이 사실은 독자 뿐 아니라 작가에게도 새로운 도전으로 다가올 수밖에 없다. 폴 파머(Paul Farmer)가 지적하였듯이, 현대의 고통은 그것이 정치적이건 경제적이건 구조적 억압으로 인한 고통일 경우가 많으며 이 때 그 고통은 예전과는 다른 방식을 취하지 않으면 제대로 전달될 수 없다. 그 이유는, 첫째, 문화산업에 의한 고통의 선정주의화(exoticization)는 오히려 독자로 하여금 그 고통의 '멀리 있음'(remoteness)을 느끼게 한다. 둘째, 구조적 고통의 실체를 알기위해서는 그 고통이 배태된 맥락을 알아야할 필요가 있지만 이런 정보가 구조적으로 차단되는 경우가 많다.[10] 마지막으로, 그리고 가장 중요하게는, "안전한 거리"를 좁히기 위해서는 수없이 많은 얼굴 없는 사람들 중의 한 사람, 즉 익명성의 존재가 아니라 생생하게 살아 움직이는 역사적 목소리의 주체로 우리

10) 예컨대 정치적 억압의 경우 언론의 통제나 언론을 통한 통제가 있을 수 있으며, 경제적 억압의 경우 전지구적 분업의 효과로 3세계의 억압의 장소는 1세계의 주민들에게 보이지 않는다.

에게 다가와야 한다.[11] 파머의 주장을 살가두의 경우에 적용시켜 본다면 아마 복잡한 결론이 나올 수밖에 없을 것이다. 궁핍한 삶에 대한 살가두의 참여에도 불구하고 그의 사진미학은 독자에게 미학적 거리를 요청하며, 이 거리는 기존의 포토저널리즘을 답습하지 않는다는 점에서 우리에게 기존의 틀을 깨고 새롭게 대상을 바라보아야 됨을 강조하고 있지만, 동시에 애써 만들어진 그 비판적 거리는 우리의 일상과는 다른 고전 미학으로 회귀하면서 '안전'하다는 느낌으로 이어진다. 또한 그의 사진은 한편으로 독자를 궁핍과 고통이 발생한 구조적 맥락으로 인도하면서도, 또 다른 한편으로는 그 맥락에 대한 탐구를 차단하고 단편적이고 미학적인 감상으로 이끄는 측면도 강하다. 마지막으로 그의 사진의 인물들은 독특한 고통과 고난의 형상을 보여주는 것이 사실이지만, 그들은 자신의 목소리를 발화하는 존재들이라기보다 수동적인 피사체로서의 느낌이 강하다.

결론적으로, 살가두의 사진은 기존의 다큐멘터리 사진 미학이 가진 한계와 대결하면서 새로운 방식으로 고통을 직시하려는 정치실험이지만 그 자체의 한계와 모순도 여실히 드러내는 결과를 초래한다. 살가두의 사진을 '나쁜 사진'으로 폄하할 수 없다. 그러나 그의 사진이 현대 이미지 문화의 새로운 도전으로 떠오른 '안전한 거리'를 넘어설 수 없었다면 그 이유는 바로 처음 기획부터 인도주의 시선을 바탕으로 비참하고 남루한 대상을 소재로 택하였기 때문이다. 바꿔 말해, 살가두의 사진에서

11) Paul Farmer, *Pathologies of Power: Health, Human Rights, and the New War on the Poor* (Berkeley: University of California Press, 2003) 40-41.

아무리 대상이 미학화되더라도 그 사진의 전제는 사진 작가와 피사체 사이의 비대칭적 권력관계라고 할 수 있다. 동정이든 관용이든, 아니면 살가두가 말하는 존엄이건 간에 미학 권력을 가진 사람은 작가이지 피사체가 아니라는 이야기다. 이러한 문제가 바로 우리를 세 번째 사진으로 이끈다.

세 번째 사진:
제프 월의 <흉내 내기>

세 번째 사진을 보기 전에 20세기 후반의 문화적 흐름에 강력한 영향력을 행사했던 한 정치적 경향을 들여다 볼 필요가 있다. 그것은 바로 제국주의에 대한 반성인데, 이 시기에 독립을 쟁취한 많은 식민지를 중심으로 탈식민주의라는 정치사상이 발전했고, 이후 각국의 대학을 중심으로 하나의 분과학문으로 자리 잡게 된다. 탈식민주의에서 가장 왕성하게 논의된 의제 중의 하나는 식민지에 대한 제국주의의 문화적 식민화 전략이라고 할 수 있으며, 이 때 '타자화'는 제국의 동일성을 유지하기 위한 주요 심리적·문화적 기제로서 탈식민주의 사상의 주요 비판적 대상이 된다. 예컨대 유럽 출신의 백인은 과학, 문화, 진보, 그리고 역사를 이끄는 계몽의 빛과 같은 존재로서 하나의 동일성으로 파악된다면 아프리카의 흑인이나 아시아의 황인종은 야만, 미신, 구습에 사로잡힌 타자로 여겨지며, 이런 타자화를 통해 유럽은 그들의 착취와 수탈을 정당화한다. 군사력과 경제력에 의한 침략과 식민화를 타자화라는 담론적 기제에 의해 정당화함으로써 물리적 힘 뿐 아니라 문화 권력이나 도덕성에 있어서도 압도적인 우위를 점하게 되는 것이다.

이런 타자화가 두 개의 얼굴을 가지고 있다는 사실도 잘 알려져 있다. 그 첫 번째는 일단 '나'와 문명, 도덕, 빛, 진보 등이 하나의 동일성을 이루게 되면, 이 동일성에 속하지 않는 이미지들을 상대에게 투사하여 끊임없이 낯설고 이상한 존재로 만드는 것, 내 삶과 일상에서는 벌어지지 않을 어떤 사건으로 여기는 것, 상대가 살아온 삶의 역사와 그 질곡을 완전히 삭제하고 '야만'이라는 단 하나의 관점으로 그 대상을 소환하는 것, 간략하게 말해서 상대를 괴물로 타자화 하는 것이다. 나-타자라는 대립관계를 일단 설정하고 그 사람이나 국가를 그 대립관계 속에 집어넣고 나에게 속하지 않는 그 무엇으로 만들고 내가 속한 공동체에서는 이해할 수 없는 괴물을 만들어 내는 것이 타자화의 첫 번째 모습이다. 이런 '괴물 만들기'는 우리의 일상에서도 심심치 않게 볼 수 있다. 스테레오 타입을 주조하고 이 타입에 상대를 끼워 맞추어 놓고 나면 우리는 더 이상 상대에 대해서 고민하거나 죄책감을 느끼지 않고도 왕따를 시킬 수도 있고 배제하고 처벌하고 추방할 수도 있게 된다. 우리 사회에서 깜둥이, 아줌마, 찍벌남, 페미, 금발여자 등 수없이 많은 예를 들 수 있으며 이런 단어들을 통해 인종, 성, 계급, 국가를 타자화하여 왔다.

타자화의 첫 번째 방식이 우리에게 널리 알려져 왔다면 그 두 번째 방식은 훨씬 교묘하다. 또한 '괴물 만들기'가 도덕적으로 옳지 않다는 것이 이미 상식이 되었지만, 그럼에도 불구하고 끊임없이 우리 사회에서 구조적으로 순환하는 이유 역시 바로 그 두 번째 방식에 있다. 그것은 바로 '희생자 만들기' 혹은 '약자 만들기'라는 방식인데, 이 두 번째 방식은 마치 끌어안는 것처럼 하면서 배제하는 이중적 논리구조를 가지고 있다. 희생자 혹은 약자는 연민과 동정의 대상이지만 동시에 이들을 우리의 삶에서 떨어뜨리는 '거리두기'의 방식이기도 하다. 누군가를 괴물로 만들어서 내가 속한 공동체에서 배제하려고 하는 것만큼이나 누군가를 희생자로 만들어서 내가 동정할 수 있는 안전한 거리에 놓아두는 것 역시 타자화의 방식이다. 일단 '약자'라는 낙인을 찍고 나면 우리는 더 이상 이들의 목소리에 귀를 기울이거나 내 자신을 변화시키려 하지 않고, 이미 한 번 정해진 스테레오 타입을 고수하려고 한다. 제국주의가 식민지인들을 대하는 태도는 언제나 이중적이었으며 표면적으로 '괴물 만들기'와 '희생자 만들기'는 당연히 모순되지만, 이 둘은 서로가 필요할 때 꺼내서 쓸 수 있는 두 장의 카드처럼 작동하여 왔다. 이 두 가지 방식 모두 타자에 대한 동일자의 우월감을 재확인시키며, '내 일이 아닌'만큼의 '안전한 거리'를 확보하게 해주는 효과로 이어진다.

원론적으로 이야기하면, 동등한 두 존재가 만났을 때 문제가 되어야 할 사안은 한 쪽이 다른 한 쪽에 대해서 괴물이냐 희생자냐, 혹은 싸우느냐 동정하느냐를 결정하는 것이 아니다. 문제의 핵심은 이 둘이 어떤 권력관계의 지형 위에 서 있는가라는 점이며, 이 권력관계가 불평등 할 때 이를 교정하는 것이 선행되어야 한다. 상대의 이야기를 듣고 자신의 과오를 고치는 것은 지극히 어려운 일이지만, 바로 이것이 동등한 사람들 사이에서 벌어져야 하는 일이다. 만약 권력관계에 대한 성찰 없이 배척하느냐 동정하느냐의 갈등에만 주목한다면, 그것은 오히려 지금의 권력관계를 고착화시켜 지속적인 타자화에서 비롯되는 이익을 유지하려는 시도로 귀결될 가능성이 많다. 물론 공감과 동정이 없는 세상이 있을 수 없고 관용이나 동정은 인지상정으로 바람직한 공동체의 정서라고 하겠다. 그러나 여기서의 핵심은 관용과 동정이 우월감의 확인이나 권력에 있어서의 차이의 재생산으로 이어질 것이 아니라 손을 내미는 행동과 실천으로 이어져야 한다는 것이다.

위에서 언급한 살가두의 사진이 보여주는 미학적 한계는 바로 이런 타자화와 깊은 관련을 맺고 있다. 살가두의 사진이 타자화의 논리를 직접적으로 재생산하거나 차별적 권력관계의 유지에 기여하지는 않지만, 최소한 그 미학적 전제는 '타자'에 대한 관찰과 온정주의적 대응이라고 할 수 있는 것이다. 이에 반해 현존하는 최고의 예술가 중의 하나로 여겨지는 캐나다 사진작가 제프 월(Jeff Wall)의 <흉내 내기>(Mimic)는 전혀 다른 방식의 사진 미학을 보여준다.[12] 일단 이 사진에는 세 명의 인물

---

12) 저작권 문제로 여기에 그 사진을 싣지는 못하지만 그의 <Mimic>은 인터넷 등에서 쉽게 구할 수 있다. 주의할 점은 그의 사진이 1980 X 2286 mm의 커다란 사진이며, 이 때 그 크기는 중요한 예술적 수단이라는 것이다. 예술가가 2M가 넘는 크기의 사진을 출력하여 전시할 때는 반드시 그럴만한 이유가 있는데, 그 첫 번째 이유는 복제 불가능한 사진의 디테일을 보여주는 것이며, 두 번째는 거의 실물과도 같은 사진 속 인물들의 생생함, 그리고 그 전시된 사진 앞에 독자가 섰을 때 독자와 사진작가의 위치가 겹쳐지는 지점을 명확하게 드러내는 것이다. 마지막으로 그는 길게는 1년이 넘는 기간에 걸쳐 꼼꼼하

들, 정확하게는 세 명의 약자가 등장한다. 그런데 이 약자들은 어딘지 모르게 불편한 느낌을 주는 약자들이라고 이야기할 수 있다. 왜냐하면 이들은 우리가 알던 약자들의 스테레오 타입에 전혀 걸맞지 않는 타자들이기 때문이다. 우선 맨 앞에서 걸어가는 동양인은 물론 인종적 약자라고 할 수 있지만 이 사진 속의 인물들 중에서는 가장 말끔하고 경제적으로도 여유가 있어 보인다. 구도 상 약간 좌측 뒤편에서 동양인을 따라오면서 그를 놀리고 있는 백인남성은 인종적인 강자로서 동양인의 '가늘게 찢어진 눈'이라는 스테레오 타입을 통해 동양 남자를 놀리고 있지만, 그는 또한 옷차림새로 보아 하층계급에 속한 계급적인 약자라고 할 수 있다. 마지막으로 맨 왼쪽에서 백인남성의 손에 끌려오다시피 걸어오는 여성은 소위 모델같은 여성 이미지와는 전혀 거리가 멀며, 백인 남성과 마찬가지로 경제적으로 전혀 부유해보이지 않는다. 문제는 이들 모두가 각각 자신의 타자성을 의식하고 있는 것처럼 보이지 않으며 오히려 그 타자성을 의식해야만 하는 사람들은 독자들이라는 점이다. 산책하는 것처럼 보이는 동양 남성은 여유롭게 손을 주머니에 꽂고 있지만, 사진의 논리는 그 사람의 인종적 타자성을 명확하게 전면에 부각시

게 사전조사를 하고 배우를 섭외하여 정확하게 연출된 장면을 프레임에 담는 것으로 널리 알려져 있는데, 이는 사진은 회화가 할 수 있는 거의 모든 것을 할 수 있으며 오히려 피사체를 찍어야 된다는 사진의 한계야말로 사진을 우리의 일상으로 끊임없이 끌어당기는 정치성으로 이어진다는 그의 예술관과 깊은 관련이 있다. 제프 월의 사진미학에 대한 평가를 위해서는 Michael Fried, "Jeff Wall, Wittgenstein, and the Everyday," *Critical Inquiry* 33.3 (2007) 495-526 참조.

키고 있으며, 거칠고 거만하게 보이는 백인 남성은 '우리가 길거리에서 마주치면 상대하기 싫은' 정도의 편견을 보여주고 있으면서도 그의 말끔하지 못한 수염과 옷차림 등은 그의 계급성을 강하게 암시한다. 주변 상황에 전혀 관심이 없어 보이는 백인 여성의 경우도 계급성이 두드러지지만, 사진은 맨 뒤에 그녀를 배치하여 수동성을 강조함으로써 성적인 타자성을 보여준다.

이 사진이 주는 가장 큰 충격은 우리가 그 사진 앞에 섰을 때, 마치 우리가 사진작가가 되어 셔터를 누르기 바로 직전의 상황에서 이 광경을 마주하게 된다는 것인데, 그럼에도 불구하고 등장인물들이 전혀 사진작가(독자)를 의식하지 않고 있다는 점일 것이다. 바꿔 말하면 이 사진은 우리의 위치와 무관하게, 혹은 우리가 어떤 의도와 편견을 가지고 사진을 마주하더라도, 그것과는 무관한 사진 자체의 논리를 우리에게 보여주고 있다고 하겠다. 더 나아가 이 사진이 인종차별이나 계급적 차이, 성적인 타자화에 대하여 아무런 가치판단도 하지 않는다는 점은 큰 충격으로 다가온다. 대부분의 인종차별이나 계급차이를 다루는 사진들이 비참함이나 고통을 강조하는 반면에 이 사진에는 성, 인종, 계급의 타자화가 있지만 거기에 대한 가치판단은 들어있지 않다. 고통의 전시를 통한 동정에의 호소나 선과 악의 극단적 대비를 통한 분노의 표출 없이, 이 사진은 우리 사회의 타자들의 모습이 일상적인 거리의 풍경임을 보여준다. 이는 타자화의 문제가 우리가 보고 싶거나 보기 싫다고 해서 외면하거나 회피할 수 있는 것이 아니라, 하나의 구조로서 우리사회에 엄존함을 의미한다.

월의 사진 속의 타자들은 동정의 대상이거나 침묵하는 존재들이 아니다. 그들은 (동양 남성처럼) 자아도취적이기도 하고 (백인 남성처럼) 편견에 사로잡혀 있기도 하고 (백인 여성처럼) 우리의 시선을 귀찮아하거나 우리의 관심에 무관심하기도 한 존재들이며, 그럼에도 불구하고 우리의 일상의 문제로서 항상 우리가 직면해야 되는 존재들이다. 다시 말해 인종, 계급, 성이라는 이 사진의 타자화의 축들은 당사자들이 인식하건 인식하지 못하건 간에 우리 사회의 구조적 총체 안에 적나라하게 녹아 있으며, 독자로서 우리가 '안전한 거리'를 확보하고 싶어도 언제나 우리 곁에 있기에 피할 수 없는 문제라는 논리를 미학적으로 개진하고 있는 것이다. 바로 이런 점에서 그의 <흉내내기>는 마치 사진이 현실을 흉내 내는 도구이듯, 우리 사회의 문제를 흉내 내고 있다.

그의 작품이 카라바지오(Michelangelo Merisi da Caravaggio), 벨라스케스(Diego Velasques), 마네(Edouard Manet)를 비롯한 많은 화가들의 회화에서 영감을 받았을 뿐더러 그들의 구도와 구성(composition)에서 받은 영감을 직간접적으로 사진에 반영한다는 것은 널리 알려진 사실이다.[13] 예컨대 마네가 프랑스 파리의 거리를 배경으로 근대의 변화와 문제를 화폭에 담았듯이 월 역시 우리 시대의 문제와 씨름하면서 그 사회문제를 가장 잘 담을 수 있는 구도와 소재를 사진으로 담아낸다. 그의 소재는 단순히 사회적 약자가 아니라 사회적 약자를 둘러싼 인식과 스

13) Walter Benn Michaels, *The Beauty of a Social Problem* (Chicago: University of Chicago Press, 2015) 31-33 참조.

테레오 타입 역시 포괄한다. 위의 <흉내내기>에서도 등장인물은 단지 세 명의 타자라도 할 수 있지만, 이와 동시에 우리 사회가 타자를 대하는 방식, 특히 스테레오 타입을 통해 타자를 관리하는 방식도 역시 사진의 대상이 된다. <흉내 내기>의 인물들이 약자이면서 또 이와 동시에 그 스테레오 타입으로 간단하게 치부하고 넘길 수 없는 존재들로 다가오는 것은 우연이 아니다. 이들은 우리에게 말을 걸고 있는 약자들이라는 점에서 '귀찮은' 존재들이면서 동시에 피할 수 없는 현실의 자화상을 보여준다. 월의 사진은 우리가 타자에 대해서 가져왔던 '안전한 거리'를 해체하고 우리를 사회문제와 정면으로 맞닥뜨리게 한다.

네 번째 사진:
빅토리아 빈슈토크의 <벽 #I>

독일의 철학자 아도르노(Theodore Adorno)는 예술작품과 고통을 그릴 때의 난점을 아래와 같이 말한다.

> 사람의 적나라한 신체적 고통을 묘사한 이른바 예술적 표현에는 아무리 조금이라도 쾌감을 느낄 가능성이 포함된다 ..... 상상도 하기 힘든 일들이 ...... 변형을 거쳐 공포가 제거된 안전한 무엇이 된다. 이것만으로도 희생자에게 불의를 저지르는 일이며, 희생자를 외면하는 예술은 정의의 요구 앞에 떳떳하지 못하다. 절망의 소리조차 이 사악한 긍정에 바쳐진다.[14]

---

14) Theodore Adorno, "Committment" in *Can One Live after Auschwitz?* (Stanford:

어떠한 고통의 표현도 예술적 변형을 거치면서 사람들의 오락거리로 전락할 가능성이 있다는 아도르노의 말은 수없이 많은 이미지로 둘러싸인 오늘날의 상황에서 과연 어떻게 공감하고 불의에 항거할 수 있는 목소리를 낼 수 있을지에 대한 주요한 지침을 준다. 희생자의 고통을 묘사할 때 하나의 스펙터클로 전화할 가능성을 끊임없이 주의하면서 동시에 희생자를 외면하지 않는 예술은 우리에게 냉정한 이성으로 우리사회의 진면목을 바라볼 것을 요구하는 <흉내내기>와 같은 형식으로 나타날 수 있다. 그러나 월이 작업이 우리에게 반성적인 사고를 촉구한다는 점에서는 바람직하지만 그의 사진은 우리에게 비판적 거리와 이성적 사고를 요구한다는 점에서는 독자에게 지적인 역량과 노력을 요구한다.[15)]

물론 월의 작업이 시사 하는 바가 크고, 월과 비슷한 방식의 미학적 탐구는 계속되어야 한다. 그러나 월의 작업만이 유일한 대안은 아니다. 독일의 사진작가 빈슈토크(Viktoria Binschtok) 역시 사회적 고통에 주목하면서 독자를 미학적 그리고 감성적 공감의 세계로 이끈다. 그녀는 2006년 베를린의 한 실업자센터에서 일련의 작품을 제작하여 발표하는 데, <벽 #I>(Wand #I) 역시 그 중의 하나다.[16)] 이 작품은 미국의 표현주의 화가 사이

Stanford University Press, 2003) 252.

15) 여기서 '비판적 거리'는 위에서 언급한 '안전한 거리'와는 전혀 다른 개념이다. 사회적 문제를 사유하고 반성하기 위해서는 반드시 이를 냉정하게 바라볼 수 있는 거리가 필요하며, 이때의 거리는 내가 이미 속해 있는 집단의 문제나 내가 감정적으로 이미 어느 한편에 치우친 문제를 냉정하게 판단할 수 있게 하는 거리라고 하겠다.

트웜블리(Cy Twombly)의 회화를 연상케 하면서 마치 수채화의 아름다움을 표현한 것처럼 보이지만, 사실 이 사진은 실업자들이 일용직을 기다리며 기대고 서 있던 벽을 찍은 작품이다. 이 사진의 아름다움은 그 형상, 구도, 그리고 구성에 기인하기도 하지만 그 사진의 소재가 된 사람들의 흔적들이 지시하는 삶의 애환으로 인해 배가 된다. 중요한 점은 이 사진이 그 사람들의 표정이나 고통을 직접적으로 재현하고 있는 것이 아니라 독자로 하여금 그들의 삶의 공감할 수 있는 통로를 미학적으로 열어주고 있다는 점이다. 오늘 자신이 할 일이 있을까를 생각하며 기약 없이 벽에 기대어 선 실업자들의 모습을 상상하도록 유도하는 것, 그리고 그들이 떠나간 후에 남겨진 흔적들로 독자의 마음을 이끄는 것은 이 사진의 핵심이 묘사를 통한 직접적 전달이 아니라, 독자의 상상력을 통한 공감과 이해의 촉구에 있음을 알려준다.

더 나아가 이 사진은 단지 애잔한 공감과 구성적 아름다움이 만들어내는 감성적 상상력의 자극에서 멈추지 않는다. 즉, 이 사진은 실업자들의 삶을 직접 설명해주는 대신 그들의 흔적을 보여줌으로써 독자로 하여금 그 흔적을 더듬어 가게 만든다. 그리고 그 흔적의 여행을 떠난 독자들은 공감과 동시에 그 흔적을 가져온 원인을 성찰하게 된다. 미학적 공감에서 출발하지만 이런 공감이 '나는 이 집단에 속하지 않아서 다행이다'라는 소위 '안전한 거리'의 느낌으로 이어지는 것이 아니라, 사회적 약자를

16) 빈슈토크의 <Wand I> 역시 저작권 문제로 여기에 실리지 못했지만 인터넷으로 쉽게 찾을 수 있다.

구조적으로 생산해내는 사회에 대한 성찰과 반성으로 이어지는 것이다. 바로 이런 의미에서 빈슈토크의 작품은 우리 사회의 문제를 '고발'하는 포토저널리즘의 정치성을 이어받으면서도 우리 사회에 대한 성찰과 반성, 그리고 상상력을 통한 참여로 독자를 이끈다는 점에서 한걸음 더 나아갔다고 하겠다.

지금까지 네 장의 사진 이미지를 간략하게 점검하면서 그 네 장의 사진들이 역사적으로 만들어내는 실험과 전통의 변증법을 살펴보았다. 이들은 모두 타인의 고통을 진실되게 전달하기 위한 진지한 고민과 실험의 결과물들이며, 이들이 보여주는 실패와 한계, 그리고 그 한계를 넘어서려는 끊임없는 노력은 시대의 변화와 질곡에 발맞추어 사진 미학의 역사를 만들어 왔다. 그리고 바로 타자의 고통을 어떻게 이해하고 동참하는 가의 문제가 사진미학 뿐 아니라 공동체 안에서 더불어 사는 삶의 핵심이다.

가족 유물론, 돌봄 공동체*

김 현

들어가는 말: 가족의 해체?

『아동의 탄생』(*L'enfant et la vie familiale sous l'ancien régime*)의 저자 필립 아리에스(Philippe Ariès) 는 13세기부터 19세기까지 서양사회를 중심으로 '아동' 개념이 탄생하게 된 문화사적 변동과정을 추적한 결과 근대인들에게 "새로운 것은 의식이지 가족이 아니"[1]라고 결론짓는다. '가족'이 인류의 역사 이래 지속적으로 존재해 왔던 실체임은 분명한 사실이나, 가족의 존재를 확증하는 역사적 사실보다 더 중요한 것은, 가족에 대한 사람들의 의식과 감정이 지속적으로 쇄신되어 왔다는 의미에서다. 이런 맥락에서 아리에스는 가족이라는 실체적 단위보다 가족에 대해 사람들이 품고 있는 감정과 가치, 그리고 의식이 가족을 이해하는 주요한 통로라고 말한다. 가족이 무엇인지 이해하려

*이 글은 『인문과학』 제117집(2019.2)에 실은 「가족유물론, 돌봄공동체」를 약간 수정·보완한 것이다.

1) 필립 아리에스, 문지영 옮김, 『아동의 탄생』, 새물결, 2003, 573쪽.

면, 당대의 사람들이 가족에 어떤 가치와 의미를 부여하고, 가족을 어떻게 표상했는가를 물어야 하는 이유다.

오늘날 한국사회의 주요한 의제로 부상한 '가족 해체'와 '가족 위기' 담론은 '저출산, 고령화'라는 사회의 부정적 징후, 달리 말해 전통적인 공동체 모델로부터 탈주선을 그리며 자신만의 삶을 설계하고자 하는 개인의 욕망과 무관치 않다. 한국 사회 구성원들은 더 이상 이성애에 기반한 부부 그리고 그 자녀로 구성된 가족의 형성을 생애의 필수적 과업으로 수용하지 않으며, 또한 이것만이 유일한 정상적 가족모델이라는 데 동의하지도 않는다. '분자가족', '간헐적 가족', '패치워크 가족'[2]과 같은 신조어들은 한국사회의 구성원들의 가족의식, 가족감정 뿐만 아니라, 가족에 대해 부여해왔던 그간의 가치들이 급격한 변동의

---

2) 분자가족이란 『시사IN』이 2019년 5월 21자 발행지에서 다룬 가족관련 기획을 통해 소개된 개념이다. '분자가족'이란 '여자 둘(W2), 고양에 넷(C4)'이 삶의 오랜 동반자적 관계를 유지한 경우 이 가족을 화학식에 빗대어 W2C4라고 일컬을 수 있다는 의미다. 예컨대 트랜스 젠더, 여자, 반려견은 각각 그 영문 머리글자를 따서, FTMWD, 간략하게 FTM이라는 분자식으로 지칭가능하다는 것이다. 『시사IN』은 이러한 분자가족의 출현을 오랫동안 사회적 통념으로 자리잡아온 정상가족 이데올로기에 대한 사회구성원들의 변화된 의식을 반영하는 신호라고 소개하고 있다. 이에 대해서는 『시사IN』, 2019.05.21 참조. '간헐적 가족'이란 2019년 7월 14일 <SBS 스페셜>을 통해 소개된 대안적 가족공동체다. 각자의 개별 가족을 '가족'이라는 명칭 대신 '부족'이라고 칭하면서, 서로가 돌아가면서 9명의 아이들의 엄마, 아빠, 이모, 삼촌 등등의 역할을 수행한다. 패치워크 가족이란 "낡은 옷과 헤진 천을 오려서 쓸 만한 부분들을 짜 맞춰 제작한 새로운 직물로부터 유래한 가족개념으로, 가족사회학에서 새로운 가족형태를 표현하는 용어로 자리 잡고 있다. 전체적으로 다양한, 그러나 원래는 서로 어울리지 않는 부분들이 모여 형성된 새로운 가족을 일컫는 개념이다." 이에 대한 간략한 소개는 볼프 바그너, 정미라 옮김, 『가족?』, 푸른나무, 2008, 166~174쪽 참조.

와중에 있음을 입증한다. 따라서 문제는 이 변화를 부정적 징후로 인식하고, '가족'의 가치를 수호하는 보수주의로 퇴행하는 것이 아니라, 가족에 대한 사회구성원들의 의식변화를 초래하는 원인을 보다 근본적인 차원에서 짚어내고, 이를 통해 가족에 대한 의식 패러다임의 변화가 가져올 가족의 새로운 모델을 다양한 각도에서 제안하는 일이다.

나는 이 제안을 위한 출발점을 19세기 맑스(Karl Marx)와 엥겔스(Friedlich Engels)의 가족담론에서 찾고자 한다. 그들의 가족담론이 '가족의 해체와 위기'라는 시대적 징후를 분석하기 위한 유의미한 시사점을 제공해 줄 거라고 보기 때문이다. 맑스와 엥겔스는 19세기 산업자본주의의 전성기에 그 완전한 면모를 갖춘 근대 가족을 부정적인 관점에서 비판한다. 그들에 의하면, 근대 핵가족의 형성과정은 자본주의 경제 체제의 공고화 및 확장 과정과 밀접하게 연관되어 있으며, 가족 내 성별분업에 기초한 여성과 남성의 위계화는 임금노동자로서의 남성과 무급 가사노동자로서의 여성이라는 사회적 이분화와 상호 제약적 관계를 갖는다. 더욱이 이들은 가족의 핵심이라 일컬어지는 사랑과 친밀성이란, 오직 근대 자본주의의 주도권을 쥐고 있는 부르주아 계급에게나 적용될 뿐이라서, 아무 것도 가진 것이 없는 노동자 계급에게는 환상에 불과하다고 주장한다. 계급적 이분화에 토대한 근대적 핵가족이 오히려 사회 대다수를 차지하고 있는 노동자 계급의 가족적 유대와 친밀한 감정적 공유를 끊어놓는 족쇄로 작용한다고 보기 때문이다. 가족에 대한 이러한 관점에 입각해 그들은 가족 기능의 전면적 사회화를 통한 근대 부르주아적 핵가족의 폐지를 주장한다.

『신성가족』(*Die heilige Familie*), 『공산당 선언』(*Manifest der Kommunistischen Partei*), 그리고 『가족, 사적소유, 국가의 기원』(*Der Ursprung der Familie, des Privateigentums und des Staats*) 등 여러 저작을 통해 제시된 맑스와 엥겔스의 가족담론이 가족의 분석과 논의를 계급적 기반에 두고 있다는 점, 대다수의 사회 구성원들이 정서적으로 선뜻 수용하기 어려운 가족의 폐지를 과감하게 주장하고 있다는 점에서, 이들의 가족담론을 비현실적이라고 기각할 수도 있다. 그러나 오늘날 한국사회 구성원들이 전통적인 가족 모델에 대해 부여하고 있는 부정적 감정과 가치평가를 보다 발본적인 차원에서 살펴본다면, 가족이 더 이상 개인들을 보호하는 최종적 방어막으로서 친밀성과 사랑에 기반을 둔 정서적 유대처가 될 수 없다는 것을 반증하는 신호일수도 있다. 경쟁만을 유일한 행위의 준거로 삼고 있는 신자유주의적 환경 속에서 각각의 개인들은 자기 자신의 생존을 위해 최선을 다해야 하기에, 누군가와 가족을 이룬다는 것은 그 만큼 경제적 부담감으로 작용할 수밖에 없다는 의미에서다. '가족의 해체와 가족의 위기'는 전통적인 가족 공동체의 가치를 더 이상 삶의 준거점으로 삼고 싶어 하지 않는 자유로운 개인들의 라이프 스타일을 반영하는 '문화적 징후'이기 이전에, 신자유주의가 불러온 경쟁적 삶의 만연으로 인해, 가족 간 경제적 격차가 심화되고, 이혼가정이 증가하는 한편, 비혼 또는 만혼으로 인한 가족 구조의 현저한 변화, 빈곤가족의 증가 등과 관련된 경제적 징후일 수도 있기 때문이다. 신자유주의 체제 아래 일상화된 경쟁과 경제적 양극화의 심화로 인해 개인들의 보호처이자 안식처로서의 전통적 가족기능이 유명무실해지고 있다는 시대진단일 수도 있다는 뜻이다.[3)]

이러한 문제의식을 토대로 이 글은 다음과 같은 내용을 논의하고자 한다. 우선 가족에 대한 변화된 의식을 이해하기 위해서는 가족을 특정한 사회경제적 맥락에 놓고 그것의 위상과 역할을 규정해야 한다. 19세기 산업자본주의 전성기에 형성된 근대가족모델은 자본주의 경제체제와 상호 제약적 관계를 맺고 있으며, 따라서 경제적 체제에 따라 그 구체적인 기능과 형태, 역할이 규정될 수밖에 없다. 이 글의 다음 장은 가족에 대한 역사유물론적 이해를 개관한다(2). 맑스와 엥겔스의 유물론적 가족이해가 가장 지대한 영향을 미쳤던 영역을 나는 사회주의 페미니즘이라고 간주한다. 사회주의 페미니즘은 맑스와 엥겔스의 가족유물론을 논의 출발점으로 삼아, 배타적 가족주의 또는 폐쇄적인 가족이기주의를 극복하기 위해 다양한 의제들을 발굴하고 이를 공론화 하는데 큰 기여를 하였다. 성별분업의 철폐, 가사노동의 사회화에 의한 공동육아와 공동양육과 같은 사회주의 페미니즘의 의제들은 가족을 여성 착취와 억압의 주된 영역으

3) 울리히 벡과 엘레자베트-벡 게른스하임은 오늘날 가족이 보이는 불안정한 양상이 한편으로는 개인화에서, 다른 한편으로는 지구화에서 비롯된다고 진단한다. "개인화와 지구화의 심화, 노동시장에서의 이동성과 유연성에 대한 요구가 증가하면서 우리의 개인적 혹은 사회적 삶에 그 직접적 결과가 나타나고 있다. 특히 가족생활에서 그러하다. 개인들의 생애를 추스르고 그것들을 일상의 가족생활 속으로 연결하기 위해 예전의 그 어느 때보다도 더 많은 시간과 노력이 필요하다." 울리히 벡 외, 한상진·심영희 편저, 『위험에 처한 세계와 가족의 미래』, 새물결, 2010, 121쪽.

로 지목하면서 페미니즘 이론사와 실천사에 커다란 진전을 이뤄냈다. 이 글의 3장은 사회주의 페미니즘을 화두삼아 가족의 해체를 새로운 가족모델의 발명으로 읽어내는 이들의 독법을 소개하고, 이것이 가지고 있는 현대적 함의를 소개한다(3). 이 글의 4장은 가족해체 이후의 가족, 다시 말해 근대 가족 이후의 가족의 구체적인 표상을 돌봄 공동체 또는 돌봄 노동의 사회화에서 찾는다. 엥겔스는 가족의 장구한 역사적 변천과정을 서술하면서, 향후 어떤 가족이 근대적 가족의 대안으로 부상할 것인가는 전적으로 미래세대에게 맡겨져 있음을 강조한 바 있다.[4)]나는 오늘날 페미니즘의 새로운 의제로 부상하고 있는 돌봄 민주주의 또는 민주적 공동체로서의 가족을 대안적 가족모델로 채택한다. 비록 논의의 출발점과 결을 달리하고는 있으나, 맑스와 엥겔스의 가족담론과 가족을 돌봄의 공동체로 전환해야 한다는 페미니즘적 의제는 가족에게 떠안겨졌던 과도한 부담을 사회로 이전시키고, 이를 통해 무급 가사노동의 전담자로 소모되었던 여성들의 해방을 쟁취해야 한다고 주장하는 점에서는 많은 부분 공명하기 때문이다. 사랑과 친밀성의 정서적 유대의 장소라는 가족에 대한 정의는 가족기능의 사회화를 통해 현실화될 수 있으며, 가족기능의 사회화란 궁극적으로 돌봄 노동의 사회화와 그 궤를 같이 한다는 것이 이 글의 핵심 테제다.

---

4) F. 엥겔스, 김경미 옮김, 『가족, 사적소유, 국가의 기원』, 책세상, 2018, 138~139쪽. 본문의 인용은 김경미의 번역을 참조한 것이며, 필요한 경우에 한하여 다음의 원문을 함께 참조하였음. F. Engels, "Der Ursprung der Families, des Privateigentums und des Staats", in *MEW.*, Bd.21, Dietz: Berlin, 1981.

'가족'의 역사유물론, '가족을 폐지하라'

『반사회적 가족』(The anti-social family)의 저자들에 의하면 가족은 개인의 사회적 지위와 서열을 정하는 가장 일차적인 장소다. 가족은 부의 상속을 통해 사회 내에서 특정 구성원들이 가지는 지위를 공고화하는 기반으로 작용하기 때문에, 오늘날 가족은 부의 불평등한 분배를 상속을 통해 공고화하는 계급집단으로 규정되어야 한다. 가족은 계급관계와 불가분적이라서, 출생을 통해 최초로 인간사회에 입문하는 각인들은, 누구나 할 것 없이 특정 계급관계 속에 자신의 선택과 무관한 계급적 지위를 선사받게 되는데, 이 최초의 계급적 지위를 선사받는 가장 일차적인 장소가 가족이라는 것이다. 게다가 이 부의 상속과 대물림은 개인의 노력을 통해 여간해서는 극복하기 어려울 정도로 영구화되었다. 가족-계급관계의 밀착성은 가족과 가족 간의 부의 불평등한 분배로 확장되고, 가족 내에서 세대를 통해 부를 상속하고자 하는 욕망은 궁극적으로 공동선의 추구에 배치되기에, 가족은 반사회적이다.[5] 또한 가족은 국가와 사회가 수행해야 할 돌봄의 전반적 기능들을 약화시키는 주범이기도 하다. 가족이 자녀의 양육과 부양이라는 돌봄의 기능들을 사적으로 전유하고 특권화하면서 양로원이나 요양원, 고아원이나 보육원과 같은 돌봄 시설들이 더욱더 빈번하게 주변화 된다는 이유에서

---

5) M. 바렛/M. 맥킨토시, 김혜경·배은경 옮김, 『반사회적 가족』, 나름북스, 2019, 93쪽.

다. 이들은 가족에 부속되거나 가족이 향유하고 있는 이러한 일련의 배타적 기능들을 이유로 오늘날 가족은 그 어느 때보다도 반(反)공공적이며, 반(反)사회적이라고 결론짓는다.[6] 오늘날 가족이 경제적 양극화를 재생산하는 핵심적인 제도로 자리 잡으면서, 사회 전체에 반공공적인 가치를 전파하는 기관이라는 점에 주목해야 한다는 것이다.

물론 오늘날 한국 사회만을 놓고 보더라도 개별 가족은 경제적 자본이 축적되고 대물림되는 일차적인 장소임과 동시에, 다양한 상징자본의 독점을 통해 개인의 특권적인 사회적 지위와 계급을 미리 결정해 버리는 부정적 양상을 띠는 것이 사실이다. 가족 단위 경제적 부와 상징자본의 대물림 현상은 사회구성원들이 응당 누려야 할 공정한 기회를 제한하거나 박탈하면서 계급적 양극화를 심화시키는 부정적 기제로 작동한다. 비혼가족, 한부모 가족, 다문화가족, 동성가족과 같은 다양한 가족들의 등장에도 불구하고, 한국사회에서 아직도 막강한 영향력을 행사하고 있는 정상가족 이데올로기, 그리고 '내 가족만 잘 먹고 잘 살면 그만'이라는 천박한 가족주의가 득세하고 있는 현실은, 가족이 사랑과 친밀함을 매개로 한 정서적 안식처라는 한가한 가족담론을 비웃으면서 개별화된 가족단위의 철옹성을 구축하기에 매우 분주해 보인다. 그렇다고 해서 가족이 경제적 불평등을 심화하고 견고화하는 주범이 되고 있다거나, 가족이 사회적 공정성을 심각하게 저해하는 원상지로 지목되는 것은 무엇인가

6) M. 바렛/M. 맥킨토시, 『반사회적 가족』, 155~161쪽 참조.

선후가 바뀐 논리적 담론인 것 같다. 가족은 경제 불평등이나 사회적 양극화를 양산한 원인이 아니라, 오히려 그 결과라고 보는 것이 더욱 타당하다는 생각에서다. 달리 말해 가족 때문에 사회적 공정의 가치가 훼손되고, 가족 때문에 사회 내 불평등이 심화되고 재생산되는 것이 아니라, 사회적 불공정이 만연하고, 경제적 불평등이 심화되는 일련의 현실에 맞춰 가족 또한 그 기능이나 형태를 지속적으로 변화시킨다는 것이다. 가족은 사회적 현실의 변화를 추동하는 원인이 아니라, 일련의 사회경제적, 또는 구조적 변화가 낳은 산물이며, 오늘날 우리가 직면해 있는 가족 해체와 위기 또한 이 변화의 필연적 귀결이라고 보는 것이 타당하다. 그렇다면 가족의 형태와 기능의 변화를 초래하면서, 가족의 해체 또는 가족의 위기를 초래하는 그 현실의 구체적인 내용이란 무엇일까?

나는 이 물음에 답하기 위해, 19세기 일부일처제에 기반을 둔 근대 개별가족의 탄생을 역사 유물론적으로 분석한 엥겔스의 『가족, 사적소유, 국가의 기원』에 주목해 보고자 한다. 미국의 인류학자였던 루이스 헨리 모건(L. H. Morgan)이 『고대사회』(*Ancient Society*)에서 전개한 가족의 역사에 대한 서술을 역사유물론과 접목시켜 근대가족의 형성과정을 통렬하게 파헤친 이 저작은 일부일처제에 기반한 근대 개별가족을 사적소유와 이에 대한 남성 가부장의 배타적 지배라는 경제적 구조의 변동과 관련하여 자리 지정한다.[7] "여성의 세계사적 패배"(die *weltgeschichtliche*

---

7) "일부일처제는 개인적 성애의 결과가 아니었으며, 이와는 아무런 관련이 없다." F. 엥겔스, 『가족, 사적소유, 국가의 기원』, 110쪽.

Niederlage des weiblichen Geschlechts)[8]라는 유명한 엥겔스의 서술은 일부일처제적 근대 핵가족이 남녀 간의 자유로운 사랑이나 낭만적 연애를 출발점으로 삼는다는 가족에 대한 일반적 통념을 깨부수면서, 근대적 핵가족을 계급지배가 관철되는 일차적 장소이자 여성의 억압과 종속이 재생산되는 특권화 된 장소라고 규정한다.

엥겔스는 이 저서에서 모건의 분석을 토대로, 가족형태의 역사적 변화과정을 생산력의 발달정도에 상응하여 추적한다. 그는 우선 인류의 역사는 야만에서 미개와 문명이라는 세 가지 발전 단계를 갖는데, 각각의 단계에서 가족은 당대 생산력의 발전정도에 상응하여, 혈연가족이나 푸날루아 가족, 대우혼 가족과 같은 군혼에서 일부일처제에 기반을 둔 단혼으로의 이행 단계를 밟아왔다고 본다. 인구밀도가 희박하고 노동생산성이 낮을수록, 사회적 생산력 또한 낮을 수밖에 없으며, 잉여의 생산도 활발하지 않다. 때문에 가족의 형태 또한 이질적인 구성원들이 한 공간에 거주하는 대규모의 형태를 취하기보다는, 혈연적 유대를 기반으로 이뤄질 수밖에 없다. 엥겔스는 "노동이 덜 발전될수록, 노동 생산물의 양이 제한적일 수록, 그래서 사회의 부가 제한적일수록 사회질서는 혈연적 유대에 의해 크게 지배받는 것처럼 보인다."[9]고 서술하면서, 생산력의 발전정도와 가족형태 사이에 상호 제약적 관계가 있음을 분명히 한다. 야만과

---

8) F. 엥겔스, 『가족, 사적소유, 국가의 기원』, 98쪽.

9) F. 엥겔스, 『가족, 사적소유, 국가의 기원』, 18쪽.

미개의 낮은 단계까지 인류는 '자연적으로 형성된 성별분업'에 의해 혈연 중심의 군혼 생활을 했으며, 모계중심의 씨족사회를 이루고 살았다는 것이다.

엥겔스는 군혼에 기초한 가족형태로부터 일부일처제적 단혼으로의 이행과정을 노동생산성의 향상에 따른 사회적 분업의 촉진과 이에 따른 사적소유의 성립에서 찾고 있다. 군혼과 일부일처제의 중간단계에 있었던 대우혼 가족은 군혼적 가족형태 내에서 한 여성과 한 남성의 배타적인 관계가 공존한 가족형태인데, 이 가족형태가 단혼으로 이행하게 된 데에 목축민족이 미개 민족으로부터 분리되어 나온 제1차적 사회적 분업이 발생했다는 것이다. 가축을 잡아서 길들이고, 이로부터 풍부한 생산물을 얻게 된 민족의 내부에서 그 전에 이어져 내려왔던 자연적 성별분업에 기초한 가족의 구조와 형태가 근본적으로 변화되기 시작한다. 모계의 혈통을 따르는 씨족사회가 아직은 전면적으로 해체된 것은 아니지만, 주로 집안에서 가사노동에 종사하던 여성노동은 가축떼를 소유한 남성 노동에 비해 그 사회적 영향력이 크게 평가 절하되기 시작했던 것이 그 출발점이었다. 더불어, 가축떼의 소유자였던 남성이 자신의 혈족에게 그가 소유한 재산을 물려주고픈 욕망으로 인해, 어머니를 중심으로 형성된 씨족사회는 그 내부에서부터 균열이 가기 시작하였고, 궁극적으로는 부권을 중심으로 씨족사회가 재편성되기에 이르렀다는 것이 엥겔스의 분석이다.[10] 엥겔스는 사유재산을 혈족에서 상

10) "그러므로 부가 늘어남에 따라 가족 내에서 남편이 아내보다 더 중요한 지위를 차지하게 되는 한편, 강화된 지위를 이용해 관습상의 상속 순위를

속하고자 하는 욕망에 의해 모계 중심의 씨족사회에서 부계 중심의 씨족사회로의 이행과정을 "여성의 세계사적 패배"[11]라고 일컫는다. 부권적 씨족사회의 성립은 남성의 지배 아래 여성과 아동들을 편입시키고 이들에 대한 남성가장의 절대적인 지배권을 확립함으로서 현대적인 가부장적 가족제도를 향한 초석을 놓는 결정적 계기가 되었다는 것이 엥겔스의 분석이다. 이런 맥락에서 그는 일부일처제에 기반한 근대의 개별가족 내에는 맹아적으로 지배와 피지배라는 노예제도와 농노제도를 안고 있다고 진단한다. 때문에 엥겔스는 일부일처제에 기초한 근대가족은 개인적인 성애나 남녀의 낭만적인 섹슈얼리티와는 아무런 상관이 없으며, 그 성립의 근저에는 전적으로 남성 지배적인 가부장제와 사적소유권에 대한 승계욕망이 놓여 있음을 강조한다.

이런 점에서 엥겔스가 보기에 가족을 이성애적 사랑 또는 부

자식들에게 유리하게 완전히 바꾸려는 욕망이 나타났다. 그러나 이것은 모권에 따른 혈통이 이어지는 한 이루어지기 어려웠다. 그래서 모권제가 폐기되어야만 했고, 결국 폐기되었다. 모권제를 폐기하는 것은 오늘날 우리가 생각하는 것처럼 그렇게 어려운 일은 아니었다. 왜냐하면 이 혁명은-인류가 경험한 가장 결정적인 혁명의 하나-살아 있는 씨족 구성원 중의 단 한사람도 건드릴 필요가 없었기 때문이다. 씨족에 속한 사람들 모두 예전과 마찬가지로 앞으로도 그대로 남아 있을 수 있었다. 앞으로는 남자 씨족원의 자손들이 자기 아버지의 씨족에 남아 있고, 여자 씨족원의 자손들은 씨족에서 제외되어 아버지의 씨족으로 넘어간다는 간단한 결정으로 충분했다. 그와 함께 모계혈통과 모계 상속권을 폐지되었고, 부계 혈통과 부계 상속권이 도입되었다." F. 엥겔스, 『가족, 사적소유, 국가의 기원』, 96~97쪽.

11) "모권의 전복은 **여성의 세계사적 패배**였다. 남자는 가정에서 주도권을 잡게 되었고, 여자는 존엄성을 잃어버리고 남자의 정욕의 노예가 되었으며 아이를 낳는 단순한 도구로 전락했다." F. 엥겔스, 『가족, 사적소유, 국가의 기원』, 98쪽. (F. Engels, "Der Ursprung der Families, des Privateigentums und des Staats", 61쪽.)

모와 자식 간의 정서적 지지와 애정에 기초해 이해하려는 관점은, 가족의 근간을 이루는 사적 소유권 및 가부장적 남성지배에 맹목적인 관념적 태도일 뿐이다. 가족에 대한 온갖 관념적 미사여구에도 불구하고, 빈곤으로 인해 장시간 저임금 노동에 성인 남녀 뿐만 아니라 아동까지도 내몰려야 하는 19세기 당대 노동자 계급에게 가족은 이미 해체되었거나 파괴 일로에 놓여 있다. 특히 이와 관련하여 엥겔스는 『영국노동계급의 상황』(*Die Lage der arbeiten Klassen in England*)에서 가족에 대한 저와 같은 접근이 노동자 가족에게 얼마나 부적절한가를 매우 실증적으로 입증하고 있다.[12] 사적소유와 계급적 양극화에 기초한 자본주의 사회에서 사랑이나 정서적 유대의 공동체로서의 가족은 노동자 계급의 가족에겐 아무런 의미가 없으며, 설령 부르주아 가족이라 하더라도 가족에 대한 그러한 이데올로기적 관념은, 가족을 근거 짓는 사적소유권에 기반을 둔 남성가부장제의 지배에 맹목적인 허구적 담론에 불과하다. 가족에 대한 이와 같은 부정적 견해로부터 엥겔스가 끌어내려는 결론은 무엇일까?

엥겔스는 이성애적 사랑을 토대로 한 근대가족 자체를 거부하거나 부인하지 않는다. 오히려 그는 가족이 양성평등을 구현하는 장소로, 다시 말해서 가족 안에서 남편뿐만 아니라 아내도 한 사람의 인간으로서 완전하게 동등한 권리를 누릴 수 있어야 한다는 점을 강조하고, 가족이 남녀 간의 진정한 사랑에 기초해 형성되어야만 가족에 대해 부여된 일반적 표상들도 현실적 힘

12) F. 엥겔스, 이재만 옮김, 『영국노동계급의 상황』, 라티오, 2014, 194~197쪽 참조.

을 가질 수 있다고 본다. 그리고 이것을 가능하게 하는 동력을 엥겔스는 사회적으로 평가절하 된 가사노동으로부터 여성이 해방되어 근대의 공적산업으로 복귀할 때에만 가능하다고 강조한다.

> "남편과 아내가 법적으로 온전히 동등한 권리를 가지게 될 때에야 비로소 현대 가족에서 아내에 대한 남편의 지배가 가지는 특성, 그리고 부부의 진정한 사회적 평등을 수립할 필요성과 방법이 명백하게 드러날 것이다. 그러면 여성 해방의 전제조건은 모든 여성이 공적 산업으로 북귀하는 것이다. 그리고 이를 위해서는 사회의 경제적 단위라는 개별 가족의 성격이 제거되어야 한다는 점이 명백해질 것이다."[13)]

자본주의적 사적소유에서 개별가족은 가족과 일터를 각각 사적영역과 공적영역으로 분리하고, 후자에 대한 전자의 철저하게 평가절하 할 뿐만 아니라, 부르주아 가족과 프롤레타리아트 가족이라는 이분적 구조 속에서 가족이 이원화 된 현실을 은폐하기 위해 사랑, 정서적 유대, 친밀감이라는 이데올로기를 사회 내 가족 전체에 해당되는 것처럼 끊임없이 재생산해 낸다. 때문에 여성이 공적산업으로 대거 복귀하고 사회적 활동에 활발하게 참여하게 되면, 가족 내에서 여성에게 불평등하게 전가된 양육과 가사노동으로부터 자연스럽게 해방될 것이며, 이로 인해 가사노동의 사회화나 돌봄 노동의 사회화 또한 자연스럽게 성취될 수 있다는 것이다. 또한 이 과정에서 가족의 가부장이었던

---

13) F. 엥겔스, 『가족, 사적소유, 국가의 기원』, 125쪽.

남성의 재력에 대한 여성종속 또한 약화됨으로써, 남성과 여성이 가족 내에서 동등한 구성원으로서의 권리를 보장받는 일도 가능해 질 것이라는 전망이다.[14] 이 모든 과정은 물론 무엇보다도 일부일처제적 근대가족의 형성을 가능하게 하고 그 속에서 남성 가부장의 여성 지배를 확립했던 자본주의적 사적소유를 철폐하는 것을 전제로 한다.[15]

14) 이와 관련하여 엥겔스는 『영국노동계급의 상황』에서 프롤레타리아트 가족에게 나타나는 여성의 취업이 해당 가족 내에서 어떤 변화를 가져오고 있는지 매우 흥미로운 분석을 제공하고 있다. "아내의 취업은 가정을 완전히 해체하기보다 가정 내의 역할을 뒤바꾸어 놓는다. 아내가 가족을 부양하고, 남편이 집에 들어앉아 자식을 돌보고 방을 청소하고 요리를 하는 것이다[……]양성의 위차가 정반대로 뒤바뀔 수 있는 이유는 단지 애초부터 양성이 그릇된 위치에 있어왔기 때문이라는 것을 우리는 인정해야 한다. 공장제로 인해 불가피하게 나타난, 남편에 대한 아내의 군림이 비인간적이라면 아내에 대한 남편의 원시적인 지배 역시 비인간적이다. 오늘날 아내가 가족의 공동재산의 대부분, 아니 전부를 벌어들인다는 사실을 토대로 자신의 우위를 주장할 수 있다면, 그 공동체는 참되고 합리적인 공동체가 아니라고 추론할 수밖에 없다. 가족원 한 사람이 자신이 공동재산에 더 많이 기여한다는 사실을 무례하게 뽐내는 꼴이기 때문이다. 그러므로 오늘날 우리 사회의 가족이 해체되고 있더라도, 실제로 이 해체는 가족을 묶는 유대가 가족 간의 애정이 아니라 재산공동체라는 덮개로 위장된 사익임을 보여줄 뿐이다." F. 엥겔스, 『영국노동계급의 상황』, 195~197쪽.

15) "남자의 지위는 많이 변할 것이다. 그러나 모든 여자의 지위 또한 중요한 변화를 겪는다. 생산 수단이 공동 소유로 이행하면서 개별 가족은 사회의 경제적 단위가 아니게 된다. 사적인 가사는 사회적 산업으로 전환된다. 아이들을 돌보고 교육하는 일은 공적인 업무가 될 것이다. 사회는 적자든 사생아든 모든 아이들을 평등하게 보살핀다." F. 엥겔스, 『가족, 사적소유, 국가의 기원』, 127쪽/"결혼의 완전한 자유는 자본주의적 생산과 이를 통해 형성된 소유관계, 예컨대 오늘날 아직도 배우자 선택에 강력한 영향을 미치는 모든 부차적인 경제적 동기가 제거되었을 때에야 비로소 보편적으로 실행될 수 있다. 그러면 상호간의 애정 외에 다른 어떤 동기도 남지 않게 된다." F. 엥겔스, 『가족, 사적소유, 국가의 기원』, 136쪽.

나는 엥겔스의 가족론이 오늘날 우리 사회가 당면한 가족과 관련한 부정적 양상들을 설명하기 위해 여전히 유효한 문제틀을 제공해 줄 수 있다고 본다. 물론 일군의 페미니스트들이 지적하는 것처럼, 엥겔스의 가족론에는 몇 가지 문제적인 관점이나 가정들이 포함되어 있는 것도 사실이다. 더욱이 자본주의적 사적소유의 전면적 철폐만이 가족의 이상을 현실화시킬 수 있다는 주장도 오늘날 더 이상 설득력을 가질 수 없다고 생각한다. 그럼에도 나는 엥겔스의 가족담론이 오늘날 한국사회의 가족해체 및 가족파괴 양상을 읽어내는데 유효한 참조점이 될 수 있을 것이라고 본다. 그 이유는 다음과 같다.

첫째, 엥겔스는 가족을 생물학적으로 고정된 실체적 단위로 보는 것이 아니라, 사회역사적 과정 속에서 부단하게 그 형태와 기능을 변경시켜 온 역동적인 산물로 이해한다. 엥겔스에 의하면 '가족은 능동적인 요소이며, 결코 정체되어 있지 않고, 사회가 낮은 단계에서 높은 단계로 발전하는 것과 비례해서 가족 역시 낮은 형태에서 높은 형태로 변화한다.'[16] 가족에 대한 엥겔스의 이와 같은 역동적 관점은, 오늘날 가족의 해체와 위기라는 담론에 민감하게 반응하면서, 가족의 가치를 수호하고 가족이 특정한 역사적 단계에 지녔던 한시적 가치를 영구화하고자 하는 일련의 보수적 태도를 어떻게 이해할 것인지에 대한 유용한 지침을 제공한다. 요컨대 엥겔스의 관점에서 볼 때, 오늘날 한국사회에 지배적인 가족해체와 가족의 위기란 가족의 파괴나

16) F. 엥겔스, 『가족, 사적소유, 국가의 기원』, 58쪽 참조.

절멸이 아니라 보다 높은 단계로 가족의 형태와 기능이 다변화되면서 가족의 재조직화의 물꼬가 트이고 있음을 알리는 긍정적 징후다.

둘째, 엥겔스의 가족론은 가족에 대한 역사 유물론적 이해를 제안한다. 가족 이해의 관건은 가족구성원 사이의 친밀감, 유대, 결속력, 사랑과 같은 관념적 차원이 아니라, 가족과 가족이 토대하고 있는 물질적 조건, 그리고 가족을 둘러싼 사회경제적 조건의 함수관계에 놓여 있다는 것이다. '가족을 그 개념에 따라서가 아니라, 생산과 재생산의 관점에서 파악해야 한다'[17]는 『독일 이데올로기』(*Deutsche Ideologie*)의 서술이 바로 이와 같은 가족관을 압축적으로 제시한다. 때문에 가족에 대한 역사 유물론적 이해는, 가족의 해체와 위기를 가족 내 구성원들 간에 발생하는 정서적, 감정적 동요나 변화보다, 그러한 변화를 초래한 외적 환경, 즉 사회경제적 조건이 무엇인지 묻고자 한다. 사회 내 비혼, 만혼, 1인 가구의 증대 및 다문화가족이나 한부모 가족과 같이 가족의 형태가 다양화되고, 경제적 생산의 단위로서 개별가족의 기능이 오늘날 더 이상의 설득력을 담보하지 못하는 그 근본적 배경에 어떤 사회경제적 조건이 놓여 있는가를 통찰해야 한다는 것이다.[18]

---

17) K. 맑스/F. 엥겔스, 김대웅 옮김, 『독일 이데올로기 I』, 두레, 1989, 69쪽 참조(K. Marx/F. Engels, "Deutsche Ideologie", in *MEW.*, Bd. 3, Dietz: Berlin, 1978, 29쪽 참조).

18) 가족을 사회경제적 구조연관 속에서 분석하고 이해해야 한다는 맑스와 엥겔스의 요구는 『공산당 선언』에서도 확인할 수 있다. 그들에 의하면, 현대의 가족은 사적영리와 계급적 기반에 토대해 있으며, 그 가장 비참한 형태를

셋째, 엥겔스가 근대가족의 전형적 모델로 제시한 일부일처제적 가족과 그 가족이 안고 있는 폐해에 대한 서술, 예컨대 남성 가부장에 대한 여성의 종속과 성적 노예화, 여성이 행하는 가사노동에 대한 평가절하와 같은 지적은 근대가족의 해체와 종언 이후 새로운 가족이 지향해야 할 모델을 설계하는데 유용한 시사점을 제공해 준다. 앞서 밝힌 것처럼, 엥겔스는 개별 가족을 기본단위로 하는 근대가족 내에서 남성과 여성의 불평등이 지양되고 남성에 대한 여성의 종속적 지위가 극복되려면, 여성의 사회적 진출이 장려되어야 하고, 여성이 공적 산업으로 대거 진출할 수 있는 제반 조건들이 마련되어야 함을 여러 차례 강조한다. 특히 이 과정에서 그는 여성이 담당하는 가사노동의 전면적 사회화야말로 양성 평등을 촉진하고 남녀의 불평등한 권력관계를 근본적으로 변혁하기 위한 가장 핵심적인 조건임을 주장한다. 나는 엥겔스의 이런 주장으로부터 오늘날 페미니즘 진영에서 활발하게 논의되고 있는 돌봄 노동의 사회화 모델에 대한 선구적 통찰을 읽어낼 수 있다고 생각한다.

엥겔스의 가족분석에 내재한 이와 같은 긍정적 함의에도 불

프롤레타리아트의 가족이 입증한다. 대규모 산업이 발달하면서 프롤레타리아트의 가족적 유대는 모두 끊어지고, 가족과 교육, 부모와 자식 간의 친밀한 유대 또한 아무런 의미 없는 상투어들로 전락해 있다는 것이다. 사랑과 친밀성을 기반으로 한 정서적 유대의 장으로서 가족은 부르주아의 가족에게서 나타나는 것처럼 보이지만, 이 또한 여성의 남성에 대한 경제적 예속을 전제로 하는 가상에 불과하다는 것이 맑스와 엥겔스의 주장이다. 이와 관련해서는 칼 맑스/프리드리히 엥겔스, 이진우 옮김, 『공산당 선언』, 책세상, 2010, 38~40쪽 참조(K. Marx/F. Engels, "Manisfest der kommunistischen Partei", in *MEW.*, Bd.4, Dietz: Berlin, 1983, 478~479쪽 참조).

구하고, 오늘날 대부분의 페미니스트 이론가들은 엥겔스가 제시한 여성해방의 실천적 방안에 대해서 뿐만 아니라, 가족 내 성별 분업 및 남성과 여성의 사회적 분업의 기원에 대해서도 전반적으로 동의하지 않는다. 그 어느 때보다도 여성의 공적 산업으로의 대거 진출이 활발하게 이루어지고 있는 오늘날, 여성은 여전히 임금노동과 가사노동이라는 이중 노동의 부담으로부터 억압받고 있으며, 가부장적인 이데올로기 또한 건재해 있기 때문이다. 이러한 부정적 현상은 가족분석이 계급분석으로 환원될 수 없다는 사실을, 사적소유의 철폐만으로는 여성과 남성의 실질적 평등이 담보될 수 없다는 사실을 경험적으로 예증한다. 이하에서 나는 엥겔스의 가족론에 함축된 이와 같은 긍정적 또는 부정적 시사점을 토대로 하여, 사회주의 페미니즘 내에서 가족에 관한 논의 초점들을 분석한 후, '돌봄 공동체' 또는 '돌봄 민주주의'에 대한 다양한 논의들을 엥겔스의 가족론과 접목시켜 가족개념의 확장을 추동할 핵심적 의제들을 발굴해 보고자 한다.

사회주의 페미니즘: '가족을 발명하라'

맑스는 『자본』(Das Kapital) 「노동과정」을 분석하는 장에서, 자본주의 사회에서 노동을 생산적 노동이라고 규정한다. 자본주의 사회의 모든 노동이 생산적 노동으로 간주되는 것은 아니며, 노동이 생산적인 것으로 간주될 수 있으려면 잉여가치를 생산하는데 복무해야 한다는 이유에서다. 많은 여성주의자들은 맑스의 이러한 분석으로부터, 그가 가족 내에서 행해지는 여성의 돌봄 노동을 비생산적 노동으로 치환하고, 이 때문에 여성 노동이 갖는 긍정적이고 생산적인 함의를 읽어내지 못했다고 비판해 왔다.[19] 그러나 일군의 사회주의 페미니스트들이 광범위하게 합의하고 있는 바와는 달리, 맑스는 자본주의 사회에서 생산적 노동만을 가치 있는 노동이라고 긍정적으로 평가한데 초점을 둔 것이 아니라, 자본주의적 생산양식을 토대로 한 사회에서는 잉여가치를 생산하는 특정 노동만이 가치 있는 것으로 평가됨으로써, 여성의 가사노동을 비롯한 각종 돌봄 노동이 저평가되고 있는 자본주의적 현실을 지적한 데 초점을 두었다고

---

19) 대부분의 사회주의 페미니즘에 속하는 여성주의자들이 맑스의 생산적 노동에 대한 이와 같은 관점을 공유한다. 이에 대한 최근의 반복적인 지적으로는 마리아 미즈, 최재인 옮김, 『가부장제와 자본주의: 여성, 자연, 식민지와 세계적 규모의 자본축적 』, 갈무리: 2017, 125~126쪽 참조, "자본주의 생산과정에서 '생산노동'의 개념은 잉여가치를 생산하는 것에만 적용되는 것으로 좁혀진다. 자본을 실현할 수 있는 잉여를 생산하는 노동자만이 생산적이다 [……] 그러나 맑스는 생산적 노동에 대한 이런 자본주의적 개념에 주안점을 두고 이를 일반화시켜서, 여성의 생명생산까지 포괄할 수 있는 좀 더 일반적이고 근본적인 생산적 노동의 개념을 사실상 덮어버렸다. 이를 통해 맑스 자신은 모든 '비-생산적' 노동(즉, 여성 노동의 큰 부분을 차지하고 있는, 무임금 노동)을 공공영역에서 보이지 않도록 하는데 이론적 기여를 했다." 맑스와 엥겔스의 가족론 또는 성별관계에 대해 사회주의 페미니즘과 비슷한 비판적 견해를 공유하는 게일 루빈 또한 자본주의적 생산양식에 대한 맑스의 분석이 여성 억압의 기원을 효과적으로 설명해주지 못한다고 지적한다. 또한 섹슈얼리티의 관계를 생산관계와 구별한 엥겔스 또한 전자를 후자로 해소시키거나 전자의 독자적인 동학을 제대로 포착하지 못하고 있다고 비판한다. 이에 대해서는 게일 루빈, 신혜수·임옥희·조혜영·허윤 옮김, 『일탈』, 현실문화, 2016, 94~104쪽 참조.

보는 것이 옳다. 앞서 우리가 살펴보았던 엥겔스의 가족론은, 일부일처제에 기반한 근대 핵가족이 어떻게 여성에 대한 남성의 가부장적 지배와 성별분업에 입각한 여성노동의 평가절하를 가져오는지 명백하게 제시하고 있을 뿐만 아니라, 이를 극복하기 위해 비생산적 노동을 사회화해야 한다는 주장을 제시하고 있기 때문이다. 이런 점에서 생산적 노동과 비생산적 노동에 대한 맑스적 분석의 초점은 후자에 대한 전자의 우위를 지적한 것이 아니라, 오히려 어떻게 하면 후자를 평등하고 민주적인 방식으로 전환할 수 있을 것인가에 놓여 있다고 보아야 한다. 맑스의 이와 같은 관점은 '여성 해방의 척도를 보편적 해방의 자연적 척도'[20]라고 언급한 『신성가족』의 서술과도 공명한다. 다만, 맑스나 엥겔스는 자본주의적 생산노동에 대한 분석에 치중함으로써 가정 내 성별분업에 기초하여 여성이 수행하는 다양한 유형의 돌봄 노동에 대한 구체적 분석을 수행하지 못했다는 점에서 일정한 한계를 갖는다.[21]

---

20) K.Marx/F.Engels, "Die heilige Familie", in *MEW.*, Bd.2., Dietz: Berlin, 1980, 208쪽.

21) 사회주의 페미니즘은 맑스와 엥겔스가 남성과 여성의 관계, 그리고 이들의 성별분업을 자연적인 것으로 간주하고, 이에 대한 구체적 분석을 수행하지 못했다고 비판한다. 사회주의 페미니즘의 지적처럼, 맑스의 서술에는 남성과 여성의 관계를 원초적이고 자연적인 관계로 간주하는 서술들을 발견할 수 있다. "인간의 인간에 대한 직접적, 자연적, 필연적 관계는 **남성**의 **여성**에 대한 관계이다." 또는 "남성의 여성에 대한 관계는 인간의 인간에 대한 **가장 자연적인** 관계이다."와 같은 서술들이 여성과 남성의 관계에 대한 그와 같은 관점을 반영한다. 각각의 인용문은 K. 맑스, 최인호 옮김, 『1844년의 경제학 철학 초고』, 박종철 출판사, 1991, 296쪽, 297쪽(K. Marx, "Ökonomisch-philosophische Manuscripte aus dem Jahren 1844", in *MEW.*, Ergänzungsband,

사회주의 페미니즘[22]은 맑스와 엥겔스의 이론에 내재한 이와 같은 공백, 즉 여성이 수행하는 다양한 사적 노동에 내재된 긍정적인 함의들을 읽어내는 한편, 여성노동에 관철된 억압과 착취의 기제를 특히 사회경제적 제반조건과 관련지어 이해하고자 한다는 점에서 맑스나 엥겔스의 담론보다 한층 더 진일보한 것이다. 맑스와 엥겔스의 관점과 마찬가지로 그들에게 "가족은 생물학적 단위가 아니며, 재생산뿐 아니라 사랑과 노동, 권력의 무대가 되는 무척 다양하고 계속 진화하는 장소다."[23] 요컨대 가족은 자본주의 계급분석의 틀로 간단히 포박되어 낱낱이 분

Erster Teil, Dietz: Berlin, 1982, 535쪽). 맑스는 이러한 서술에 덧붙여 남성과 여성의 이 자연적 관계와 관련하여, 인간이 어느 정도로 문명화되었는가를 가늠하는 척도가 정해질 수 있다고 서술한다. 즉 가장 자연적 관계인 남성과 여성의 관계가 어느 정도로 인간적으로 형성되어 있는가가 인간의 교양단계를 측정하기 위한 척도라는 것이다.

22) 나는 여기에서 사회주의 페미니즘의 의미규정. 계급, 성별/인종 젠더관계를 비롯한 억압의 양상들을 분석하되, 이를 계급이라는 관점으로 환원하지 않으면서도 계급의 관점을 놓치지 않으려는 일련의 여성주의적 시각으로 이해한다. 사회주의 페미니즘이라는 용어가 가리키는 범주의 불확정성과 그것을 둘러싼 논의에 대한 전반적 소개는 낸시 홈스트롬 엮음, 유강은 옮김, 『사회주의 페미니즘-여성의 경제적이고 정치적인 완전한 자유』, 따비, 2019, 11~27쪽 참조/로즈마리 통, 이소영 옮김, 『페미니즘 사상-종합적 접근』, 한신문화사, 1995, 272~305쪽. 이 저서에서 통은 사회주의 페미니즘과 맑스주의 페미니즘을 일목요연하게 구별한다는 것이 항상 용이한 일은 아니나, 여성억압의 기원과 양상을 자본주의적 계급관계로 환원하는 맑스주의 페미니즘과 달리, 사회주의 페미니즘은 자본주의적 계급적 관계 이외에 가부장적 지배이데올로기와 결부된 다양한 억압의 양상들에 주목한다는 점에서 유연성을 갖는다고 설명한다. 맑스주의 페미니즘은 남성과 여성이 각각 공적영역과 사적영역으로 그들의 영역을 이분화 하는 현상 및 가족 내 성별분업의 원인을 가볍게 여기거나, 이에 대한 설득력 있는 설명을 제공하지 못한다는 것이다.

23) 낸시 홈스트롬 엮음, 『사회주의 페미니즘-여성의 경제적이고 정치적인 완전한 자유』, 29쪽 참조.

석될 수 있는 계급관계의 산물이 아니라, 계급, 인종, 민족을 포함한 다양한 억압의 축들이 교차하는 복잡한 관계의 그물망이라는 것이다. 때문에 근대 가부장적 가족제도의 모순은 맑스와 엥겔스가 주장하는 것처럼, 단순히 공적산업으로의 여성 진출을 장려하고, 가사노동을 사회화하는 것만으로는 충분치 않다. 노동의 산업화와 자동화가 노동으로부터의 인간해방뿐만 아니라, 여성 해방을 위한 전제조건일 수는 있으나, 그것은 다만 전제조건에 불과할 뿐, 실질적인 여성해방을 담보할 수 없기 때문이다. 그들은 자본주의 사회에서의 기술의 진보에 따른 생산영역의 자동화가 여성을 '가장 늦게 고용되고, 가장 불완전하게 노동력에 충원되며, 여전히 이데올로기적으로 부르주아 사회를 위한 가장 소모품적인 집단으로 만들면서, 생산으로부터 이들을 추방시키는 구조적 실업을 야기해 왔다.'[24]고 주장한다. 엥겔스가 근대 가부장제 가족 내에서 여성의 열등한 지위를 극복하기 위해 제시했던 대안이 역사적 과정을 통해 그다지 쓸모 있는 것임을 입증해내지 못했다는 것이다. 때문에 이들은 자본주의적 생산양식뿐만 아니라, 가부장적 이데올로기도 좀 더 발본적인 차원에서 문제 삼을 것[25]을 제안한다. 그렇다면, 문제는

24) 앨리슨 재거/폴라 로덴버그 스트럴 편, 신인령 옮김, 『여성해방의 이론체계』, 도서출판 풀빛, 1983, 248쪽 참조.

25) 로즈마리 통은 자본주의 생산양식과 가부장제라는 이 두 가지 축의 관계를 각각 어떻게 설정하는가에 따라 사회주의 페미니즘을 이원적 체계와 통합적 체계로 나눌 수 있다고 주장한다. 이원적 체계가 자본주의와 가부장제를 각각 독자적인 생산양식으로 설정한다면, 통합적 체계는 이 두 가지를 한데 아우를 수 있는 개념적 틀을 통해 양자의 관계를 보다 긴밀하게 재구성하는 관점이다. 이에 대해서는 로즈마리 통, 『페미니즘 사상-종합적 접근』, 276쪽 참조.

사회주의 페미니즘이 이 두 가지 측면을 가족 분석과 관련하여 어떻게 결합시키고 있는지, 더 나아가 오늘날 가족의 해체 또는 위기, 그리고 재구성과 관련하여 이 두 가지 측면을 어떤 방식으로 연계시키고 있는지를 정확히 하는 일일 것이다.

사회주의 페미니즘 이론가들에게 가족을 분석하는 일은 곧 여성이 당면해 있는 문제를 분석하는 것과 같다. 가족이 사회의 생물학적 기본단위로 간주되든, 사랑에 의한 낭만적 서사의 완성으로 여겨지든, 또 개인의 사적 생활이 온전히 보장되는 정서적 영역으로 간주되든, 다시 말해 어떤 형태의 가족이든, 가족은 그 안에서 성관계, 자녀의 생산과 양육 및 사회화와 같은 전반적인 활동과 분리되어 생각될 수 없기 때문이다. 그리고 역사적으로 그 일의 대부분은 주로 여성에게 전가되어 왔다. 때문에 이들은 가족에 대한 진일보한 관점을 획득하기 위해서는 가정 또는 가족의 영역에 결부된 여성의 특별한 종속의 원인과 그 양상을 파악해야 한다고 주장한다. 맑스와 엥겔스의 관점을 따르는 맑스주의 페미니즘이 가족 분석 또는 여성 억압의 원인 및 양상의 분석을 주로 계급 분석에 국한한 것에 반대해, 사회주의 페미니즘은, 자본주의적 계급분석 못지않게, 가부장적 이데올로기 또한 이러한 억압에 중요한 기여를 하고 있다고 본다. 따라서 엥겔스가 주장했던 것처럼, 여성의 활발한 사회진출이 여성에 대한 성적인 억압과 차별적 관행을 모조리 일소한다는 것은 순진한 환상이며, 자본주의와 함께 특정한 사회 속에서 가부장제가 여성 억압과 어떻게 맞물려 있는지를 알아야 하는 것이다. 가족을 분석하고 이해하기 위해서는 당연히 가족 내에서 여성이 당면하고 있는 문제들, 또 그로 인해 사회에서 여성이 처해 있는 다양한 억압적 현실들을 분석하고 이해해야만 한다.[26] 계급이 여성의 억압적 삶의 중심이기는 하지만, 그렇다고 하더라도 성적억압이나 인종적 억압이 모조리 경제적 착취로 환원되지는 않기 때문이다.[27]

이들은 우선 가족이 여성억압의 특권적 장소이자, 양성평등의 진전을 향한 중대한 걸림돌이 되고 있다고 지적한다. 배타적 이성애와 그를 통한 결혼제도에 기반한 가족이 사회의 주류를 이루고 있는 한, 기술이 고도로 발달된 자본주의 사회라고 하더라도, 여성은 가족의 내외부에서 가사노동의 종사자이자, 값싼 저임금 노동자로서의 역할을 수행하며, 또 출산과 양육의 담당자로서의 지위를 벗어나지 못하고 있기 때문이다.[28] 사회주의 페미니즘은 여성이 처한 이와 같은 상황이, 오랫동안 사회 구성원들의 통념으로 자리 잡아 왔던 이데올로기, 즉 여성이 지닌 생물학적 조건 또는 남성과 여성이 갖는 신체적 차이라는 이데올로기에 의해 더욱 지지되고 정당화되는 경향이 있다고 지적

---

26) "과거의 사회주의 이론은 여성이 처한 상황을 분리된 구조들로 전문화시키지 못한다. 이렇게 하기 위해서는 여성의 상황이 경제로부터 파생적으로 연역될 수 있다든지(엥겔스), 상징적으로 사회와 동일시 될수 있다고(초기의 마르크스)보는 생각에서 벗어나야 할 것이다[……] 여성이 처한 상황의 핵심적 구조들로는 생산, 출산, 성관계 및 자녀의 사회화를 들 수 있다. 이러한 구조들의 구체적 결합이 여성의 위치라는 '복합적 통일체'를 만든다.", 쥴리엣 미첼, 「여성의 지위」, 244쪽(앨리슨 재거/폴라 로덴버그 스트럴 편, 『여성해방의 이론체계』).

27) 낸시 홈스트롬, 『사회주의 페미니즘-여성의 경제적이고 정치적인 완전한 자유』, 13쪽 참조.

28) 쥴리엣 미첼, 「여성의 지위」, 248~255쪽 참조.

한다. 이들은 여성이 생산의 영역에서 주변화 되고, 가정 내에서 여성의 역할이 고정된 이유가 통상적으로 말해지듯 불가피한 자연적 속성 때문이 아니라, 남성과 여성의 권력 불균등에서 비롯된 사회적 강제에서 비롯된다[29]고 본다. 특히 이 사회적 강제의 기제는 특정한 시대와 사회적 여건에 따라 그 강도를 달리하는 것이기에, 남성과 여성, 사회와 가정을 공사 이분법에 토대해 전자에 대한 후자의 지위를 강등시키거나 평가절하는 것 또한 시대와 사회적 맥락에 따라 다양한 양상을 보인다는 점에 주의해야 한다는 것이다. 요컨대 근대 핵가족의 기반을 이루고 있는 여성과 남성의 성별분업은 엥겔스가 말하듯, 남성과 여성의 신체적 차이에 기반한 자연적인 것이 아니며, 사회 구성원들에게 물질적 강제력으로 작용하는 가부장적 이데올로기의 강압에 의한 것임을 파악하는 것이 중요하다. 여성의 종속과 억압에 대한 기원 분석은 따라서 생산, 출산, 자녀의 양육, 성활동에서 여성의 역할 등등이 공동으로 작용하여 결정되기 때문에, 그리고 여성 억압의 원인으로 작용하는 대부분의 활동들이 가족을 중심으로 이뤄지기 때문에, 이를 단순히 경제적 착취나 계급분석의 문제로 환원할 수 없다는 입장이다. 가족의 분석이 여성 억압에 대한 분석과 결코 분리될 수 없고, 여성의 해방은 가족의 혁명적인 재편 및 재구성과 결코 무관하지 않은 이유다. 결론적으로 이들은 여성의 해방, 그리고 근대적 가족구조와 형태의 재편을 위해서는 자본주의뿐만 아니라, 가부장적 이데올로

29) 쥴리엣 미첼, 「여성의 지위」, 246쪽 참조.

기 또한 해체되어야 할 대상임을 지적함으로써 후자가 전자로 환원될 수 있다는 소박한 관점에 반대한다. 이런 점에서 가족은 자본주의의 생산적 노동을 보조하는 영역이기만 한 것이 아니라, 여성 억압이 체계적으로 작동하는 특권적 장소다.

사회주의 페미니즘은 가족에 대한 이와 같은 분석에 근거하여 새로운 가족의 발명을 주장한다. 이성애적 결혼을 토대로 한 근대적 가족모델은 여성과 아이들에 대한 독점적이고 배타적인 소유권에 기반한다. 그들에 의하면 우리에게 필요한 것은 인간에 대한 소유모델을 영속화시키는 결혼과 가족모델을 해체하고, 혈연에 기반을 두지 않는 상호편의와 관심, 그리고 존중에 의거하는 확장된 가족모델이다. 확장적 가족모델을 통해 그들이 제시하는 가족의 구체적인 모습은 어떤 것일까?

> "확대가족은 공동의 관심, 목표, 이상을 가지고 서로 관계를 맺는 성인들의 공동체다. 사람들은 한 쌍의 부부로서보다는 한 개인의 자격으로 공동체에 들어간다. 한 사람에 대한 의존은 줄어든다. 책임은 그것이 전 공동체에 확대될 때까지 증가된다. 여성이 배우자와의 관계 속에서 느끼는 주체성의 상실은 일어나지 않을 것이다[……]확대가족 내에서 우리는 또한 사회가 우리에게 부여해온 이성애적 윤리라고 하는 매우 민감한 영역을 탐색할 수 있을 것이다. 오늘날의 사회는 공공연히 이성애를 지지하고, 동성애를 비난하며 양성애를 무시한다. 이에 빈해, 확대가족은 우리들에게 인간 성관계의 전 영역을 이루는 토론의 광장을 마련해 줄 수 있을 것이다."[30]

---

30) 바바라·미카엘 맥케인, 「확대가족의 건설」, 412~413쪽.

요컨대 사회주의 페미니즘은 배타적 이성애를 넘어 다양한 섹슈얼리티가 허용되고 향유될 수 있는 공동체를 새로운 가족 모델로 제안한다. 이 공동체에서 각각의 구성원들은 독자적인 자율성을 상실하지 않으면서도 공동의 관심을 목표를 위해 협력하며, “아이들에 대한 공동의 양육”을 통해 여성에게 지워진 부담을 사회화한다. 이런 관점에서라면, 굳이 가족을 남녀의 사랑에 기반한 낭만적 서사의 완성으로 이해할 필요도 없을 것이며, 가족 내에서 여성이 수행하는 여타의 역할들을 여성 고유의 것이라고 간주할 이유도 없을 것이다. 사회주의 페미니즘은, 이와 같은 확대가족의 건설은 다만 자본주의적 계급관계를 분쇄하는 것만으로는 결코 충분치 않으며, 자본주의의 보완물 또는 자본주의와 독자적인 물적 토대를 갖는 가부장제를 함께 넘어뜨림으로써만 가능하다고 주장한다. 이를 위해 그들은 사회 구성원들의 대대적인 정신적 혁명이 요구될 것이라 주장하기도 한다.

사회주의 페미니즘은 자본주의적 공사이분법 속에서, 가족 또는 가정공간을 생산적 영역인 사회적 영역과 대비하여 자연적인 것으로 평가절하고, 또 그로부터 오직 개인적이기만 한 주관적인 영역으로 환원시켜 버린 기존의 가족담론을 비판하기에 매우 유용한 참조점을 제공해 준다. 가족을 개인적 서사, 또는 낭만적 사랑의 완성, 그리고 정서적인 위안처라고 바라보는 관점 등등은, 가족에 부여된 그와 같은 이데올로기적 담론들이 형성되어 온 역사적 과정에 맹목적이기 때문이다. 가족을 개인적이고 주관적인 친밀함과 사랑의 정서적 영역으로 치부할 경우,

가족을 축으로 발생하는 다양한 계급적, 인종적, 민족적 격차와 갈등들을 설명할 수 없게 된다. 이런 점에서 사회주의 페미니즘은 가족을 둘러싼 다양한 쟁점들을 경제적 착취의 문제로 환원시키지 않으면서도 동시에 가족을 특정한 사회경제, 또는 문화적 맥락 속에 위치시켜 분석함으로써, 가족 내에서 발생하는 독특한 억압의 양상들을 이해하는 길을 터주고 있다. 특히 배타적 이성애에 기반한 혈연가족의 해체, 그리고 다양한 개성을 가진 주체들의 생활공동체로서의 가족의 발명이라는 사회주의 페미니즘의 제안은, 오늘날 한국사회에 굳건하게 자리잡아왔던 '정상가족 이데올로기'를 넘어서기 위한 효과적인 발판을 마련해 줄 수도 있을 것이다. 정상가족 이데올로기를 해체하기 위한 가장 일차적인 조건은, 사회주의 페미니즘이 주장하고 있듯, '이성애적 결합에 입각한 혈연공동체'로서의 가족으로부터 그 특권적 지위를 박탈하는 일일 것이기 때문이다.

나는 사회주의 페미니즘의 이와 같은 논의들의 성과를 충분히 인정하면서, 다양한 개성을 가진 자유로운 인격들의 생활공동체라는 새로운 가족모델이 현실화되기 위한 하나의 대안으로서 돌봄 공동체에 대해 논의해보고자 한다. 사회주의 페미니즘과 그 이론적 결을 달리하기는 하지만, 돌봄 이론가들의 가족론이 다양한 가족 모델의 공존을 위한 이론적 물꼬를 터주고 있다고 보기 때문이다. 특히 돌봄 공동체에 대한 논의는 돌봄을 여성의 주요한 역할이자 일이라고 간주했던 기존의 통념들에 도전하면서, 이를 사회 전체로 확장시킬 것을 주장한다. 이것이 궁극적으로 가족 내 성별분업에 얽매여 있는 여성을, 돌봄 노동을 독점함으로써 사회적 돌봄을 부차화하는 가족을 해방시킬 수 있는 대안이라는 이유에서다.

돌봄 공동체로서의 가족 개념의 확장

엥겔스는 「공산주의의 원칙들」(*Grundsätze des Kommunismus*)에서 향후 도래할 공산주의 사회 질서가 기존의 가정을 혁명적으로 변화시킬 것이라고 전망한다. 공산주의 사회질서는 '남성과 여성의 관계를 순수한 사적관계로 만듦으로써, 이를 관련 당사자들만의 문제로 전환시킬 것이고, 종래의 혼인을 지탱하던 두 토대였던 사적소유를 수단으로 한 남성에 대한 여성의 의존과 부모에 대한 아동의 의존을 끝낼 것이라는 것이다. 여기에 엥겔스는 가부장적 일부일처체가 가져온 부정적 현상으로서의 성매매 또한 이와 더불어 중지될 것이기에, 오히려 진정한 의미에서의 애정과 사랑에 기초한 가족관계를 확립할 수 있으리라는 전망'[31]도 덧붙인다.

엥겔스가 제시한 새로운 가족관계의 이와 같은 내용들은, 그가 분석했던 근대가족의 역사적 기원으로부터 나온 필연적 귀결들이다. 사적소유에 입각하여 여성이 남성에 의해 종속되는 불균등한 권력관계를 가족적 차원에서 해소하기 위해서는 당연

---

31) F. Engels, "Grundsätze des Kommunismus", in *MEW.*, Bd.4, Dietz: Berlin, 1983, 377쪽 참조.

히 사회 내 사적소유가 폐지되어야 하며, 더 나아가 여성들이 사회로 활발히 진출하여 한 사람의 독립적 인간으로서 활동할 수 있어야 한다는 엥겔스의 신념과 전망은 가족의 문제와 관련하여 일관되게 관철된다. 그럼에도 앞서 사회주의 페미니즘이 지적했던 엥겔스적 분석의 여러 가지 한계 이외에도, 오늘날 가족의 재구성을 위해 자본주의적 사적소유가 폐지되어야 한다는 엥겔스의 주장을 액면 그대로 수용할 수는 없다. 가족의 형태와 구조, 가족 구성원들의 생활양식이나 가족에 부여하는 사회구성원들의 제감정과 가치들이 그것을 둘러싼 사회경제적 제 요건으로부터 직·간접적 영향을 받는 것은 사실이나, 자본주의적 사적소유를 완전히 철폐하는 것만이 가족의 해체와 재구성을 조직하기 위한 유일한 길이라고 할 수는 없을 것이기 때문이다. 그렇다면 문제는 가족에 대한 엥겔스의 부정적 진단을 참조하면서도, 그가 제안한 대안과는 달리, 우리의 현실적 여건에 적합한 '가족의 해체와 재구성'이 어떤 방법으로 가능할 수 있을까를 적극적으로 타진해 보는 일일 것이다. 이와 관련하여 나는 최근 한국사회에서 활발하게 논의되고 있는 '돌봄'(caring) 또는 '함께 돌봄'(caring with)의 개념에 주목해 보고자 한다. 가족공동체를 돌봄 공동체로 확장하자는 논의와 결부되어 있는 '돌봄'의 개념이 오늘날 한국사화에서 다양한 양상으로 출현하고 있는 새로운 가족유형을 포용하기에 매우 적합한 틀을 제공해 줄 뿐만 아니라, 논의의 출발점과 방향을 달리하기는 하지만, 가족 내 성별 권력 불균등의 문제를 근대가족의 부정적 특징으로 지목했던 엥겔스의 문제의식과도 잘 부합한다고 보기 때문이다.

오늘날 '가족의 해체 및 재구성'을 위한 논의의 장에서 '돌봄' 개념을 주장하는 대부분의 여성주의자들은, 우선 인간이 자기 충족적이며 전적으로 자립적인 인간이 아니라, 지속적으로 누군가에게 의존하고 누군가의 돌봄을 필요로 하는 존재라는 전제로부터 출발한다.[32] 돌봄윤리학 또는 페미니스트 돌봄윤리라고 총칭되는 이들 돌봄주의 이론가들은 우선 ① 인간들 각자는 '관계 안에서'(in relationships) 존재하며, ② 모든 인간은 각자가 처한 상황과 맥락에 따라 그 내용과 강도를 달리할 뿐, 취약하고 허약한 존재이며, ③ 모든 인간은 한 번쯤 돌봄의 수혜자이자 제공자기 되기 때문에, 인간을 종래 철학적 관점에서처럼 근본적으로 자율적이고 자기 충족적으로 보는 관점이 적합하지 않으며, 각각의 개인이 처해 있는 삶의 다양한 곤경들을 고려하지 않는다고 비판한다.[33] 인간에 대한 이와 같은 관점을 전제로

---

32) 이와 같은 논의는 다방면에서 활발하게 전개된다. 예컨대 감정과 이성의 이분법을 극복하고, 감정을 사회 통합의 새로운 원리로 삼고자 하는 마사 누스바움(M. Nussbaum), 수직적이고 위계적인 남성의 윤리와 수평적이고 관계적인 여성윤리를 대립시키면서 전자와 후자의 공존을 강조하는 캐롤 길리건(C. Gilligan), 돌봄 개념을 가정으로부터 정치적 공론장의 영역으로까지 확장시켜, 돌봄 공동체 또는 돌봄 민주주의의 활성화를 요구하는 에바 카테이(E. F. Kittay), 조안 C. 트론토(J. C. Tronto) 등이 돌봄 개념과 관련한 주요 논의들을 주도하는 대표적 이론가들이다. 이들 각각의 이론가들이 자신들의 출발점으로 삼고 있는 인간관에 대해서는 각각 다음을 참조. 마사 누스바움, 조계원 옮김, 『혐오와 수치심: 인간다움을 파괴하는 감정들』, 민음사: 2016, 610~613쪽 참조/캐롤 길리건, 허란주 옮김, 『다른 목소리로』, 동녘: 1997, 133~135쪽 참조/에바 페더 카테이, 김희강·나상원 옮김, 『돌봄: 사랑의 노동: 여성, 평등, 그리고 의존에 관한 에세이』, 박영사, 2016, 40~45쪽 참조.

33) 조안 C. 트론토, 김희강·나상원 옮김, 『돌봄 민주주의: 시장, 평등, 정의』, 아포리아, 2014, 84~86쪽 또는 에바 페더 카테이, 『돌봄: 사랑의 노동:

하여 이들은 기존의 철학적 관점이 이성 중심적이고 합리적인 남성주체에 초점을 두고 사회정의의 윤리나 공동체 이론을 설계해 왔음을 비판한다.[34] 이러한 이론적 관점은 사회적 주변인 또는 사회적 약자를 <인간>의 범주에서 자연스럽게 배제할 뿐만 아니라, 인간이 가진 자연적 불완전성과 결함을 오직 부정적인 것으로서만 간주함으로써, 인간 개인으로 하여금 완벽성을 향한 자아를 추구하도록 강제한다는 이유에서다. 이들이 자기충족적 인간을 이상적 인간으로 설정하는데 반대하고, 모든 인간을 자율적이고 주체적인 이성적 존재라고 전제했던 기존의 철학적 관점에 이의를 제기하는 것은, 인간이 한 없이 부족하고 결핍된 존재라는 사실만을 강조하기 위함이 아니다. 오히려 돌봄 이론가들은 인간이 다른 사람에 대한 특별한 의존적 관계를 형성하고 있지 않을 때일지라도, 인간이 타자와의 관계 속에 놓여 있는 존재로서 사회적 존재이기 때문에, 이 관계 속에서 타인과 친밀함, 애착 및 돌봄의 관계를 자연스럽게 형성해 나가고 또 그럴 능력을 가지고 있다고 강조한다. 달리 말해 인간의 전 생애가 타자와의 관계 속에 놓여 있으며, 인간의 이 타자관계성이야말로 인간을 인간이게 하는 필수적 요건이라는 것이다. 때

여성, 평등, 그리고 의존에 관한 에세이』, 81~82쪽 참조.

34) 이와 관련해서는 마사 누스바움, 조계원 옮김, 『혐오와 수치심: 인간다움을 파괴하는 감정들』, 610~611쪽 참조/에바 페더 카테이, 『돌봄: 사랑의 노동: 여성, 평등, 그리고 의존에 관한 에세이』, 42쪽. 카테이는 서구의 자유주의 정치이론과 법이론이 지향해온 평등의 관점, 그리고 기에 기반을 둔 일련의 정책들이 “정치적 대표성이라는 목적이나 가사일과 양육 책임의 분담이라는 목적을 달성하지 못하면서 사적인 영역뿐만 아니라, 공적인 영역에서도 여성을 실망시켜 왔다”고 비판한다.

문에 돌봄 이론가들은, 누군가로부터 사랑을 받고 돌봄을 받는 것은 인간의 최소한의 존엄한 삶을 영위하기 위한 필요충분조건[35]이라고 강조하며, 어떤 이유에서든, 그리고 정도의 차이가 있다 하더라도, "돌봄을 필요로 하는(needy) 것은 모든 인간이 동등하게 공유하고 있"[36]다는 점을 받아들여야 한다고 주장한다. 중요한 것은 자율적 인간과 의존적 인간의 균형과 공존인 것이지, 전자를 위해 후자의 사실성을 평가절하하거나, 외면해서는 안 된다는 것이다.

인간이 전 생애에 걸쳐 누군가로부터 돌봄의 수혜를 제공받고, 또 그 자신 돌봄의 제공자가 될 수 있는 관계적 맥락 속에 놓여 있다는 것을 전제로 돌봄 이론가들은 가정이라는 사적 공간 안에서 성별분업의 원리에 따라 오직 여성에게만 할당되었던 돌봄 노동을 재평가해야 한다고 주장한다. 가정이라는 공간에 국한되어 제공되어 왔던 돌봄 노동이 자연적 성별분업의 원리에 따라 당연히 여성의 특화된 일이라는 기존의 사고방식뿐만 아니라, 돌봄 노동을 일반적으로 사회적으로 낮은 지위의 사람들이 떠맡는 낮은 지위의 노동이라는 관점 모두 문제적이라는 것이다. 돌봄 노동에 대한 이와 같은 사고방식은, 공적인 것과 사적인 것, 남성의 일과 여성의 일이라는 정형화 된 이분법을 따라 형성된 일종의 권력관계의 산물이며, 또 양 측면을 통해 형성된 불균등한 권력관계, 즉 일종의 "젠더 비대등성

35) 캐슬린 린치 외, 강순원 옮김, 『정동적 평등-누가 돌봄을 수행하는가』, 한울, 2016, 68쪽 참조.

36) 조안 C. 트론토, 『돌봄 민주주의: 시장, 평등, 정의』, 84쪽.

(gender asymmetry)"37)을 지속적으로 재생산하는데 기여한다는 이유에서다. 이와 같은 불균등한 권력관계가 오늘날에는 비단 여성과 남성의 성별 분업에만 국한되지 않고, 인종이나 계급의 영역으로까지 확장되어 돌봄을 둘러싼 불평등을 재생산하고, 이를 공적 영역으로부터 배제하는 부정적 결과를 낳는다. 돌봄 노동에 대한 이와 같은 평가절하는 오늘날 사회 내에서 성별, 인종별, 계급 및 계층 별 권력관계가 어떤 방식으로 재편되고 재생산되고 있는가를 알게 해주는 척도 역할을 하고 있다. 때문에 이들 돌봄 이론가들은 돌봄 노동에 함의되어 있는 긍정적 가치를 적극적으로 발굴하고, 이를 사회 구성원 모두의 삶의 조건이라는 것을 강력하게 주장함으로써, 돌봄 노동을 통해 형성된 불평등한 권력관계를 극복할 수 있을 것이라고 전망한다. 돌봄 공동체는 가정 내에 특화된 돌봄 노동을 사회 전체적으로 확장하고, 이를 공적 영역에 자리 지정함으로써 돌봄 노동에 종사하는 여타의 사회구성원들을 동등한 민주적 시민권자로 격상시키는 일련의 실천과도 맞닿아 있다. 이러한 맥락에서 돌봄 이론가들에게 있어서 돌봄 공동체를 형성한다는 것은 민주적 돌봄, 다시 말해서 사회 구성원 모두에게 돌봄의 책임을 분담하도록 요

37) 돌봄 이론가들에 의하면, '가족 내에 형성되어 있는 불평등하고 성별화 된 구조는 공적 정치경제질서에 참여하는 사람에게 권리와 자유를 배분하는 정치경제 기제 속에 이미 내재해 있으며, 가족 내 젠더 비대등성(asymmety)와 공적영역의 젠더 비대등성은 서로 상보적 관계를 맺는다.' 이에 대해서는 에바 페더 카테이, 『돌봄: 사랑의 노동: 여성, 평등, 그리고 의존에 관한 에세이』, 77쪽, 88~92쪽 참조/캐슬린 린치 외, 『정동적 평등-누가 돌봄을 수행하는가』, 66쪽 참조.

구하는 돌봄 민주주의의 활성화와 동일한 의미를 갖는 것으로 이해된다.

나는 이들 돌봄주의자들의 논의가 특히 다음의 두 가지 점에서 주목할 만한 가치를 갖는다고 생각한다.

첫째, 이들은 기존의 돌봄 노동이 가족 내 성별분업 또는 가족 내 권력관계에 입각해 특정 성에게만 과도하게 전가됨으로써 '돌봄에 대한 무임승차권'[38]을 낳았으며, 이로 이해 남성에게 돌봄 노동으로부터 면제될 수 있는 특권을 부여했다는 점, 또 다른 한편으로는 생산적 노동이 돌봄 노동을 비 지불노동으로서 착취할 수 있는 통로를 마련해 주었다고 지적한다. 특히 이들이 지적하고 있는 이 두 번째 측면은 자본주의 사회에서 가사노동의 평가절하 및 비 지불노동화를 여성에 대한 착취와 억압의 일종으로 비판해 왔던 사회주의 페미니즘의 관점과 공명할 뿐만 아니라, '함께 돌봄' 또는 '돌봄의 사회화'라는 개념을 통해 실천 가능한 대안을 제시하고 있다는 점에서도 시사적이다.

둘째, 돌봄 이론가들은 함께 돌봄 또는 민주적 돌봄이 경계해야 할 가장 위험한 증후로서 신자유주의 확산에 의한 돌봄의 시

---

38) 조안 C. 트론토, 『돌봄 민주주의: 시장, 평등, 정의』, 90쪽. 147쪽 참조. "현재의 남성성과 여성성이 구성된 방식은 여성에게 배당된 돌봄 책임에 대해 남성이 그것을 떠맡지 않거나 심지어 심각하게 생각하지 않아도 되게 만들었다. 물론 남성성과 여성성의 개념은 돌봄 임무와 돌봄 역할 분담이 변해감에 따라 변하고 있다. 그러나 여전히 남성성이 의미하는 것은 여성에게 주어진 돌봄 책임을 포함한 '여성의 일'이라고 여기는 영역에서 '무임승차권'이 주어짐을 의미한다."

장화를 지목한다. 돌봄 노동을 민주적 평등의 원리에 입각하여 민주적 돌봄의 개념으로 확산하고 이를 통해 민주적 돌봄 공동체 또는 돌봄 민주주의가 활성화 될 수 있을 것이라고 전망하는 이들에게, 신자유주의 정치 이데올로기는 '돌봄의 문제를 가장 간단하고 반민주적인 방법'[39]으로 변질시키는 부정적 징후다. 이는 특히 다음의 두 가지 이유에서 그렇다. 우선, 모든 것을 개인의 책임 문제로 전가시키는 신자유주의 정치 이데올로기에 의해, 국가는 돌봄에 들어가는 일체의 비용을 개인과 가족단위에 전가시킴으로써 성별 분업 또는 가족 내 권력관계에 입각한 돌봄 노동을 더욱 강화한다.[40] 이러한 경향은 최근 한 국가 내에 국한되지 않고, 전 세계로 확산되면서, "인종/민족과 계급을 포함한 모든 다른 문화적, 사회적 가치와 방식"[41]을 뚜렷하게 서열화하고 재편하는 기존의 방식을 통해 더욱 강화된다. 이들에 의하면 신자유주의는 가족을 넘어선 시장을 돌봄 책임을 최선으로 할당하고 돌봄 책임을 잘 배당하는 제도로 활용한다. 이러한 맥락에서 신자유주의는 시장을 통해 각자가 알아서 돌봄

---

39) 조안 C. 트론토, 『돌봄 민주주의: 시장, 평등, 정의』, 97쪽 참조.

40) "신자유주의적 사회관에서 보면 인간의 삶은 개인 자신이 책임져야 할 '선택'의 총합으로 여겨진다. 그 결과 돌봄은 순전히 개인의 문제이자 사적인 문제가 된다. 개인이 자신을 위하거나 자신 주변을 돌보기 위해 개인적인 '선택'을 하는 것이다." 조안 C. 트론토, 『돌봄 민주주의: 시장, 평등, 정의』, 101~102쪽. 돌봄이론의 대표자 중 한 사람인 트론토는 신자유주의가 지향하는 이러한 돌봄 노동의 사회화가 선택과 평등에 대한 이데올로기적 기만에 근거해 있다고 비판한다. '개인의 책임'(personal responsibility)으로 집약될 수 있는 신자유주의적 도덕은 자유로운 선택이 아닌 것을 자유로운 선택으로, 불평등을 평등으로 강변하는 이데올로기다.

41) 조안 C. 트론토, 『돌봄 민주주의: 시장, 평등, 정의』, 146쪽.

을 조달하는 부스트랩(bootstrap)형 무임승차, 누군가를 돌보는 일이 전적으로 개인의 선택에 달려 있다는 자선형 무임승차를 더욱 활성화[42]시킬 수밖에 없다. 시장에 돌봄 책임을 전가하는 이와 같은 신자유주의적 경향은, 결과적으로 구조적 불평등을 강화함으로써, 돌봄을 필요로 하는 사회구성원들을 방치하는 결과를 가져올 수밖에 없다는 것이다.[43]

돌봄 이론가들은 함께 돌봄을 통한 돌봄 민주주의의 실천과 확장은, 그간 사회와 국가가 가족에게 전가시켰던 돌봄 노동의 부당함을 제거하고, 신자유주의적 환경 속에서 사유화되어 가고 있는 돌봄 노동을 사회 구성원 전체에게 되돌려 줄 수 있는 대안이라고 주장한다. 이 모든 과정은 당연히 돌봄의 유일한 공간으로 지목됨으로써 가족에 과중한 부담을 전가하고, 가족이야말로 친밀성과 사랑의 정서적 쉼터라는 이데올로기를 동원하여 가족을 특권화해 왔던 기존의 국가정책을 비판하고, 가족에 부여되었던 구태의연한 기능을 해체함으로써, 가족 개념을 확장하는 일련의 사회적 흐름들과 맞닿아 있다. 돌봄 개념의 확장

---

42) 조안 C. 트론토, 『돌봄 민주주의: 시장, 평등, 정의』, 224쪽 참조.

43) 돌봄책임의 사회화의 관점에서 돌봄을 시장적 방식으로 해결하고자 하는 신자유주의적 경향은, 우선 인간 스스로 자기 자신을 돌볼 수 있다는 자율적인 인간관을 소환하는 것으로, 모든 인간이 생애 전 과정에서 다른 사람과 끊임없이 돌봄을 주고받는다는 관계적 인간관과 배치되며, 각 개인들의 격차를 무시하고, 돌봄 노동을 단순한 교환가치로 획일화하며, 모든 사림이 시장에서의 정보를 바탕으로 스스로에게 필요한 돌봄을 합리적으로 구매할 수 있는 능력을 갖추고 있다는, 달리 말해 시장에 대한 맹신과 완전하고 자율적인 인간에 대한 맹목적 믿음을 전제로 하고 있다는 점 등에서 문제적이다. 신자유주의적 돌봄 노동이 갖는 문제점에 대해서는 조안 C. 트론토, 『돌봄 민주주의: 시장, 평등, 정의』, 226~246쪽 참조.

과 이로 인한 돌봄 책임의 민주적 분담은 '가족에게 도덕적 물질적 자원의 유일하고 특권적인 제공자라는 책임을 벗겨내고, 이를 지역 공동체 및 전사회적 방면으로 확장'[44]함으로써 가족에 대한 사회 구성원들의 새로운 상상력을 발동시킬 수 있는 동력이 될 수도 있을 것이기 때문이다.

맺음말: 가족을 해체하기

나는 지금까지 이 글에서 맑스와 엥겔스의 가족담론과 그에 대한 사회주의 페미니즘의 비판적 시각들, 그리고 오늘날 활발하게 논의되고 있는 함께 돌봄의 이론적, 실천적 함의들을 살펴보았다. 이 과정에서 나는 맑스와 엥겔스의 논의에 의거, ① 가족이 특정한 사회적 환경과의 작용 속에서 지속적으로 그 형태와 모습을 변화시켜 온 역사적 과정의 산물로서, 오늘날 가족의 해체와 가족 위기를 제대로 이해하기 위해서는 가족을 둘러싼 경제적 여건들을 함께 고려할 필요가 있다는 것을 주장하였다. 또한 사회주의 페미니즘으로부터 ② 가족의 해체와 재구성을 규정하는 요인은 계급 이외에도 불평등한 권력관계를 따라 서열화 되는 다양한 요인들을 복합적으로 고려할 필요가 있다는 것을 주장하였다. 그리고 마지막으로 돌봄 이론가들의 논의로부터 ③ 성별 불평등 및 개인 간, 가족 간, 사회 구성원 간 구조

44) M. 바렛/M. 맥킨토시, 『반사회적 가족』, 265쪽.

화된 불평등을 넘어서기 위해 돌봄 책임에 대한 민주적 확산을 공론화하고 이를 활성화시킬 필요가 있음을 확인하였다. 이 모든 논의들은 가족의 해체란 가족의 상실이나 파괴가 아니라, 다양한 억압의 축이 교차하는 가족공간을 좀 더 민주적이고 평등한 삶의 공동체로 발명하고자 하는 사회 구성원들의 집단적 움직임으로 이해하고자 하는 관점으로 수렴된다. 나는 이러한 관점에 근거해 오늘날 가족의 해체와 위기 담론을 근대적 핵가족에 대한 일종의 사망선고로 읽어내고자 한다.

오늘날 우리에게 필요한 것은 근대적 유형의 가족을 넘어서는 새로운 가족의 유형을 상상하고 발명해 내는 일이다. 이 상상과 발명의 출발점을 어디로부터 마련할 수 있을까? 우리가 지금까지 살펴보았던 맑스와 엥겔스, 사회주의적 페미니즘, 그리고 돌봄주의자들의 가족론은 비록 상이한 결을 띠기는 하지만, 모두 다음과 같은 점에 동의한다. 그것은 사회 구성원들에게 '가족'을 필수적인 삶의 터전으로 여기지 않도록 하는 것, 가족을 사랑과 친밀성이라는 감정적 정서적 차원에 결박시킴으로써 사랑과 친밀한 정서적 교류가 가능한 다른 사회적 영역들을 부차화하지 않도록 하는 것, 이로부터 가족 안에서만 오직 삶의 위안을 얻을 수 있다고 생각하는 사람들을 가족 너머의 가족적 유대의 발명과 실천으로 독려해야 한다는 것이다. 이러한 과정을 통해서 우리는 공동체 내에서 사회 구성원들이 영위할 수 있는 다양한 삶의 방식들을 희생시키는 대가로 '가족'에 특권을 부여하는 모든 기존의 관행과 통념들을 변화시킬 수 있으며, '가족의 위기'를 억압적 가족구조의 재편과 해체라는 긍정적 징후로 읽어내지 못한 채, 기존의 가족을 수호하자는 보수적 담론에 파묻혀 '가족'에 모든 물적 지원을 투하하는 현재의 국가 정책들의 변화를 요구할 수 있다. 이러한 요구는 궁극적으로 '사람들의 욕구를 충족하는 방식이 오직 혈연으로 묶인 가족공동체에서만 가능한 것은 아니라는 것, 따라서 가족을 통해서, 가족 내에서, 그리고 가족을 넘어서 사회 구성원들이 함께 공존할 수 있는 다양한 삶의 방식들을 발명할 수 있다는 것, 이를 통해 사회 속에서 가족을 조금은 덜 필수적이 되게 하는'[45] 일련의 운동을 통해서만 현실화될 수 있을 것이다.

---

45) M. 바렛/M. 맥킨토시, 『반사회적 가족』, 313쪽 참조.

다산茶山 정약용丁若鏞 학문의 바다에서 가르침과 배움의 본질을 묻다

장복동

삶의 준칙과 벗 사귐의 의미

정약용(丁若鏞)은 영조 38년 임오(1762) 6월 16일 광주(廣州) 초부면 마현리에서 진주목사로 순직한 정재원[1]의 넷째 아들[2]로 태어나, 헌종 2년 병신(1836) 2월 22일 향리의 옛집에서 75세를 일기로 눈을 감았다. 다산이 쓴 『제가승찰요(題家乘撮要)』에 따르면 조선이 수도를 정한 뒤 다산의 선세는 황해도

1) 정재원(丁載遠, 1730~1792)은 1762년 3월 생원시에 합격하였으며, 1767년 음사(蔭仕)로 형조좌랑에 부임하였다가 이어서 연천 현감으로 나아갔다. 1776년 가을 화순현감을 거쳐 1780년 예천군수가 되었다. 1787년 한성부서윤, 1789년 4월 울산부사, 1790년 11월 진주목사로 부임하였으나, 1792년 4월 9일 임지에서 63세를 일기로 별세했다.

2) 맏형이 약현(若鉉), 둘째 형은 약전(若銓) 셋째 형은 약종(若鍾)이며 약횡(若鐄)은 그의 서제(庶弟)로서 서모 김씨의 소생이다.

백천(白川)에서 곧장 한양으로 이주하였다. 가문에 정승·이조판서·대제학과 같은 큰 벼슬은 없었으나 9대에 걸쳐 옥당화직(玉堂華職: 홍문관 벼슬)을 지냈다. 고조 이하 삼대가 벼슬하지 못하고 한양을 떠나 마현(馬峴)으로 이주하였다. 그 뒤 아버지 정재원이 음사(蔭仕)로 진주 목사에 이르렀으니, 봉건시대의 양반사회에 있어서 중류 양반인 유사(儒士) 가문이었다. 한편 그의 모계 해남윤씨는 쟁쟁한 유가인 동시에 남인당의 명가였다. 윤선도의 증손인 공재(恭齋) 윤두서(尹斗緖)는 다산의 외종조(外從祖)였다. 그는 다양한 학문적 취향을 가진 박학가로서 경제·실용에 관한 도서를 많이 간직하였고 화예(畵藝)에 뛰어난 능력을 발휘하였다. 다산 스스로 "나의 정분(精分)은 외가에서 받은 것이 많다"고 인정했듯이 다산의 외모는 윤두서를 닮았다고 한다. 어릴 적의 자는 귀농(歸農)[3]이며, 자는 미용(美庸) 또는 송보(頌甫) 호는 사암(俟菴)이다. 다산(茶山)·탁옹(籜翁)·태수(苔叟)·자하도인(紫霞道人)·철마산인(鐵馬山人) 등으로 자호하기도 했다. 당호는 '여유(與猶)'로 노자의 '동섭외린(冬涉畏鄰)'에서 빌린 것이다.

『여유당기』는 짧은 글의 함축된 의미를 통해 자신의 삶을 반추하여 드러낸 일종의 고백록이라 할 수 있다. 다산은 『여유당기』에서 자신에 대한 반성적 인식을 통해 삶의 준칙으로 삼을

3) 연보에 따르면, 어릴 때 자를 귀농이라 한 것은 다산이 태어나던 해에 차마 말 못할 변고(영조가 아들 사도세자를 뒤주에 가둬 죽인 일)가 있어서 진주공(晋州公)이 시골로 돌아가기를 결심하였는데, 이 때 다산이 태어났으므로 이렇게 이름 붙인 것이다.

만한 의미를 되새기고 있다. 그는 노자가 "겨울에 시내를 건너는 것처럼 신중하게 하고, 사방에서 나를 엿보는 것을 두려워하듯 경계하라"[4]고 말한 것을 「여유당」 기문의 주요 골자로 삼고 이 두 마디 말을 자신의 결함을 치유하는 삶의 명문(銘文)으로 삼을 것을 스스로 기약하면서 자신의 성격적 결함을 다음과 같이 고백하고 있다.

> 나의 병은 내가 잘 안다. 나는 용감하지만 지모가 없고 선을 좋아하지만 가릴 줄을 모르며, 맘 내키는 대로 즉시 행하여 의심할 줄을 모르고 두려워할 줄을 모른다. 그만 둘 수도 있는 일이지만 마음에 기쁘게 느껴지기만 하면 그만 두지 못하고, 하고 싶지 않은 일지만 마음에 꺼림칙하여 불쾌하게 되면 그만 둘 수 없다. 그래서 여려서부터 세속 밖에 멋대로 돌아다니면서도 의심이 없었고, 이미 장성하여서는 과거 공부에 빠져 돌아설 줄 몰랐고, 나이 서른이 되어서는 지난 일의 과오를 깊이 뉘우치면서도 두려워하지 않았다. 이 때문에 선을 끝없이 좋아하였으나, 비방은 홀로 많이 받고 있다. 아, 이것이 또한 운명이란 말인가? 이것은 나의

4) 『도덕경』 15. 古之善爲士者, 微妙玄通, 深不可識. 夫唯不可識, 故强爲之容. **豫焉若冬涉川, 猶兮若畏四隣,** 儼兮其若容, 渙兮若氷之將釋, 敦兮其若樸, 曠兮其若谷, 混兮其若濁. 孰能濁以靜之徐淸. 孰能安以久動之徐生. 保此道者, 不欲盈, 夫唯不盈, 故能蔽不新成.(옛날에 나라를 잘 다스리는 사람은 미묘하고 가물하고 통달하여 그 깊이를 헤아릴 수 없네. 무릇 헤아릴 수 없으므로 억지로 이렇게 형용해 보네. **머뭇거리기를 겨울에 내를 건너듯 하고, 신중하기를 사방의 이웃을 두려워하듯 하네.** 근엄하기가 손님과 같고, 풀어지기를 얼음 녹듯 하며, 질박하기가 통나무 같으며, 휑하기가 계곡과 같으며, 뒤섞여 있기가 흙탕물 같네. 흐릿하다가 고요히 가라앉아 서서히 맑아지고 고요히 머물다가 움직여 서서히 생기를 얻네. 이러한 도를 지닌 사람은 가득 채우려 않네. 오직 가득 채우려 않으므로 다 없어져도 새롭게 채우지 않네.)

본성 때문이니, 내가 또 어찌 감히 운명을 말하겠는가?

사실 이러한 내용은 다산의 일에 대한 집념과 결단력, 자기 확신을 잘 드러내기도 한다. 그럼에도 다산 자신이 이를 삶을 살아가는 데 있어 흠이 될 만한 것으로 자인한 것은 "이 때문에 선을 끝없이 좋아하였으나, 비방은 홀로 많이 받고 있다."고 토로하고 있듯이 수많은 환난과 고통을 겪으면서 느낀 감회를 역설적으로 표출한 것으로 볼 수 있다. 이어서 그는 어떻게 한 점 부끄럼도 없는 떳떳한 삶을 살 것인가에 대해 다음과 같은 다짐의 말로 대신하고 있다.

> 남을 논박하는 소(疏)를 봉(封)해 올려서 조신(朝臣)의 시비를 말하고자 하다가 이윽고 생각하니, 이것은 남이 알지 못하게 하려는 것이었다. 남이 알지 못하게 하려는 것은 마음에 크게 두려움이 있어서이므로, 마음에 크게 두려움이 있는 것은 그만둔다. 관직에 있으면서 공금을 농간하여 그 남은 것을 훔치겠는가? 이것 또한 그만둔다. 모든 마음에 일어나고 뜻에서 싹트는 것은 매우 부득이한 것이 아니면 그만두며, 매우 부득이한 것일지라도 남이 알지 못하게 하려는 것은 그만 둔다.

인간의 존엄성을 사고와 행동의 중심에 두는 다산의 인본주의 정신은 인간이 근원적으로 양심을 지니고 있다는 점에 근거한다. 1816년(순조 16년, 다산 55세, 6월 4일)에 쓴 「두 아들에게 답함」에서 두 아들이 다산과 대립관계에 있었던 권세가의 명령을 전하면서 다산의 항복을 요청한 데 대해 한 점의 양심이라도 남아있어야 최소한의 인간 구실을 할 수 있다는 점을 들어

아들을 준엄하게 꾸짖고 있다. 다음의 구절에서 불의에 굽히지 않는 기개와 옳음에 대한 옹골찬 신념에 기반 한 사대부의 기상과 자존감, 그리고 시종여일(始終如一)한 다산의 인생관을 여실하게 엿볼 수 있다.

> 옛날 의리가 있던 북지왕(北地王) 침(諶)[5]은 진실로 적은 이익이 있다고 해서 못하는 짓이 없어서였겠느냐. 마음속에 사대부의 기상은 한 점도 없고 항상 높은 집, 많은 음식을 보고서는 부러워 침을 흘리면서 마음 가득히 흠모하여 이 애비는 다시 돌아보고 아낄 것이 없는 사람이라고 여겨서, 마침내 나를 위협하여 나로 하여금 못하는 짓이 없게 하려고 하니, 어찌된 일이냐. 다른 사람이 이 애비를 개나 염소처럼 업신여기고 있는데도 너희들은 부끄러워할 줄을 모르고 이처럼 나를 독촉하여 일을 이루려고 하여 감히 저들의 비웃고 냉소하는 말을 아비에게 전한단 말이냐. 가령 저들의 권력이 꺼진 불을 다시 일으켜 나를 공격해서 추자도(楸子島)나 흑산도(黑山島)로 보낸다 할지라도 나는 머리카락 하나 끄덕하지 않는다.

둘째 아들 학연(學淵)에게 보내는 편지[「연아(淵兒)에게 답함」]에서 옳고 그름[是非]과 이익과 손해[利害]를 큰 기준으로 삼아 인간이 나아가야할 올바른 길을 이야기하고 있다. 이러한 기준에 의거하면 인간의 삶은 네 등급으로 구별할 수 있다. ①

---

5) 중국 삼국시대 촉한(蜀漢)의 후주(後主) 유선(劉禪)의 아들이다. 촉한이 위나라 장군 등애(鄧艾)의 침공을 받고 수도인 성도(成都)가 함락당할 위기에 처하자, 유선은 항복을 결심했다. 이 때 북지왕 침은 항복을 거부하고 끝까지 싸울 것을 주장했다. 그러나 유선이 듣지 않자, 유비(劉備)의 사당에서 통곡하고 처자식을 죽인 다음 자결하였다.

옳은 것을 지켜서 이익을 얻는 것이 가장 높은 등급이고 ② 옳은 것을 지켜서 손해를 받는 것이 다음이며 ③ 나쁜 것을 좇아 이익을 얻는 것이 그 다음이고 ④ 나쁜 것을 좇아 손해 보는 것이 가장 낮은 등급이다. 이는 학연이 다산을 모함하여 고난에 빠뜨린 필천(筆泉)에게 편지를 보내 항복하여 잘못을 빌라하고, 또 강가(姜哥)와 이가(李哥)에게 용서를 애걸하라고 한 데 대해 노여움을 표출하면서 말한 것이다.[6] 우리도 어느 부류에 속하는지 자문해 봄직하다.

다산은 『남하수창집(南荷酬唱集)』 서문에서 아버지와 남거 사이의 시적 화답을 매개로 한 우정에 초점을 맞춰 벗 사귐의 몇 가지 사례를 열거하면서 진정한 벗이 되기 위한 근본조건을 이야기하고 있다. 『남하창수집』은 한남거(韓南居)[7]와 다산의 아버지 정재원이 교유하면서 남겼던 시를 모아 만든 일종의 공동시집이다. 즉 하석(荷石)[8]과 남거(南居)가 문학적 나눔을 통해 이룬 우정의 산물이다. 여기에는 벗 사귐의 참 뜻을 넷으로 갈래지어 비교하여 이야기 하고 있다.

사람은 누구나 벗이 있다. 그러나 ① 문예로 벗을 사귄 사람은

---

6) 세 사람 모두 다산과 대립하여 모함함으로써 다산을 고난에 빠뜨린 장본인들이다. 필천은 다산의 장인인 홍화보의 종제(從弟)인 홍의호(洪義浩)를 가리키고, 강가는 강준흠(姜浚欽), 이가는 이기경(李基慶)을 지칭한다.

7) 정재원의 고향의 벗 한경선(韓景善)을 가리킨다. 정재원은 나이 40세에도 이렇다 할 친구 하나 없이 지내다가 마현 남쪽에 사는 한경선과 친교하면서 기뻐하면 아우들에게 말하기를 "이 사람이 내 벗이다. 내가 이제야 벗을 얻었노라"하고 자랑하였다 한다.

8) 다산의 아버지 정재원이 자신에게 붙인 호다.

> 때로는 기예와 재능을 다투다가, 한 글자 한 구절의 잘하고 못한 데에서 틈이 벌어져 그 좋은 정의(情誼)를 보존하지 못하고 ② 명절(名節)로 벗을 사귄 사람은 때로는 기개와 절조(節操)를 서로 높이다가 오르내리고 굽히고 펴는 사이에 뜻이 엇갈리어 그 좋은 정의를 보전하지 못하고 ③ 도학으로 벗을 사귄 사람은 경전의 의미를 논변하는 과정에서, 또는 예론에 대한 상이한 견해 때문에 옳고 그름을 다투다가 마침내 원수가 된 사람이 헤아릴 수 없이 많다. ④ 오직 덕행으로 사귄 벗은 서로 마음으로 감동하여 사모하고, 오래되면 화합하여 감화되며, 마침내 금석(金石)처럼 교칠(膠漆)처럼 친밀하여 떨어질 수 없게 된다. 그러므로 벗 사귀기는 지극히 어려우나, 일단 삼고 나서는 변함이 없으니 이것이 군자의 벗 삼는 도라 할 만하다.

다산은 자신의 벗 사귐에 대한 궁극적 지론을 아버지의 실제 경험을 소개함으로써 더욱 강조하고 있다. 다산의 아버지가 금강산에 놀러갔을 때 어떤 고을의 군수와 나눴던 이야기에 근거하여 겉과 속이 다른 인간의 이중성을 싫어했던 아버지의 성격을 분명하게 드러내고, 아버지의 생생한 목소리를 통해 가난한 친구를 대할 때 진실한 자세를 피력하고 있다.

다산의 아버지가 금강산에 놀러 갔을 때, 어떤 고을에 이르러 그곳의 군수와 이야기를 하고 있었다. 때마침 아전이 와서 손님이 왔다고 말했는데 곧 가난한 친구였다. 군수가 콧날을 찌푸리고 고개를 저으며 괴롭다 하면서 문을 열었다. 손님이 들어오자 군수는 기뻐하며 관대하게 대접하면서 우스개와 농담을 거리낌없이 하였다. 마치 가을 서리와 봄날의 볕이 잠깐 사이에 오고 가는 듯했다. 다산의 아버지는 이런 것을 매우 좋아하지 않았다. 다산의 아버지는 군수에게 충고의 말을 남겼다. "가난한 친구를 대하는 방법은 ① 제일 좋은 것이 겉과 속이 모두 기뻐하는 것이고 ② 그 다음이 겉과 속이 모두 담담한 것이고 ③ 제일 나쁜 것이 마음속으로는 싫어하면서 겉으로는 기쁜 체 하는 것이다" 평범하지만 인간을 대하는 참 태도를 잊고 살아가는 우리에게 귀감이 될 만한 내용을 담고 있다.

바로 '여기'의 삶 속 유토피아

「어사재기(於斯齋記)」는 청해(淸海)의 절도사 이민수(李民秀)가 그의 재실(齋室)에 '어사(於斯)'라는 편액을 달고 막료(幕僚)를 불러 그 뜻을 깨우치게 하고 다산에게 의미를 부연하여 말해주기를 요청한데 대한 화답으로 지은 것이다. 다산은 공자, 정명도, 진문자(晉文字)의 말을 빌려 '어사' 즉 지금 이 곳의 성실한 실존의 모습에서 삶의 참된 의미를 찾을 것을 강조하고 있다. 공자는 팔원팔개(八元八愷)[9] 등 인재가 일거에 배출된 사

9) 『좌전』「문공」 18년(B.C 609). 昔高陽氏有才子八人, 蒼舒·隤凱·檮戭·大臨·尨降·庭堅·仲容·叔達, 齊·聖·廣·淵·明·允·篤·誠, 天下之民謂之八愷. 高辛氏有才子八人, 伯奮·仲堪·叔獻·季仲·伯虎·仲熊·叔豹·季貍, 忠·肅·共·懿·宣·慈·惠·和, 天下之民謂之八元.(옛날에 고양씨[顓頊]에게는 여덟사람의 재자(才子)가 있었는데, 창서·퇴개·도연·대림·방항·정건·중용·숙달은 조심스럽고 도리에 통달하였으며, 도량은 넓고 사려 깊었으며, 현명하고 믿음직스러우며, 인정이 도탑고 성실하였기 때문에 세상의 백성들은 그들을 팔개라고 불렀다. 고신씨[帝嚳]에게 재주 있는 아들 여덟이 있었는데, 백분·중감·숙헌·계중·백호·중웅·숙표·계리는 충성스럽고 공경스러우며, 공손하고 아름

실을 칭찬할 때 "당요(唐堯)·우순(虞舜) 시대 이후 인재가 이때에 가장 많았다"10)라고 하였으며, 소소(簫韶: 순임금의 음악)의 뛰어난 점을 극찬할 때는 "음악을 배워 이 경지에 이르게 될 줄은 생각지도 못했다"[不圖爲樂之至於斯也]라고 하였다. 다산은 '어사(於斯)'라는 말에서 공자의 본의를 찾고 의미를 부여하여 "세상에서 일컫는 미(美)와 선(善)이라고 하는 것은 모두 '이것'으로 되어 있으니, '이것'의 최상을 다하면 다시 더할 것이 없는 것"이라고 설명함으로써 현실의 일상에서의 성실한 삶이 미적 진리와 도덕적 가치를 추구하는 최선의 길임을 강조하고 있다.

다우며, 두루 자애롭고 부드러웠기 때문에 세상의 백성들은 그들을 팔원이라 불렀습니다.) 『사기』「본기: 오제본기」에서는 요임금은 '팔원'과 '팔개'를 등용하지 못했으나, 순임금은 '팔개'를 등용하여 후토(后土:물과 토양을 관장하는 관직)를 맡겨 온갖 일을 관리하게 하였고, '팔원'도 등용하여 오교(五教: 다섯 가지 도덕)를 펼치게 하였다 한다. 그 결과 아버지는 위엄 있게, 어머니는 자애롭게, 형은 우애 있게, 동생은 공손하게, 자식은 효도를 다하게 되어 집안이 화목해지고 세상은 태평하게 되었다. '개(愷)'는 '화(和)' 또는 '락(樂)'을 뜻한다. 따라서 팔개(八愷)는 여덟 사람의 온화한 덕을 갖춘 사람을 말한다. '원(元)'은 '선(善)'을 뜻한다. 따라서 팔원(八元)은 여덟 사람의 선량한 사람을 말한다.

10) 『논어』「태백」 20. 舜有臣五人而天下治. 武王曰, 予有亂臣十人.. 孔子曰:, 才難, 不其然乎? 唐虞之際, 於斯爲盛. 有婦人焉, 九人而已. 三分天下有其二, 以服事殷. 周之德, 其可謂至德也已矣.(순임금에게는 신하 다섯 사람[우(禹)·직(稷)·설(契)·고요(皐陶)·백익(伯益)]이 있어서 세상이 잘 다스려졌다. 무왕은 "나에게는 능력 있는 신하가 열 사람[주공단(周公旦)·소공석(召公奭)·태공망(太公望)·필공(畢公)·영공(榮公)·태전(大顚)·굉요(閎夭)·산의생(散宜生)·남궁괄(南宮适)]이 있다"고 하였다. 공자께서 말씀하셨다. "인재를 얻는 것은 어려운 일이라더니, 그렇지 아니한가? 요임금의 당(唐)나라에서 순임금의 우나라로 넘어가던 시기에 비해 주나라 무왕의 시대에는 인재가 풍부했지만, 그 가운데는 부인도 한 사람 있었으니, 실제로는 아홉 사람뿐이었다. 주나라의 문왕은 천하의 3분의 2를 차지하고도 은나라를 섬겼으니, 주나라의 덕은 지극한 덕이라고 할 수 있을 것이다.)

쥘 마슐레는 "모든 시대는 다음 시대를 꿈꾼다."고 말했다. 오스카 와일드는 "이 세상의 지도가 유토피아라는 땅을 포함하지 않는다면, 지도를 들여다 볼 가치란 전혀 없다."고 강조했다.[11] 다 같이 지금 '여기의' 현실을 넘어설 수 있는 가능성을 '저 너머'의 꿈의 세계에 투사하고 있다. 그러나 돌이킬 수 없는 과거, 기약할 수 없는 미래에 대한 집착은 채워지지 않은 욕망의 또 다른 표현이다. 다산은 「어사재기」에서 욕망을 극대화하고자 하는 인간의 보편적 속성이 현실에 대한 불만족에 기인한 허무주의와 회의주의로 이행될 수 있음을 지적하고, 주어진 현실의 조그만 행복에 만족하고 충실할 것을 권유하고 있다. '저' 세상의 존재와 실현여부를 감지할 수 없는 유토피아를 위하여 '여기의' 현실을 볼모로 잡아서는 안 된다는 것이다. 중요한 것은 '지금 여기에서의 행복'이며, 주어진 현실을 실현해나가고자 하는 실천적 지혜다. 다산은 모든 인간이 신기루 같은 허황된 환락과 이상에 맹목적으로 매몰되지 말고 자신이 딛고 있는 지반을 냉철하게 직시하여 삶의 의미를 찾는 건강한 현실주의자가 되어야 한다고 말하고 있다.

나에게 없는 물건을 바라보고 가리키며 '저것'이라 말하며, 나에게 있는 것을 깨달아 그를 보면서 '이것'이라고 말한다. '이것'이라는 것은 내가 이미 직접 소유한 것이다. 그러나 내가 소유한 것이 나의 소원을 만족시키기에 부족하다면 그 마음은 만족할 수

11) 수잔 벅-모스 지음, 윤일성·김주영 옮김, 『꿈의 세계와 파국』, 경성대학교출판부, 2008, 9쪽에서 재인용.

있는 것을 사모하여 그것을 바라보고 가리키며 '저것'이라고 말하지 않을 수 없는 것이니 이것이 천하의 공통된 근심거리이다.

지구는 둥글고 사방이 평탄하다. 그렇다면 천하에서 내가 앉아 있는 자리처럼 높은 것이 없는데, 백성들은 오히려 곤륜산(崑崙山)에 오르고 형산(衡山)과 곽산(霍山)에 올라가 높은 것을 구하는 이가 있다. 지나간 것은 좇을 수 없고 다가올 일은 기약할 수 없으니, 천하에서 자기가 현재 부여받은 처지처럼 즐거운 것은 없다. 그러나 백성들은 오히려 수레와 말을 팔고 전야(田野)를 탕진하여 환락을 구한다. …… 환락에 종신토록 미혹되어 오로지 저것만을 바라고 이것은 누릴 줄 모르는 자가 이미 오래다. 불교에서는 스스로 욕심이 없다고 여기나 이른바 바라밀(波羅密)[12] 이라고 하는 것은, 바로 '피안'에 이르는 것을 말한다. 아침 일찍부터 밤늦게까지 목탁을 지며 오로지 '저것'만을 바라고 있으니 어리석지 아니한가?

---

12) 바라밀(婆羅蜜)은 파라미타(Paramita)의 음사(音寫)로서 완전·구극(究極)·최고의 상태라는 뜻인데, 도피안(到彼岸), 즉 이상경(理想境)으로 들어가는 것을 말하며, 현실의 차안(此岸)에서 이상의 피안으로 사람들을 넘기기 위한 행(行)이라는 점에서 도(度)라고도 번역된다. 이 바라밀의 행에는 여섯 종이 있으며, 대승보살의 실천 덕목이다. 여섯 종의 행은 ① 재시(財施)·법시(法施 : 진리를 가르침)·무외시(無畏施 : 공포를 제거하고 마음을 안정시킴)로 이루어지는 **보시(布施)** ② 계율을 지키고 항상 자기반성을 하여 행실을 규율하는 **지계(持戒)** ③ 고난을 이겨 내는 **인욕(忍辱** : 본래는 법을 진실로 인정하고 이에 복종하는 것) ④ 보살로서의 수행의 길을 향해 꾸준히 노력하는 **정진(精進)** ⑤ 마음을 안정시켜 거기서 올바른 지혜를 낳게 하는 **선정(禪定)** ⑥ 진실하고 올바른 지혜를 작용시키는 **반야(般若)**다. 이들 덕목은 우선 '주는 것'을 강조하고 최후에 지혜의 완성을 말하고 있는데, 가장 기본이 되는 것은 최후의 지혜로서 다른 오행(五行)은 이에 바탕을 둔 것으로 결국 보살의 행이란 지혜에 의거한 자비행(慈悲行)이 된다.

다산의 시야에 비친 호남의 정경
호남을 사색하다

다산은 아버지 정재원이 정유년 가을 화순현감으로 부임할 때 동행하여 호남의 풍광을 직접 견유(見遊)할 수 있는 기회를 가졌다. 이를 기록한 것이 「물염정(勿染亭)에서 노닌 기」·「서석산(瑞石山에서 노닌 기」·「동림사(東林寺) 독서기」다.

물염정은 동복(同福)에 있는 정자로 적벽(赤壁)으로부터 40리 떨어져 있다. 다산은 그 이듬해에 물염정에 가서 노닐었는데, 그 곳의 뛰어난 풍광을 세밀한 필치로 사실적으로 묘사하고 있다. 이는 성실한 기록자, 문장가로서 다산의 면모가 도드라지게 드러나는 대목이기도 하다.

> 정자는 적벽을 얼굴로 하였는데 적벽은 울퉁불퉁 그 모양이 기묘하고 빼어났다. 돌의 높이가 약 수십 길이고, 넓이가 수백 보나 되는데, 그 빛깔은 담홍색이며, 도끼로 깎아 세운 듯 우뚝하다. 그 아래는 맑은 못이 이루어져 배를 띄울 만하고, 못의 위아래는 모두가 흰 돌이다. 못에서 정자가 있는 곳으로 수십 보를 걸어가면 넓은 언덕이 나오고 그 위에는 전부 잔디로 덮여 있다. …… 정자에 이르니 다시 환하게 탁 트여 시냇물이 굽이 쳐 흐르고 여러 봉우리들은 아래로 모여 들었다. 정자의 앞은 다 높은 숲과 키 큰 대나무들이라서 이른바 적벽이 창살과 대나무 사이로 보일 듯 말 듯 하니, 그 그윽한 경치와 신령스런 운치는 가까이서 보는 것과 비교할 바가 아니었다.

다산은 적벽에서 노닐다 온지 며칠 후에 조익현(曺翊鉉)이

금소당(琴嘯堂)으로 찾아오자 적벽의 절경에 대해 감탄의 말을 즐겁게 이야기 했다. 이에 조익현은 "적벽의 뛰어난 경치는 여자가 화장을 한 것과 같아서 붉고 푸르게 분을 바른 모습이 비록 눈을 즐겁게 할 수는 있으나, 가슴 속의 회포를 열고 기지(氣志)를 펼 수는 없네. 그대는 서석산(瑞石山)을 보지 못하였는가. 우뚝한 모습은 마치 거인(巨人)과 위사(偉士)가 말하지도 웃지도 아니하고 조정에 앉아 비록 움직이는 흔적은 볼 수 없으되 그의 공화(功化)는 사물에 널리 미치는 것과 같네, 그대는 그 산을 가보지 않으려나?"라고 물었다. 조익현은 다산이 극찬한 적벽의 뛰어난 경치를 형형색색(形形色色)의 색깔로 치장한 여인의 자태에 묻어나는 고혹미(蠱惑美)에 비유하고, 이와 대조적으로 당당하게 우뚝 서있는 서석산의 웅혼한 자태[雄姿]를 세속의 유혹에도 한 점 흔들림도 없는 지조 있는 선비와 말없이 치화(治化)에 힘쓰는 경세가(經世家)[13]에 비유하였다. 이에 다

---

13) 에드워드 사이드가 다니엘 바렌보임과의 대화에서 정치가와 경세가 혹은 지식인이나 예술가의 차이점을 지적한 것은 깊이 음미할만하다. "우리가 왜 정치가들을 불신하고 싫어할까요? 그 답은 아마도 그들이 모든 것을 결정짓기 때문일 것입니다. 그들은 전반적인 과정보다는 최종적인 결말에만 관심이 있는 사람들이지요. 그들은 '자. 내가 어떤 것을 이루었는지 한 번 보라고!' 이렇게 말하지요. 반면에 지식이이나 예술가는 어떤 일을 하고 싶을 때, 어느 정도의 안락함을 얻기 위해 조금이라도 타협하는 데는 전혀 관심이 없지요. 그러나 정치가는 이런 경우 타협을 선택합니다." 이에 대해 바렌보임은 사이드의 언급을 정치꾼과 경세가(經世家)의 차이점으로 치환하여 "경세가를 비전을 제시하는 사람"으로 설명하자, 사이드는 다시 "비전을 가지고 있는 동시에 그 비전을 실천할 수 있는 능력을 가지고 있다는 점에서, 네루나 만델라 같은 사람을 경세가라 할 수 있다'"고 말한다. 결국 바렌보임은 "지금 존재하는 현실과 앞으로의 이상적인 모습을 구별할 수 있는 능력을 가진 사람이 바로 경세가일 것입니다. '정치적으로 옳다'는 구절은 이미 철학적으로

산 네 형제는 서석산을 유람하기로 하였고, 조익현도 그의 아우를 보내 함께 하도록 하였다. 「서석산에서 노닌 기」는 서석산을 유람하게 된 저간(這間)의 사정과 감회를 간결하게 기록한 것이다.

그는 서석산 정상에서 느낀 감동을 "봉우리 정상에 서면, 날 듯이 세상을 가볍게 보고 홀로 특별히 다른 길을 가는 기분이 들어, 인생의 고락(苦樂)은 마음에 둘 것이 못 된다는 것을 깨닫게 된다."고 묘사했다. 그는 모진 풍파와 희로애락(喜怒哀樂)이 교차하는 세태를 초탈하는 삶의 의미를 서석산을 통해 체득한 것이다. 이와 더불어 서석산의 웅장한 아름다움을 이웃한 다른 산과 비교하고, 서석산의 참모습을 체득한 조익현의 사람됨에 대해서도 찬사의 말을 아끼지 않았다.

> 서석산은 험준하고 커서 7개 군·현에 걸쳐 있다. 이 산의 정상에 오르면 북쪽으로는 적상산(赤裳山)이 바라보이고 남쪽으로는 한라산이 멀리 보인다. 그리고 월출산과 송광산(松廣山) 같은 산은 모두 어린 자식이나 손자 격이다. 위에는 13개의 봉우리가 있는데 항상 흰 구름이 둘러 있다. …… 대체로 산수가 뛰어난 곳은 반드시 기암(奇巖)과 깎아지른 절벽, 비천(飛泉)과 괴상한 폭포며, 어지러운 자태와 붉고 푸른 온갖 형상이 갖추어져야 만이 산경(山經)·수지(水志)에 낄 수 있는 것이다. 그러나 서석산은 높고 험준한 것만으로 호남에 웅장하게 자리 잡고 있는데, 조공이 홀

옳지 않다는 것을 의미합니다. 그것은 타협을 의미하기 때문이지요."라고 결론 맺는다. 다니엘 바렌보임 · 에드워드 w. 사이드 지음, 장영준 옮김, 『평행과 역설』, 생각의 나무, 2003. 123~124쪽.

로 그 산이 여러 산 중에서도 뛰어나다는 것을 알았으니, 그 산과 그 산을 알아보는 사람이 모두 위대하다 하겠다.

다산은 아버지 정재원이 화순의 현령(縣令)으로 온 다음 해 겨울에 둘째 형 정약전과 함께 동림사(東林寺)에 머물며 독서에 열중했다. 정약전은 『상서』를 읽고 다산은 『맹자』를 읽었다. 오성현(烏城縣: 화순의 옛 이름)에서 북쪽에 만연사(萬淵寺)가 있고, 그 동쪽에 불경을 설법하는 승려가 수도하며 살았던 곳이 동림사다. 그는 동림사에서 맞은 초겨울의 풍경과 심회(心懷)를 "이 곳에 올 때는 첫눈이 가루처럼 뿌리고 산골 물은 얼어붙은 듯 하였으며, 산의 나무와 대나무의 빛도 모두 새파랗게 추워서 움츠린 것 같아서, 아침저녁에 거닐면 정신이 맑아졌다."고 토로하였다. 40일 동안 비구니(比丘尼)들과 일상을 함께 하며 독서에 매진한 다산은 외딴 산사(山寺)의 승려들이 속세의 사람들이 일상에서 추구하는 쾌락과는 다른 차원에서 향유하는 즐거움, 그리고 다산 형제 스스로 체득한 학문의 즐거움을 다음과 같이 묘사하고 있다.

중이 중노릇을 하는 이유를 내가 지금 알았습니다. 무릇 부모 형제 처자의 즐거움이 없고, 술 마시고 고기 먹고 음탕한 소리와 아름다움 여색의 즐거움이 없는데, 저들은 어찌하여 고통스럽게도 중노릇을 합니까. 진실로 그와 바꿀 수 있는 즐거움이 있기 때문입니다. 우리 형제가 학문을 한 지 이미 여러 해 되었는데, 일찍이 동림사에서 맛본 것 같은 즐거움이 또 있었습니까?

어쩌면 다산에게 승려들이 출세간(出世間)의 시·공간에서 체현(體現)해 가는 수도자로서의 삶과 진지한 사색과 끝없는 연찬의 과정인 학문적 삶이 유사한 경험구조를 이루는 것은 아니었을까!

가르친다는 것, 배운다는 것 그리고 의심의 자유

다산은 1801년 신유사옥과 연루되어 유배를 떠난 이후 고향 마현(馬峴)으로 돌아간 1818년 까지 18년 동안 사랑하는 가족·형제와 생이별하는 고통의 시간을 감내해야 했다. 그러나 그는 유배 기간에도 틈틈이 두 아들에게 편지를 써 공부하는 자세와 독서의 중요성과 방법 등 학문의 본질과 학자로서의 태도, 일상 속에서 참으로 부모를 모시고, 좋은 친구를 사귀며 몰락한 양반으로 고난의 현실에 헤쳐 나가는 바른 길에 대해 자세하게 언급하였다. 그는 참화를 당하여 스러진 가문, 세상과 단절된 유배지의 참담한 현실 앞에서도 결코 자녀교육의 끈을 놓지 않았다.

다산이 그리는 자녀교육의 초점은 무엇보다도 서학[西教]과 연관된 일련의 사태 - 가문의 몰락[廢族] - 에 직면하여 스스로 인간으로서 자존감을 지키고 삶의 참의미를 찾는 길이 독서와 학문에 진력(盡力)하는 데 있다는 데 맞춰져 있다. 이러한 점에서 그는 주자(朱子)가 "화순(和順)은 제가(齊家)의 근본이요, 근검(勤儉)[14]은 치가(治家)의 근본이며, 독서(讀書)는 기가(起家)의 근본이요, 순리(循理)는 보가(保家)의 근본이라"한 것을 거가(居家)의 네 가지 근본으로 제시하였다. 아울러 각각에 해당하는 세목을 설정하였다. 첫째, 제가의 근본에 해당하는 구체적인 항목은 효·제·자(孝·弟·慈)와 남편과 아내가 화순(和順)하게 지내는 것, 친척 간에 화목하고 비복(婢僕)을 부리는 모든 행동에 관계되는 것 등이다. 둘째, 밭 갈고 길쌈하는 훈계와 먹고 입는 것에 대한 훈계, 농사짓고 가축 기르는 것 등 전원(田園)에 관계되는 것은 모두 치가의 근본에 포함시켜야 한다. 셋째, 뜻을 세워 학문에 전념하는 것, 악을 제거하고 선으로 나아가는 것 그리고 격물궁리(格物窮理)하는 사색에서 책을 소장하거나 초록하는 행위, 책을 즐겨 읽고 아끼는 것과 관련되는 일은 기가의 근본에 속한다. 마지막으로 음덕을 베풀고 분노를 징계하는 것, 천명을 즐기고 운명을 아는 등 사사로운 욕구를 제어하고 하늘의 이치를 보존하는 도덕적 삶과 관련되는 일들은 모두 보가의 영역에 넣는다. 다산은 이것을 모두 종합하여 「거가사본(居家四本)」이라 이름 하여 책상 위에 놓아두고 항상 읽는다면 심신에 크게 유익할 것이라고 주장하면서 지속적으로 읽고 실천할 것을 권유하고 있다.

다산에 따르면, 적어도 한 세대가 지나야 인(仁)이 흥기하고,

---

14) 다산은 「두 아들에게 보여주는 가계」에서 살아가면서 반드시 지켜야할 신부(神符)와 같은 것으로 근검(勤儉)을 들었다. "나는 전원(田園)을 너희에게 남겨줄 수 있을 만한 벼슬은 하지 않았다만 오직 두 글자의 신부가 있어서 삶을 넉넉히 하고 가난을 구제할 수 있기에 이제 너희들에게 주노니, 너희는 소홀히 여기지 말라. 한 글자는 '근(勤)'이요, 또 한 글자는 '검(儉)'이다. 이 두 글자는 좋은 전답이나 비옥한 토지보다도 나은 것이니 일생 동안 수용(需用)해도 다 쓰지 못할 것이다."

백 년이 지난 뒤에야 예악이 이루어지는 법인데, 주(周)나라에서는 향삼물(鄕三物)[15]에 근거하여 백성을 가르치고 향팔형(鄕八刑)[16]으로 온 백성을 규찰하였다. 따라서 백성을 다스리는 목민관(牧民官)의 가장 우선적인 직무는 백성을 도덕적으로 교화(敎化)하는 일이다. 백성들에게 생산의 토대인 토지를 균등하게 분배하며, 부세와 요역을 공평하게 부과하고, 고을을 설치하고 수령을 두며, 형벌을 밝히고 법규를 체계적으로 갖추는 것도 궁극적으로 백성을 교화하는 데 목적이 있다. 물론 백성 교화와 공동체 윤리의 근본은 효제(孝弟)다.

남전(藍田) 여씨향약(呂氏鄕約)[17]에는 "무릇 향약을 같이 하는 자는 덕업은 서로 권하고, 허물과 잘못은 서로 경계하며, 예속으로 서로 어울리고, 환난은 서로 구제하여 착한 일이 있으면 기록에 올리고 과실이 있거나 규약을 위반한 자 또한 이를 기록하여 세 번 범하면 벌을 주고 뉘우치지 않는 자는 추방한다."고 하였다. 아울러 이에 대한 주석에서는 향약의 기본정신에 내재되어 있는 구체적인 절목(節目)을 더욱 상세하게 설명하고 있

---

15) 향삼물은 주대 향학(鄕學)의 가르침의 원칙이다. 육덕(六德: 지(知)·인(仁)·성(聖)·의(義)·충(忠)·화(和)), 육행(六行: 효(孝)·우(友)·목(睦)·인(婣)·임(任)·휼(恤)), 육예(六藝: 예(禮)·악(樂)·사(射)·어(御)·서(書)·수(數))의 세 가지를 말한다.

16) 향팔형은 주대의 여덟 가지 비행에 대한 형벌로 불효(不孝)·불목(不睦)·불인(不婣)·부제(不弟)·불임(不任)·불휼(不恤)·조언(造言)·난민(亂民)을 말한다.

17) 여씨향약은 송나라 때, 여대균(呂大鈞)이 만든 향약이다. 덕업상권·과실상규·예속상교·환난상휼을 강령으로 삼았다. 주자가 더하고 덜어내서 체계화한 뒤 향약의 모형이 되었다.

다. 이에 따르면 덕업상권(德業相勸)은 선을 보면 기필코 행하고 허물을 들으면 반드시 고치는 것을 이른다. 과실상규(過失相規)와 관련해서 의로움에 어긋나는 잘못[犯義之過]에는 ① 주정·도박·싸움·송사 ② 행동거지가 지나치거나 어긋난 것 ③ 행실이 공손하지 못한 것 ④ 말이 성실치 못하거나 미덥지 못한 것 ⑤ 말을 지어 내어 모함하거나 헐뜯는 것 ⑥ 지나치게 사적인 이익을 도모하는 것이 있다. 또 자기 수양을 하지 않는 잘못[不修之過]은 ① 사람답지 않은 사람과 사귀는 것 ② 놀며 게으름 피는 것 ③ 동작에 법도가 없는 것 ④ 일에 임하여 성실하지 않은 것 ⑤ 씀씀이에 절제가 없는 것이다. 예속상교(禮俗相交)는 혼인·상장(喪葬)·제사에 서로 오가면서 축하하고 조문하는 일을 말한다. 마지막으로 환난상휼(患難相恤)해야 할 사태는 ① 수재와 화재 ② 도적 ③ 질병 ④ 사상(死喪) ⑤ 고아와 노약자 ⑥ 억울한 죄에 무함(誣陷)된 것 ⑦ 가난 등이다.

그렇다면 최소한의 물적 토대가 마련되지 않은 상태에서 도덕적 교화가 가능할까? 맹자도 "최소한의 경제적 기초[恒産]가 마련되지 않으면 도덕적 심성[恒心]도 생길 수 없다"[18]고 말하지 않았던가?

다산은 이이의 『석담일기(石潭日記)』[19]를 인용하여 기본적인 삶의 토대로써 절대 빈곤의 문제를 해결하지 못한다면 아무

---

18) 『맹자』 「양혜왕 상」 3. 民之爲道也, 有恒産者有恒心, 無恒産者無恒心. 苟無恒心, 放辟邪侈, 無不爲已

19) 이이가 쓴 일기다. 『경연일기(經筵日記)』라고도 한다. 이이가 벼슬길에 나아간 다음 해인 명종 20년(1565)부터 선조 14년(1581)까지 17년 동안의 정사(政事)를 중심으로 기록한 것이다.

리 백성의 도덕적 교화가 중요하다 하더라도 이루어질 수 없다는 점을 지적하고 있다. 이이는 임금에게 "양민(養民)이 먼저 할 일이고 교민(敎民)은 뒤에 할 일입니다. 민생이 초췌하기가 지금보다 더 심함이 없으니 하루 빨리 폐단을 구제하여 먼저 백성들의 극심한 고통을 푼 뒤에 향약을 시행하는 것이 옳을 것이라" 아뢰고, 덕교(德敎)를 쌀밥과 고기에 비유하고 있다. 비위(脾胃)가 심하게 상해서 미음도 소화시킬 수 없다면 좋은 쌀로 지은 쌀밥과 맛있는 고기라도 그림의 떡과 같아 먹을 수 없다는 것이다. 다산이 "지금 부자가 아무리 가까운 사이라 하더라도 굶주리고 추운 것을 생각지 아니하고 날마다 매질하면서 학문을 권장한다면 반드시 서로 사이가 벌어지게 될 것인데, 하물며 백성이겠습니까?"라고 말한 것도 이이가 임금에게 백성의 교화에 앞서 삶의 물적 토대를 굳건하게 할 것을 건의한 것과 맥락을 같이 한다. 이는 눈앞에 부닥친 현실에 어두운 선비가 고답적(高踏的)으로 옛것만 그리워할 뿐 시의(時宜)에 걸맞은 대책을 세우지 못하고 정치에 본말과 완급이 있는 줄도 모르는 것에 대한 경계의 말이다.

물론 다산이 교육의 의미를 간과한 것은 아니다. 그는 누구보다 참 가르침이 '사람다움'을 실현하는 근본이라는 사실을 잘 알고 있었다. "가르치지 아니하고서 형벌하는 것을 일러 백성을 속이는 것[罔民][20]이다. 비록 흉악한 불효자일지라도 일단 가르치고 나서 고치지 아니하면 죽일 것이다." 이는 『목민심서』

20) 『맹자』「양혜왕 상」3. 及陷於罪 然後從而刑之 是罔民也 焉有仁人 在位罔民而可爲也

「흥학(興學)」편에 나오는 말로 가르침의 중요성을 확인하는 다산의 단언적 주장이다. 그렇다면 문제의 초점은 어디에 있을까? 문제는 가르침의 본질을 왜곡하는 학교 교육의 현실이었다. 다산은 예와 악을 가르치고 익혀야 할 학교의 본래적 기능을 상실하여 예악이 붕괴된 채, 한갓 기능적(機能的)·방편적(方便的) 독서에 그치고 있는 문제점을 직시했다. 태학(太學)에서 행하는 교육은 양로(養老)의 예를 행하여 효행하는 기풍을 진작시키고, 치학(齒學)[21]의 예를 행하여 윗사람을 공경하는 기풍을 일으키며, 고아를 돌보아 먹여 살리는 예를 행하여 사람들이 저버리지 않도록 하는 데 목적이 있다. 이 때문에 효·제·자가 태학의 종지(宗旨)가 된 것이다.

섭공(葉公)이 자로에게 공자의 사람됨을 물었을 때, 자로는 대답하지 않았다. 이에 대해 공자는 스스로를 진리를 터득하지 못하면 분발하여 먹는 것도 잊고, 깨달으면 즐거워 세상 근심을 잊을 정도로 배우는 것에 끝없는 열정을 지닌 존재로 이야기한다.[22] 공자가 이렇게 열망하는 배움[學]의 본질은 무엇일까? 다산은『아언각비(雅言覺非)』머리말에서 배움의 본질은 깨달음[覺]에 있고, 깨닫는다는 것은 곧 잘못을 깨우치는 것이라고 말한다. 잘못을 깨닫는 데도 방법이 있다. 인문학은 근본적으로 언어의 정확한 사용과 명료한 언표(言表)에 기대는 학문이다.

---

21) 연장자를 공경한다는 뜻이다. 예컨대 나이 순서로 앉은 자리의 차례를 정하고 술잔을 먼저 올리는 것 등이 있다.

22)『논어』「술이」18. 葉公問孔子於子路, 子路不對. 子, 女奚不曰, 其爲人也, 發憤忘食, 樂以忘憂, 不知老之將至云爾.

따라서 배움을 통한 오류의 깨우침도 바른말[雅言]을 매개로 해서만 가능하다. 학문(學問)이란 축자적(逐字的)으로 해석하면 전해 듣는 것일 뿐이다. 그러나 베이컨이 '시장의 우상'에서 지적한 것처럼 전해 듣는 것만으로는 진실을 담보할 수 없다. 그렇다면 끊임없는 탐구자의 자세로 의심의 시선을 거두지 않는 것이 배우는 사람의 몫이 아니겠는가? 다산도 전해들은 것은 잘못되고 어긋난 점이 많다는 점을 인정하고 있다. 물론 가르치는데도 분명한 방법과 철학이 있어야 한다. 공자는 스스로 분발하지 않는 학생은 계도하려고 노력하지 않았다. 의심이 축적되어 고민하는 학생이 아니면 촉발시키는데 심혈을 기울이지 않았다. 뿐만 아니라 한 꼭지 들어 말해주어 세 꼭지로써 반추할 줄 모르면 반복하여 가르쳐 주지 않고 스스로 깨우쳐 나가기를 기다릴 뿐이었다.[23] 다산도 공자와 비슷한 취지로 "하나를 들어 보이면 셋의 반을 나타내고, 하나를 들으면 열을 아는 것이 배우는 사람의 책무"라고 말했다.

다산은 복숭아뼈가 세 번이나 구멍이 날[踝骨三穿] 정도로 학문에 천착하던 명실상부한 학자였다. 그렇다면 학자로서 다산은 공부하는 방법의 본질을 어디에 두었을까? 다산은 공부하는 사람으로서 무엇보다 소중하게 여겨야 할 교훈은 '부지런함'에 담겨 있다고 보았다. 1802년 강진읍에서 처음 제자로 맞았던 황상에게 써준 '삼근계(三勤戒)'에는 다산의 공부관이 고스란히 담겨 있다.

---

23) 『논어』 「술이」 8. 子曰, 不憤不啓, 不悱不發, 擧一隅不以三隅反, 則不復也.

나는 산석(山石: 황상의 어릴 적 이름)에게 문사(文史)를 닦도록 권하니 그는 머뭇머뭇 부끄러운 표정으로 사양하면서 이렇게 말했다. "저는 세 가지 부족한 점이 있습니다. 첫째는 둔하고[鈍], 둘째는 막혀있고[滯], 셋째는 답답한 것입니다[戞]." 내가 말했다. '배우는 사람에게 병통이 세 가지 있는데, 너에게는 해당되는 것이 하나도 없구나. 첫째, 외우기를 빨리하면[敏] 소홀해지는 폐단이 있고, 둘째, 글짓기에 날래면[銳] 들뜨는 폐단이 있게 되고, 셋째, 이해를 빨리 하면[捷] 거칠어지는 폐단이 있다. 무릇 둔하면서 파고드는 자는 그 구멍이 넓어지며, 막혔다가 소통이 되면 그 흐름이 툭 트이며, 답답한데도 닦아내는 사람은 그 빛이 반짝반짝 윤기 나는 법이다. 뚫는 것은 어떻게 해야 할까? 부지런해야 한다. 틔우는 것은 어떻게 해야 할까? 부지런히 해야 한다. 닦기는 어떻게 해야 할까? 부지런해야 한다. 네가 어떻게 해야 부지런히 할 수 있을까? 마음가짐을 확고히 하는 것이다[秉心確].

공부의 진전에 장애가 되는 것은 아둔한 것도 막히고 답답한 것도 아니다. 오히려 공부의 빠른 진보에 치중한 나머지 앎의 본질이나 중요한 것을 빠뜨리거나 소홀히 하고, 빠른 글쓰기에 매몰되어 들쑥날쑥 글이 들뜨는 현상을 경계해야 한다. 또한 성급하게 자기이해의 지평을 속단하여 정확성과 명증성이 떨어지는 폐단도 주의해야 한다. 중요한 것은 둔하고 더디지만 깊이 파고들어 글의 진의를 통찰하고, 막힌 곳이 있으면 닦고 또 닦아서 본류를 찾아가는 부지런한 공부를 해야 한다. 따라서 배우는 사람의 첫째 자세는 '부지런함'이고 마음가짐을 확고히 하는 것이다.

공자와 다산은 똑같이 지식을 통째로 전수하는 것은 불가능하다고 보았다. 그렇다고 엘리트주의[elitism]에 입각한 교육철학을 표명한 것은 더더욱 아니다. 이는 가르침에 있어서 배우는 사람의 자율성(自律性)·자발성(自發性)·창발성(創發性)을 끄집어내는 것이 중요한다는 점을 강조한 것이다.[24] 가르치는 사람으로서 가장 어려운 일은 학생들에게 한 주제에 대하여 내가 아는 모든 것을 전달해주고, 최대한 자세히 풀어서 설명해준 다음, 학생들로 하여금 그에 대해 뭔가 부족하다는 느낌을 갖게 하거나 최소한 의심하도록 하는 일이다. 진정한 교육이란 권위자들이 말하는 것을 아무 여과 없이 수용하는 것이 아니라 스스로 의심하고 배움으로써 이루어지는 것이기 때문이다.[25] 교육

24) 유학에서는 배우는 사람이 공부하는 방법으로 널리 배우고[博學], 자세히 묻고[審問], 신중히 생각하고[愼思], 명백하게 분변하고[明辨], 독실하게 실천하는[篤行] 등 다섯 가지를 제시한다.

25) 에드워드 사이드 지음, 성일권 편역, 『도전받는 오리엔탈리즘』, 김영사, 2005. 60~60쪽 참조. 이 글의 "부록1: 에드워드 사이드의 교육관-의심의 자유를 허하라."를 참조할 것. 아울러 리처드 파인먼의 주장은 음미해야 할 충분한 가치를 지니고 있다. "**의심하는 자유는 과학의 초기에 권위와 투쟁하면서 탄생했습니다. 우리에게 질문을, 의심을 허용하라. 확신하지 않을 자유를 달라.** 우리는 이 투쟁을 잊지 말아야 하며, 우리가 얻은 것을 잃지 말아야 합니다. 바로 이것이 우리의 사회적 책임이기도 합니다. 우리의 책임은 이렇습니다. 할 수 있는 일을 하고, 배울 수 있는 것을 배우고, 해결책을 개선하고, 그것들을 후대에 전하는 것, 미래의 인류에게 자유 재량권을 주는 것, 그것이 우리의 책임입니다. 우리는 어린 인류의 성급한 치기로, 오랫동안 인류의 성장을 저지할지도 모르는 중대한 실수를 범할 수도 있습니다. 어리고 무지한 우리가 이미 해답을 가졌다고 말하면 우리는 실수를 저지르게 될 것입니다. 모든 논의와 비판을 억압하고, '바로 이거야. 이것만이 인간을 구원하는 거야!'라고 말한다면, 그리하여 인간을 오랫동안 권위의 사슬에 묶어 두고, 현재의 상상력에 울타리를 쳐버리면 우리는 실수를 하는 것입니다." 리처드 파인먼, 승영조·김희봉 역, 『발견하는 즐거움』, 승산, 2001. 157~158쪽. 161~162쪽.

자가 갖추어야 할 무엇보다 중요한 자질은 학생들을 '프로크라테스의 침대'에서 벗어나게 하는 능력이다. 진정한 교육자는 규격화된 지식상자를 양산하는 데서 벗어나 프로크라테스를 처형한 현대의 테세우스를 끊임없이 길러내야 한다. 일찍이 시드니 후크(Sidney Hook, 1902~1989) 도 학생의 자유를 거론하며 의심의 자유, 토론의 자유, 도전의 자유, 실수의 자유를 역설하지 않았던가?

고독한 진리탐구, 참 지식인의 삶

다산은 1811년 겨울, 흑산도의 형에게 보내는 편지에서 당시 학문하는 사람들이 어려운 길을 회피하여 곧장 지름길만 경유하려는 배움의 자세를 질타하며, "노력하지 않고 얻은 지식은 비록 세상을 깜짝 놀라게 할 새로운 학설이라 할지라도 모두 평범하게 지나쳐 저절로 이루어진 것으로 인정해 버리므로 힘써 체득(體得)하는 묘미가 없게 된다."고 말한다. 따라서 이와 다른 학파의 주장에 부딪치게 되면 자신의 주장을 쉽게 포기하고 스승이 전수해 주는 지식에 대해서도 상례(常例)로 간주하거나 심한 경우에는 진부한 말로 치부하여 무시하기도 한다는 것이다. 이는 주체성 없이 배움을 추구하는 것, 쉽고 편한 길만을 택하여 기존의 지식을 무비판적으로 섭취하는 태도를 경계한 것이다.

이제 다산의 끊임없이 학문에 정진하는 자세와 열정의 숨결을 다음의 글에서 직접 느껴보기로 하자.

> 절대로 자포자기(自暴自棄)하지 말고 성의를 다하고 부지런히 힘써서 책을 읽고 베끼고 짓는 일에 소홀함이 없어야 할 것이다. 폐족(廢族)으로서 글을 배우지 않고 예의가 없다면 어찌하겠느냐? 모름지기 평범한 사람들보다 백배의 공력을 더하여야 겨우 사람 축에 들게 될 것이다. …… 청족(淸族)일 때는 문자를 하지 않아도 혼인도 할 수 있고 군역도 면할 수 있거니와 폐족이 되어서는 문자를 하지 않는다면 어떻게 되겠느냐? 문자는 그래도 여사에 속하거니와, 학문을 하지 않고 예의가 없으면 금수와 다를 것이 있겠느냐? 폐족 중에 왕왕 기재(奇才)들이 많은데, 이는 다름이 아니라 과거 공부에 얽매이지 않기 때문에 그러한 것이니, 절대로 과거에 응시할 수 없다 하여 스스로 좌절하지 말고 경전에 힘과 마음을 써서 책 읽는 사람이 끊어지지 않게 하기를 간절히 빈다. 내가 입은 옷은 지난해 10월 1일에 입은 것이니, 어찌 견딜 수 있겠느냐?

다산은 과거합격과 출세를 위한 도구로 전락한 과거학(過擧學)·문장학(文章學)은 인간학·인문학으로 특징지을 수 있는 수사학(洙泗學)[26]의 본래적 가치 실현을 막는 장애물로 파악했다.[27] 독서와 진리탐구에 전념하는 성실한 학자는 모름지기 학

---

26) 수사(洙泗)는 중국 산동성 곡부현(曲阜縣)에 있는 두 갈래의 물줄기인 수수(洙水)와 사수(泗水)를 일컫는다. 다산은 공자가 이곳에서 인간학으로서 유학의 본질을 강론하였기 때문에 공자 사상의 진면모와 학통을 드러낸다는 의미에서 수사학(洙泗學)이라는 용어를 사용하였다.

27) 다산은 『오학론(五學論』에서 성리학(性理學)·훈고학(訓詁學)·과거학(科擧學)·문장학(文章學)·술수학(術數學)을 유학 본래의 가치실현을 가로막는 장애물이라고 비판한다.

문 그 자체의 향취(香臭)에서 즐거움을 누릴 수 있어야 한다. 그러나 현실은 어떠한가? 부패의 악순환과 삼정의 문란으로 민초(民草)들이 포악한 양반들의 학정과 절대빈곤에 시달렸던 다산의 시대나 욕망을 미덕으로 장려하며 물질의 풍요로움에 포만감을 느끼는 21세기 지금, 학문을 성공과 부와 명예획득의 수단 정도로 여기는 지식기사가 득세할 뿐 애지자(愛智者)로서 진정한 지식인은 종적을 찾을 수 없게 되었다. 천박한 자본주의에 비판의 화살을 겨누어야 할 책무를 진 지식인도 이미 자본의 노예로 전락한 지 오래다. 다산이 윗글의 말미에서 "내가 입고 있는 옷은 지난해 10월 1일에 입은 것이니, 어찌 견딜 수 있겠느냐?"고 반문한 것도 학문 탐구에서 진정한 의미를 느낀다면 물질적 빈곤과 고통 쯤이야 얼마든지 감내할 수 있다는 애지자로서 자긍심과 자존감을 드러낸 것이 아니겠는가? 참 학자로서 권력이나 재력과의 타협을 거부한 채, 오로지 진실만을 추구하려 했던 태도는 『악서고존(樂書孤存)』 머리말에 고스란히 나타난다. 그는 "여러 오류를 잡박(雜駁)하게 엮어 거짓을 꾸며 존속하느니, 차라리 외롭게 하나의 진실을 내세워 정말로 없어지는 것을 구제하는 것이 낫다."고 말했다.

아울러 다산은 학문의 자세와 삶의 태도, 마음의 자세가 일관성을 지녀야 한다는 점을 강조한다. 다산에 따르면, 한대(漢代)의 대표적 훈고학자인 마융(馬融)과 정현(鄭玄)이 비록 유학자이기는 하였지만, 당세(當世)의 권력가로서 외당(外堂)에서는 제자들과 함께 학문을 강론하면서도 내당(內堂)에서는 기생을 들여 가무를 즐기면서 사치에 빠졌기 때문에 경전연구에 정밀함이 떨어졌다. 또한 공안국(孔安國)과 가규(賈逵)도 통달한 유자였으나 심기(心氣)가 정밀하지 못했으므로 의논한 것도 명철(明哲)하지 못했다. 결국 다산은 이러한 역사적 실례를 통해 곤궁한 뒤에야 진정으로 음미할 가치가 있는 저술을 남길 수 있다는 것을 깨달았다는 것이다.

둘째 형 손암은 『주역심전』의 서문에서 다산이 처한 치열하고 고뇌에 찬 현실이 거꾸로 역사에 남을 대작을 남기는 데 자양분이 되었다는 사실을 지극한 찬사의 말로 대신하고 있다. 살가운 형제로서 나아가 학문적 도반(道伴)으로서 손암과 다산의 우애는 한 시대를 살아가는 사람이라면 누구라도 부러움을 넘어 시샘의 감정이 들 정도다. 이제 손암의 동생에 대한 객관적인 학자로서 엄정한 평가와 지기(知己)로서 정감어린 목소리를 직접 들어보기로 하자.

> 사마천이 말하기를 '문왕이 주왕에 의해 유리(羑里)에 갇혀 있을 때 『주역』을 연역하였고, 공자가 궁액(窮厄)하였을 때 『춘추』를 지었다'고 했는데, 이 사람들은 모두 마음속에 울적하게 맺힌 것이 있어 자기의 도를 통할 수 없었으므로 지난 일을 서술하고 앞의 일을 생각한 것이니, 이 말 또한 울분에서 나온 것이지만 그럴 만한 이치가 있다고 할 만하다. 가령 미용(美庸)이 편안히 부귀를 누리며 존귀한 자리에 올라 영화롭게 되었다면 반드시 이런 책을 이룩하지는 못했을 것이다. …… 옛 성인의 뜻을 이르려는 공을 맡아 끊어진 실마리를 찾고 미쳐 날뛰는 무리들을 막으려는 사람은 위정자가 허여함이 적은 것이니, 미용이 (功業의) 뜻을 얻지 못한 것은 곧 그 자신에 있어서 다행한 일이요, 우리 유학계에 있어서 다행일 뿐만 아니다. 내가 미용보다 몇 살 위지만 문장

과 학식은 그의 아래에 있은 지 오래 되었다. 천박한 말로 이 책을 더럽힐 수 없으나 선배가 죽으면 백세를 기다리기 어려운 법이니, 하늘과 땅 사이에서 이 책을 지은 자는 미용이고, 이 책을 읽은 자는 나인데, 내가 어찌 한 마디 말이 없어서야 되겠는가. 다만 나는 섬 가운데 갇힌 몸, 죽을 날이 멀지 않았으니, 언제 미용과 함께 세상 한 형제로 살아볼 수 있으랴. 이 책을 읽고 이 글을 쓰는 것만으로도 만족한다. 나는 참으로 유감이 없도다. 아! 미용도 또한 유감이 없을 것이다.

"나는 참으로 유감이 없다, 미용도 또한 유감이 없을 것이다." 이보다 더한 마음에서 우러나오는 극찬이 어디 있겠는가? 손암은 단순히 피를 나눈 형제가 아닌 진정한 학자로서 다산에 대해 존경하는 마음을 두 마디의 짧은 구절로 표출했다. 이런 점에서 두 형제는 비록 가문의 몰락과 가족의 덧없는 이산(離散) 등 삶의 궤적(軌跡)은 가시덤불의 연속이었지만 학문적으로 유감이 없었다니, 한편으로는 참으로 행복한 사람이라 할 수 있을 것이다. 그렇다면 일가가 완전히 몰락한 폐족의 처지에서 현실의 사태를 지혜롭게 헤쳐 나가는 방법은 무엇일까? 다산은 오직 독서에 정진하는 것 한 가지일 뿐이라고 답한다. 맹자는 "대체(大體)를 기르는 사람은 대인(大人)이 되지만, 소체(小體)를 기르는 사람은 소인(小人)이 되어 금수에 가까워진다."[28]고 하였다. 식색(食色) 등의 본능적 욕구 충족에서 삶의 의미는 찾는 사람은 동물과 다를 바 없는 존재다. 반면 도덕적 자아실현 등 질적

28) 『맹자』 「고자상」 15. 公都子問曰, 鈞是人也, 或爲大人, 或爲小人, 何也? 孟子曰, 從其大體爲大人, 從其小體爲小人.

으로 고양된 정신적 행복에 진정한 삶의 의미를 부여하는 사람이야 말로 성인이나 군자와 동등한 의미에서 큰 사람[大人]이다. 맹자에 있어 대인과 소인을 가르는 경계가 대체를 추구하느냐 소체에 매몰되느냐에 있다면, 다산에 있어 인간이 동물에 대해 차별화의 우위를 차지할 수 있는 근거는 바로 독서에 있다. 다산에 따르면 독서는 성현의 길로 나아가는 첫걸음이며, 동시에 아직 깨우치지 못한 수많은 백성을 깨우침의 길로 이끌어 가는 지침이기도 하다. 다시 말하면 독서야말로 인간이 반드시 해야 할 본분으로써 어두운 면에서는 귀신의 정상(情狀)을 통달하고, 밝은 측면에서는 왕도(王道)와 패도(覇道)의 계략을 도울 수 있어 동물의 부류를 넘어서 대우주와 함께 호흡할 수 있는 경로(經路)인 것이다. 이런 까닭에 다산은 아들에게 보낸 편지에서 독서에 심혈을 기울일 것을 당부하고 있다.

> 내가 밤낮으로 축원하는 것은 오직 문아(文兒)가 독서하는 것뿐이다. 문아가 선비 되기를 염두에 둔다면 내가 다시 무엇을 한하겠느냐. 주야를 가리지 말고 부지런히 글을 읽어서 이 고심을 저버리지 말라.

그러나 책을 곱씹어 읽으면서 음미하는 기쁨은 아무나 맛볼 수 있는 것이 아니다. "독서야말로 인간이 추구하는 가장 깨끗한 일[淸事]이다. 그러나 호사스런 생활에 탐닉하는 부호가의 자제는 그 맛을 알 수 없다. 뿐만 아니라 궁벽한 생활에 지친 시골의 수재들도 그 오묘한 이치를 알 수 없다. 오직 벼슬아치 집안의 자제로 어려서부터 책 읽는 분위기에 익숙하고 중년에 재난을 만난 자라야 독서의 참 가치를 깨달을 수 있다. 부호가의 자제나 궁벽한 시골의 수재들이 독서를 할 수 없다는 것이 아니라, 의미도 제대로 모르면서 마냥 읽기만 하는 것을 독서라 할 수 없기 때문이다." 독서의 요점은 책의 진정한 의미를 밝혀내 삶속에서 구현하는 것이다. 그러기 위해서는 탐욕과 쾌락적 삶에 빠져들어서도 가난에 지쳐 생각할 여유를 상실해서도 안 된다.

공부에는 왕도가 없다지만, 다산은 「여러 제자들에게 주는 글」에서 "다른 데 한 눈 팔지 말고 우선 과거를 통한 벼슬살이에 마음을 둘 것"을 적극적으로 권장하면서 효율적인 과거 공부 방법을 제시하고 있다. 여러 가지 글 가운데서 과문(科文)이 가장 어렵고, 이문(吏文)은 그 다음이며, 고문(古文)은 그 가운데서 쉬운 편에 속한다.[29] 과거에 합격하기 위해서는 과문을 능숙하게 쓸 수 있어야 한다. 그러나 직접적으로 과문 공부에 치중하는 것은 올바른 공부법이 아니다. 고문으로부터 공부를 시작하는 사람은 이문이나 과문 공부에 새삼스럽게 깊은 공력을 들이지 않아도 쉽게 통달할 수 있지만, 과문공부부터 시작하는 사람은 관리가 되어서도 판첩(判牒)은 물론 서(序)·기(記)·비(碑)·명(銘) 한 편도 제대로 쓸 수 없는 비루하고 졸렬한 처지로 떨어지게 된다. 이러한 주장은 다산이 아들 학연에게 과시(科時)를 가르치면서 한(漢)·위(魏)의 고시로부터 시작하여 소식과

29) 이문(吏文)은 조선 시대에 중국과 주고받던 외교 문서에 쓰던 특수한 관용 공문의 용어나 문체를 말하며, 과문(科文)은 과거에서 쓰던 여러 가지 문체를 말한다.

황정견[30]의 문로(門路)를 거치게 했더니 과시 짓는 솜씨가 남다르게 발전한 실제 경험에서 우러나온 것이다. 법전을 통째로 외워 설령 고시에 합격한다 해도 고전을 근본으로 한 인문학적 소양이나 사회적 문제의식 없이는 제대로 된 법관 노릇하기 어려운 것과 같은 이치다.

따라서 다산은 효과적인 독서법으로 책을 가려 뽑는[鈔書] 방법을 제시하고 있다. 다산이 제시한 초서(鈔書)의 핵심은 "나의 학문이 먼저 주관이 있어 확립된 뒤에야 옳고 그름을 판단할 수 있는 저울[權衡]이 마음속에 있어서 취하고 버리는 것이 어렵지 않게 되는 것이다." 부언하자면, 책을 읽는 자의 학문적 주체성과 자율성이 전제되었을 때, 옳고 그름을 판별할 수 있는 능력을 온전히 발휘하여 학문에 보탬이 될 만한 것과 그렇지 못한 것을 취사선택할 수 있다는 것이다. 물론 학문의 근본이 현실의 삶과 유리된 단순한 관념의 유희로 떨어져서는 안 된다. 이러한 맥락에서 다산은 학문의 종지를 "효제(孝弟)로써 근본을 삼고, 예악(禮樂)으로써 문식(文飾)을 내고, 정형(政刑)으로써 보충하고 병농(兵農)으로써 우익(羽翼)을 삼아야 한다."고 갈무리 지었다. 공자가 말한 '문질빈빈(文質彬彬)'[31]의 의미를

30) 황정견(黃庭堅, 1045~1105)의 자는 노직(魯直), 호 산곡(山谷)으로 홍주(洪州: 江西省) 분녕(分寧: 修水縣)에서 태어났다. 1095년 왕안석(王安石)의 신법당(新法黨)이 부활됨과 동시에, 구법당(舊法黨)인 그는 신법을 비난하였다는 죄목으로 검주(黔州:四川省 彭水縣)에 유배되었다. 1100년에 사면 복직되었으나, 1102년에 다시 무고를 당하고 의주(宜州:廣西省宜山縣)에 유배되어, 그 곳에서 병사하였다. 시인으로 명성이 높았으며, 스승인 소식(蘇軾:東坡)과 나란히 송대(宋代)를 대표하는 시인으로 꼽힌다.

31) 『논어』「옹야」16. 子曰, 質勝文則野, 文勝質則史. 文質彬彬, 然後君子.

다시 한 번 연상시키는 대목이다. 물론 다산이 독서의 근본 기틀로 강조한 것은 효제(孝弟)다. 모름지기 효·제를 힘써 근본틀을 튼튼하게 세운다면 학문은 자연스럽게 몸에 배게 되고 독서는 따로 층차(層次)와 줄기를 논할 필요가 없다.

다산에 따르면 문장을 원숙하게 쓰고 독서하는 군자가 되는데도 순서가 있다. 무엇보다 중요한 것은 경학(經學)으로 근기(根基)를 확고하게 세워야 한다. 그 다음은 사서(史書)를 섭렵해서 정치의 득실과 치란(治亂)의 근원을 알아야 한다. 그러나 이에 그친다면 학문은 한갓 관념학으로 떨어지고 만다. 이런 점에서 다산은 "대개 책을 저술하는 법은 경적(經籍)이 마루가 되고, 그 다음은 세상을 경륜하고 백성들에게 은택을 미칠 수 있는 학문이어야 하며, 외적을 막을 수 있는 관문이나 기구와 같은 것도 소홀히 여길 수 없는 것이다."라고 강조한다. 진부하여 새롭지 못한 담론이나 지루하여 쓸모없는 의론을 옮겨 놓는 것은 한갓 지묵(紙墨)만 허비하는 셈이다. 이는 손수 진귀한 과일나무나 좋은 채소를 심어서 생전의 생계나 풍족하게 하는 것만 못하다. 이와 같이 실용주의적 맥락에서 다산은 "의식(衣食)의 근원으로 뽕나무와 마를 심고 채소와 과일을 심을 것"을 권장하고 있다. 반면에 학자가 경계해야 할 태도로 금리를 근거로 재화를 확장하는 일, 권력가와 결탁하여 청탁하여 불의한 이익을 탐하고 시골의 어리석은 사람들을 속여 뇌물을 착취하는 행위를 들었다. 유학의 본질을 실천학·현실학·인간학으로 규정할 수 있듯이 중요한 것은 선현들의 경제(經濟)에 관한 서적을 즐겨 읽고서 마음속에 항상 모든 백성을 윤택하게 하고 모든 사람을 받들어 기르려는 인본주의(人本主義)다.

마지막으로 다산은 학문에 힘써 정진하는 것이 훌륭한 가문이나 풍요로운 재부(財富), 좋은 벼슬과도 바꿀 수 없는 가장 깨끗하고 소중한 것이라는 점을 거듭 강조하고 자식들이 끊임없이 학문연찬에 매진하면서 다산 자신이 저술한 책을 발췌하고 정리하여 가문의 전통을 다시 세워 줄 것을 간곡하게 당부하고 있다.

> 너희들이 끝내 배우지 않고 스스로 포기해 버린다면, 내가 지은 저술과 간추려 뽑아 놓은 것들을 장차 누가 모아서 책을 엮고 바로잡아 보존하겠느냐. 그렇게 할 수 없다면 이는 나의 글이 끝내 전해질 수 없게 되는 것이다. 내 글이 전해지지 못한다면 후세 사람들은 단지 대계(臺啓)와 옥안(獄案) 만을 의거해서 나를 평가하게 될 것[32]이니, 나는 장차 어떠한 사람이 되겠느냐. 너희들은 아무쪼록 이 점을 생각해서 분발하여 학문에 힘써 나의 이 한

32) 대계(臺啓)는 조선 시대 대간이 논하여 아뢰는 일을 말한다. 특히 관리의 잘못을 지적하여 유죄임을 밝히려고 임금에게 올리는 계사(啓辭)와 사헌부(司憲府)·사간원(司諫院)에서 임금에게 올리는 계본(啓本)·계목(啓目)이 있다. 대관(臺官)은 국정의 모든 면에 대해 국왕에게 가부 의견을 올릴 수 있는 권한이 있어서 그 의견을 올리는 것이 대계였다. 대계는 소속 관원들이 합의하여 올리는 것이 관례였기 때문에 계목을 사용하여 발의자의 성명과 관직을 기입하지 않았다. 대계는 주로 정책의 비판과 관리들의 탄핵에 이용되었으며, 죄의 유무(有無) 판결과 경중(輕重) 판정이 부당할 경우, 반대 의견을 계속 고수하였다. 따라서 그 권위와 영향력이 커서 언론 활동의 주요한 수단이었고, 대계를 통한 논의는 대론(臺論)이라 하여 존중되었다. 옥안(獄案)은 죄인(罪人)의 범죄 사실을 조사한 서류다. 여기서는 다산에 대한 사헌부의 탄핵과 그 죄상을 나열한 논고를 말한다. 결국 다산을 평가하는 역사적 판단근거는 다산을 비난하고 모함하는 사람들의 편파적인 기록에 의해 결정될 수밖에 없다는 것이다.

가닥 문맥이 너희들에게 이르러 더욱 커지고 더욱 왕성하게 하여라. 그렇게 되면 훌륭한 집안의 좋은 벼슬도 이러한 청귀(淸貴)함과 바꿀 수 없을 것이다.

군자가 책을 지어 세상에 전하는 것은 오직 한 사람의 알아줌을 구하여 온 세상의 사람들의 성냄도 피하지 않는 것이다. 만약 나의 책을 알아주는 사람이 있다면 그들의 나이가 많으면 너희들은 아버지로 섬기고 너희와 엇비슷한 나이라면 너희들이 형제를 맺는 것도 좋을 것이다.

바울과 선물의 공동체

한 수 현

화폐와 공동체

유발 하라리(Yuval Noah Harari)는 문화를 "수백만 명이 효과적으로 협력할 수 있게 해주는 인공적 본능"의 네트워크라고 정의한다.[1] 하라리는 이 네트워크가 어떤 방향성을 가지고 변화되고 있다고 생각한다. 즉, 문화라는 네트워크를 통해 변화하는 다양한 인간 사회는 어떠한 보편적 질서를 지향하여 변화되어 왔다. 하라리는 가장 주목할 만한 변화가 기원전 10세기부터 기원전 1세기에 이루어졌다고 말한다. 물론, 그 이전에도 인간 사회를 하나로 묶는 생각은 존재했다. 같은 혈연을 맺는 공동체라든가, 같은 조상을 모시는 국가라든가, 같은 신을 경배하는 민족과 같은 상상력을 인간은 이미 가지고 있었다. 그러나 기원전 1세기 무렵에 나타난 보편적 질서라는 관념은 이와 다르다. 하라리가 말하는 네트워크로서의 문화는 그 이전에 형성되어왔던

1) 유발 하라리, 조현욱 옮김, 『사피엔스』, 김영사, 2015. 234쪽.

강력한 정체성(identity)을 넘어서서 서로 다른 정체성을 가진 사람들을 하나로 묶을 수 있는 질서를 말한다. 이는 민족과 같은 개념이 지니고 있는 감성적 차원을 넘어설 수 있는 무엇이다. 하나의 정체성을 기본으로 한 집단은 언제나 자신과 동일한 가지고 있는 사람들과 함께 그 집단의 이익을 위해 움직인다. "어떤 사회적 동물도 자신이 속한 종 전체의 이익에 이끌려 행동하지는 않는다." 하라리가 말하는 "인공적 본능의 네트워크"는 이를 극복할 수 있는 무엇이다. 하라리는 이를 보편적 질서라고 말한다.

"수많은 낯선 사람들이 협력하려 할 때는 호의와 의무의 경제가 제대로 기능하지 않는다." 즉, 서로를 믿을 수 있는 어떤 것을 만들기가 힘들다. 돈은 이들에게 서로 간접적으로 신뢰를 만들 수 있는 수단을 제공한다. 이는 매우 혁명적인 발전이었다. 돈은 내가 무엇인가를 얻기 위해 고민해야 할 수많은 시간과 노동력을 절약해준다. 돈이 통용되지 않을 때, 유명 화가의 그림을 얻기 위해서는 그 화가가 원하는 것은 무엇이든 들어주어야 했다. 돈이 있으면 이 모든 것이 해결된다. 화가는 그림 판 돈을 가지고 자신이 원하는 것을 사면되고, 그림을 사는 사람은 일정한 돈을 마련하기만 하면 그림을 얻을 수 있기 때문이다.

하라리가 말하듯이 돈이란 것은 '정신적 혁명'이었다. 돈을 수단으로 할 때 부를 축적하는 것이 가능해졌다. 대량의 쌀을 가질 수 있다 해도 보관해 실패하거나 시간이 지나면 썩어질 뿐이다. 그러나 돈으로 바꾸고 보관하면 안정적으로 부를 축적할 수 있다. 돈은 모든 것과 교환할 수 있다. 종교개혁 이전시대 성 노동자들은 자신의 직업으로 번 돈으로 면죄부를 산 것을 보면 섹스를 구원으로 바꾸는 것도 가능하다. 돈이 이렇게 정신적 혁명의 결과물로서 탄탄한 인간 심리의 기반을 가지고 성공할 수 있었던 이유는 돈에 실려 있는 '신뢰' 때문이었다. 하라리에 따르면 돈은 "인간이 고안한 것 중에서 가장 보편적이고 효율적인 상호신뢰 시스템"이다. 원수와 적의 말은 믿을 수 없어도 그들이 내민 돈은 믿을 수 있다. 거기에는 그것에 대한 신용을 확보하기 위한 권력과 신뢰의 네트워크가 존재하기 때문이다. 돈을 받는 사람은 돈을 준 사람이 아니라 돈을 믿는다. 신용은 돈의 생명이기에 고대의 돈에는 강력한 정치권력의 표시가 들어갔다. 돈은 믿음을 강요하지 않는다. 오히려 돈은 그 돈을 믿는 사람들이 있다는 것을 우리가 믿게 만든다. 신용과 신뢰를 인공적인 시스템으로 만들어 낼 수 있을 때, 비로소 보편적 질서를 기반으로 한 경제 시스템이 시작되게 된 것이다.

하라리 역시 이런 돈의 치명적인 단점을 지적한다. 명예, 충성심, 도덕, 사랑처럼 돈으로 살 수 없는 것들에 대한 인간의 기본적인 믿음이 본래 인간 공동체의 기반이었으나, 돈은 이러한 인간의 가치를 부식시키고 수요와 공급의 냉정한 법칙으로 바꿔버린다. 이후 화폐가 강력한 하나의 혁명을 일으킬 때, 그 이전까지 공동체의 기반이 되었던 요소들이 저항의 깃발을 들기 시작했다. 가장 대표적인 저항은 화폐에 대항하여 진리라는 개념을 전유할 때 나타나기 시작했다.

화폐 대 은혜(진리)

원래 진리를 뜻하는 그리스어 단어 'ἀλήθεια(아레테이아)'의 기본의미는 '숨김이 없는' 또는 '거짓이 없는'을 의미하며, 장막을 걷어버리고 숨겨진 것을 보이게 만드는 것을 뜻했다. 마르셀 에나프(Marcel Henaff)에 따르면, 도시국가가 출현하고 토론과 논쟁이 주가 되는 폴리스가 삶의 중심이 되자, 종교적 또는 영적 힘을 뜻하는 진리는 여러 토론의 주인공이 되는 δόξα(독사: 의견)'에게 그 자리를 양보하게 된다. 즉, 패도의 시대가 끝나고 이제 주먹과 칼이 아니라, 말과 설득이 주도권을 가진 사회가 되었다. 아울러 그 이전을 지배하던 종교적 신탁과 신비적 권위에 의존하던 '진리'의 자리는 인간의 사회 중심에서 물러나 주변화 되기 시작했고 바야흐로 시민이 중심이 된 법과 정치의 시대가 시작된 것이다.

본격적인 민주정치의 시대가 오자 의견을 주고받음을 통해 가장 적합한 독사(의견)는 'γνῶσις(그노시스: 지식)'으로 인정받게 되었다. 그와 함께 진리(아레테이아)는 이전까지의 신비적 의미를 잃고 수학적 원리와 사물의 원리를 뜻하는 말로 변화하기 시작했다. 그래서 당시의 철학에서 '진리'라는 말은 수학적 원리를 대변하는 말이다. 기하학의 공식들은 사람의 머릿속에서 숫자를 이용한 새로운 세계를 구성했고 이를 통해 사물을 파악하고 계산할 수 있음이 밝혀졌다. 바야흐로 이데아의 세계가 수학 속에서 구현된 것이다. 이에 수학적 진리가 가지고 있었던 객관성으로서의 진리는 논리적 증명을 구성해내는 능력을 뜻하는 것으로 이해되기 시작했다. 결국, 진리는 고급의 지식을 뜻하게 되었고, 지식이 된 진리는 배우고 가르칠 수 있는 것으로 변했다. 그리고 이를 돈벌이에 이용하는 새로운 지식인들이 나타났다. 소피스트가 역사에 등장한 것이다.

에나프는 이처럼 진리의 가치에 대한 논쟁이 일어난 시대에 집중한다. 논쟁의 핵심은 '진리에 가치를 매길 수 있는가'였다. 돈이 할 수 있었던 가장 중요한 역할은 선물을 통해서만 가능했던 '상호신뢰'를 인간관계가 아니라 화폐 질서 속에 놓은 것이다. 그렇다면 돈의 시대 이전에는 어떻게 신뢰를 형성할 수 있었을까? 돈의 시대 이전에는 의례적 증여가 상호신뢰의 중요 행위였다. 각기 서로 다른 부족, 민족과 집단 간의 인정과 유대가 "상대방에게 자기 자신의 일부이자 동의를 입증하고 보장하는 물건을 증여"함으로써 성취되었다.2) 즉, 선물교환이 서로의 신뢰를 위해 필요한 중요한 행위였다. 에나프는 물물교환과는 달리 선물을 증여함으로써 자신의 자율성과 신뢰를 획득해 가는 것이라고 말한다. 바로 이러한 선물교환을 통해 공유된 선물들을 통한 신뢰가 인간의 공동체를 형성한다고 본 것이다. 그렇다면 이 공동체 형성을 가능하게 한 최초의 신뢰는 어디서 왔을까? 에나프는 바로 영들이나 신들이 바로 영구적이고 무한한 첫 번째 선물의 증여자이며 사람들은 첫 번째 수증자라고 말한다. 그래서 에나프는 최초의 신으로부터 내려진 선물이 신과 인간

2) 마르셀 에나프, 김 혁 옮김, 『진리의 가격』, 눌민, 2018. 217쪽.

사이의 신뢰를 구축하게 하였고 그 위에 세워진 인간의 공동체에서 인간들은 서로에게 선물을 교환함으로 신뢰를 만들어가게 되었다. 바로 이 최초의 선물이 은총이라 불릴 수 있을 것이라 말한다. 즉, 태고의 신의 선물, 또는 은총에서 비롯된 신뢰가 화폐의 시대, 또는 소피스트의 시대에 '진리의 가치에 대한 논쟁'을 통해 화폐 경제에 저항하기 시작한 것이다. 그 저항의 한 예를 우리는 그리스 철학사의 일대 변화를 이끈 사건에서 찾을 수 있다.

소크라테스의 제자인 플라톤과 아리스토텔레스가 헬레니즘 철학의 한 획을 긋는 인물들로 나타나게 된 이유 중 하나는 소위 신흥 지식인 세력으로 나타난 소피스트들과의 일대 격전 때문이었다. 그 격전이 얼마나 치열했는지, 소크라테스는 끝까지 아테네의 미래를 걱정하다 재판을 받고 죽고 만다. 그 후로도 헬레니즘 철학의 뼈대를 세우게 된 여러 철학의 거장들이 소크라테스의 삶과 가르침을 통해 소피스트와 담론의 격전을 벌이게 되는데, 그 중심에는 질문이 하나 있었다. 바로 "'진리'는 사고, 팔 수 있는 것인가?"였다. 이 질문은 진리에 일정한 값을 매길 수 있느냐로 이어지고, 결국 진리의 가치에 대한 논의로 끝나게 된다. 만약 진리에 가치를 매길 수 있고 그만큼의 가치를 지불하면 얻을 수 있는 것이 된다면 그 후의 결론은 간단하다. 세상에 돈으로 얻을 수 없는 것은 아무것도 없는 세상이 시작되는 것이다. 화폐, 진리, 공동체에 대한 바로 이런 물음들이 우리가 바울의 공동체를 눈여겨봐하는 하는 이유가 된다.

바울의 공동체 운동: 바울의 교회 [에클레시아, ἐκκλησία]란 무엇이었을까?

기독교는 교회를 예수 그리스도를 믿는 사람들의 모임으로 소개한다. 보통 기독교인들이 모이는 예배당을 교회라고 부르고 있다. 지금의 '교회'는 기독교인에게만 사용되는 고유명사와 다름없다. 그러나 시간을 이천년 이전으로 되돌려 사도 바울이 말하는 교회를 보면 이야기는 달라진다. 바울이 그의 서신에서 사용하는 '에클레시아(ἐκκλησία)'는 현재 '교회'로 번역되지만, 당시에는 종교단체에 붙이는 명칭이 아니었다. 원래 에클레시아는 고대 그리스 시대 도시국가인 아테네의 남자 시민들의 모임을 일컫는 말이다. 아테네의 에클레시아는 삶에 대한 모든 주제에 대해 듣고 답하고 토론하고, 더 나아가 결정하기 위해 정기적으로 모이는 집회였다. 즉, 자신의 삶에 대해 영향을 미치는 중요한 결정을 스스로 할 수 있게 하여 주는 것이 에클레시아의 기능이었다. 오늘날 시민들은 선거라는 행위를 통해 자신들의 대표자를 선출하고 이를 정치에 참여라 한다. 근대의 선거를 통한 정치참여는 가장 소극적인 정치 행위이다. 한번 국회의원이나 대통령으로 선거를 통해 선출되면 시민을 위한 정치를 할지 자신을 위한 정치를 할지는 전적으로 선출된 자의 선택이 된다. 이와 달리 에클레시아는 스스로 삶과 직결되는 정책들을 필요할 때 결정할 수 있는 곳이었다. 시민들에게 '정치'라고 부르는 행위를 할 수 있도록 열어놓은 공간이 에클레시아였다. 시민에게 정치를 할 수 있게 하여주는 것이 에클레시아의 기능이라면 에클레시아의 목적은 무엇일까? 왜 고대 아테네인들은 에클레시아를 만들었을까?

고대 그리스 지역에는 여러 도시국가가 있었지만, 시민정치를 처음 발달시킨 곳은 아테네가 거의 유일했다. 다른 도시국가들이 아테네의 정치형태를 받아들인 것은 고전시대 후기에 이르러서였다. 아테네에서 민주정치가 시작된 것은 아리스토텔레스의 인간에 대한 이해, 인간의 삶의 가치에 대한 이해로부터였다. 아리스토텔레스는 인간의 삶에서 가장 중요한 가치를 '코이노니아(koinonia)'라는 단어에 찾는다. 아리스토텔레스는 '나눔'이나 '교제'로 이해되는 '코이노니아'를 당시의 도시국가를 지칭하던 폴리스에 해당하는 말로 격상시킨다. 후에 '코이노니아'는 라틴어 코무니타스(commúnĭtas)가 되었고, 현재의 '공동체'를 뜻하는 커뮤니티(community)로 번역된다. 즉, 아리스토텔레스에게 정치의 핵심은 타인과 공유하는 삶, 함께 하는 삶을 뜻했다. '정치적' 동물인 인간은 타인과 더불어 살 때 의미를 가지는 존재가 된다. 더불어 사는 삶, 즉 공동체의 삶은 타인에게 속박되거나 어떤 가치나 법으로 억압되지 않아야 한다. '자유'가 억압되지 않아야 인간은 행복하게 살 수 있다. 그렇다면 더불어 살면서도 자유를 누릴 방법이 무엇일까? 아테네 사람들이 만든 유일한 해법은 시민을 자신의 삶을 다스리는 통치의 주체로 세우는 것이었다. 그리고 "시민들이 돌아가면서 통치를 하고, 통치를 받기도 하는 것이 자유를 실현하는 방법"을 보장해 주었다.[3] 에클레시아는 인간이 스스로 가장 최선의 삶을 누릴 수 있는 공간으로 설정되었다. 아테네인들에게 시민을 뜻하는 말은

'데모스(demos)'인데, 이는 폴리스에 속한 모든 사람 또는 성인 남성을 가리키는 단어이기도 하지만, 무엇보다 에클레시아와 동의어로 사용되었다. 즉, 민주정치라는 '데모크라티아(demokratia)'나 영어인 '데모크라시'를 지칭하는 의미였다. 현재 교회로 번역되는 에클레시아가 원래는 정치 주체들의 모임을 의미했다는 것이다.

그러나 바울과 고대 그리스 아테네 사이에는 400년이란 세월의 무게가 있다. 많은 학자가 로마 제국 시대 이르러 에클레시아는 옛날에 가졌던 의미를 잃어버렸다고 본다. 정치에서는 '평의회의 제안을 형식적으로 승인하는 '고무도장'을 의미하고, 모임으로서는 보통의 사교모임이나 조합과 같은 의미로 변했다고 주장한다. 그러나 에클레시아가 조합과 같은 시민들의 모임으로 불린 예는 존재하지 않으며, 당시의 유대교 회당과 같은 종교적 모임인 '쉬나고게(συναγωγη)'와 같은 의미로 사용된 경우도 없다. 오히려 예루살렘을 중심으로 한 초기 기독교 공동체는 에클레시아를 로마 제국 전체 안의 하나의 교회를 대표하는 이름으로 사용했다. 헬라어로 번역된 구약성서인 70인 역에서도 에클레시아는 민족 전체를 대표하는 모임을 의미하지만, 쉬나고게는 모든 종류의 모임이나 그룹을 지칭하는 단어로 쓰인다. 즉, 고대 그리스 아테네 시대로부터 바울의 시대까지 에클레시아는 그 원래의 정치적 의미를 잃어버리지 않았고, 끊임없이 인간의 삶에 대한 가장 중요한 요소를 참여로 결정하는 모임으로

3) 박영호, 『에클레시아, 에클레시아에 담긴 시민공동체의 유산과 바울의 비전』, 새물결플러스, 2018. 50쪽.

이해되고 있었다는 것이다. 사도 바울은 이 에클레시아를 단어를 자신의 상황에서 새롭게 해석하여 예수 그리스도에 참여하는 공동체 하나하나가 독립적으로 삶의 주체가 되는 공간을 부르는 용어로 사용했다.

바울의 공동체, 선물의 공동체

사도 바울이 약 공통시대 50년경에 고대도시 빌립보에 도착했을 때, 빌립보에서는 로마의 도시화가 한참 진행되고 있었다. 사도 바울은 그 이전까지 순회 전도자로 살고 있었는데, 그는 예수의 죽음과 부활을 통해 확립된 메시아니즘을 전파하고 있었다. 빌립보의 급격한 도시화는 바울이 이전까지 깊이 고민해보지 못한 것들을 일깨우기 충분했다. 당시 안디옥을 중심으로 형성된 초기 유대 기독교가 로마인들에게 전파하는 예수 공동체는 유대의 율법과 할례의 전통에서 완전히 벗어나지 못하고 있었다. 여전히 당시의 유대 기독교는 자신을 로마인들과 민족적 문화적으로 분리된 공동체로 이해했다. 결국, 바울은 로마제국의 도시가 가지고 있었던 가장 근본적인 문제들, 그리고 그 이후 동맹시 전쟁으로 다시금 나타나게 되는 근본적인 적폐에 확실히 눈뜨게 되었을 것이다. 이는 로마의 우산 아래에 사는 사람들 사이에 존재하는 다양한 차이와 차별에 관한 것이었다. 로마 시민권을 가진 자들과 라틴 시민권을 가진 자들, 즉 다양한 권리를 누리던 로마시민들과는 달리 그들과 함께 피 흘리며 전쟁에 참전했지만 여러 의무에 비해 턱없이 적은 권리에 만족해야 했던 라틴 시민들 사이에 차별이 있었다. 게다가 자신이 살던 도시를 벗어나면 아무런 법의 보호를 받을 수 없었던 여러 다른 소도시의 시민들, 그리고 무거운 세금과 노역에 생계를 위협받으며 마지막에는 자신의 몸을 팔아 노예가 되는 농촌의 농부들과 노예들의 삶을 보았다. 바울은 이러한 차이와 차별이 결국 구별과 분리에서 일어난다는 것을 깨닫고 그와 동일한 현상이 이미 안디옥과 예루살렘에서 일어나고 있다고 생각했을 것이다. 이러한 역사적 상황에서 사도 바울의 글을 읽어 보면, 종교적 교리나 신념이 아니라 당시 급변하던 로마 사회가 가지고 있는 여러 문제점에 대해 해결책을 제시하고자 했던 바울의 모습을 살펴볼 수 있다. 그 해결책의 중심에 있었던 것이 보통 기독교에서 은혜라고 부르는 개념이었다.

고대 그리스에서 은총이란 도저히 갚을 수 없는 은혜를 말한다. 에나프는 이런 갚을 수 없음이 '일방적인 증여'에서만 작동한다고 말한다[4]. 에나프는 선물-답례 관계에 의한 전통적인 신뢰 관계가 더는 가능하지 않은 시대가 되면, 즉 돈이 지배하고 모든 것이 돈의 가치로 평가되는 시대가 되면 "모든 사람에게 총체적으로 수여되고 누구에게나 인정받는 선물이 필요"하게 된다. 화폐의 가치가 보편적 질서로 자리매김하면 할수록, 선물의 개념은 종교적 공동체나 교육 기관 등으로 스며들어 그 명맥을 유지하며 화폐 질서 외부의 신뢰 개념을 유지하게 된다. 종

4) 마르셀 에나프, 앞의 책, 375쪽.

교적 관점에서, 은혜로서의 선물 시대가 나타나게 된다. 이 은혜라는 선물의 개념을 밀어붙이면 한 명의 은총을 베푸는 사람과 다수의 은총을 받는 자들 사이의 광범위한 관계가 형성된다. 바로 수직 관계의 종교 형태가 나타나게 되는 것이다.

'선물'이라는 주제로 바울로부터 그 이후 중요 신학의 변천 과정을 살핀 대표적인 신약학자는 존 바클레이(John M. G. Barclay)다. 바클레이의 관심은 바울의 서신에서 다루어지는 '은혜'에 대한 이해를 '선물'이란 개념으로 분석하는 것이다. 이러한 바클레이의 시도는 현대 신학에서 매우 신선한 것인데, 그 가장 큰 이유는 바클레이가 전통적인 바울 신학을 '선물'에 대한 사회학적, 인류학적 연구에 융합시키고 있기 때문이다. 바클레이는 모스의 '증여론'에 나타난 '선물'에 대한 연구를 바탕으로 바디우나 데리다 등의 현대적인 선물에 대한 이론들을 살펴보고 이를 바울 시대의 필론(Philo)이나 키케로(Cicero) 등의 '선물'에 대한 이론과 비교한다. 또한 여기에서 한 걸음 더 나아가 제 2 성전기 '은혜'에 대한 논의와 융합시켜 '선물'에 대한 철학적 논의를 이용하여 당시 유대인들이 가지고 있었던 하나님의 '은혜' 신학에 대한 다양한 논의를 분석한다. 바클레이의 연구가 신선한 두 번째 이유는 그가 케네스 버크(K. Burke)의 '극대화'(perfection)에서 논의를 빌려와 '선물'의 개념을 세분화한 것에 있다[5]. 버크는 용어의 명확한 정의를 위해서 그 개념을 극단으로 끌고 가는 경향을 가리킨다. 바클레이는 버크의 극대화의 개

---

5) 존 M. G. 바클레이, 송 일 옮김, 『바울과 선물』, 새물결플러스, 2019. 127쪽.

념이 하나님의 선물이나 은혜에 적용될 수 있다고 말하는데, 그 이유는 하나님이라는 개념 자체가 그 뒤에 나오는 개념을 최고조로 끌고 올라가는 경향이 강하기 때문이다. 바클레이는 다음에 여섯 가지의 항목으로 선물에 대한 논의의 극대화를 보여준다.

바클레이의 연구 핵심은 은혜-선물에 대한 개념 이해를 분할하여 새로운 차원으로 이끌어 올렸는데, 이를 다음과 같이 두 가지로 나누어 이해할 수 있다. 첫째로, 바클레이는 선물의 비순환성, 즉 선물은 절대 갚을 수 있거나 되갚기가 가능하지 않아야 한다는 것으로서 답례가 불가능한 것이어야 된다는 정의는 고대 사회에서 쉽게 통용될 수 없었던 상상이었다고 주장한다. 가장 큰 이유는 선물에 대한 인류학적 연구에서도 나타나듯이 고대 사회에서의 선물은 상호 신뢰를 위한 증여로써 이해되었고 받는 자에게는 여러 유형, 무형의 신뢰라는 책임이 주어지는 것이기 때문이다. 이에 바클레이는 순수한 대가 없는 선물에 대한 상상이 불가능하지는 않지만 중요한 논의가 될 수는 없었을 것이라 말한다. 둘째로, 필자는 이것이 더 중요하다고 생각하는데, 대가 없는, 또는 무조건적 은혜나 선물이라는 의미가 매우 다양하게 이해될 수 있다는 것이다. 예를 들면, 대가 없는 신의 선물이라는 말은 먼저, 신의 선물이나 은혜의 우선성을 말하는 것일 수도 있다. 우리가 먼저 무엇인가를 기대하기도 전에 어떤 정성이나 감정을 표현하기 전에 이미 주어지는 선물이란 의미에는 대가가 존재하지 않기 때문이다. 이와 달리 대가 없는 신의 은혜는 받는 자의 현재 상태나 가치와는 전혀 상관없이 주어지는 은혜라고 이해할 수도 있다. 이는 선물의 비상응성에 해당할 것이다. 또는, 대가 없는 선물은 우리가 어떤 의무나 선물에 해당하는 행위에 대한 기대 없이 주어진다는 의미가 될 수도 있다. 이 경우는 선물의 비순환성이 주된 개념이 된다. 그런데도, 신의 선물은 그 대가가 존재하지 않는 것이란 이해가 당시 사라져 가던 선물증여와 연관되어 있다. 만약 신이 선물에 대한 보답으로 그 어떤 신뢰마저도 받기를 거부한다면 당시의 메시아 예수를 따르던 사람들은 이러한 보답의 불가능성을 어떻게 받아들였을까? 메시아 예수를 위해 모인 사람들이 형성하였던 에클레시아 공동체가 그 선물에 대한 결과였다.

바울의 은혜와 현대 철학

바클레이의 연구 이전에 이미 현대철학에서는 바울의 진리 개념에 착안하여 자본주의 사회 안에서 바울의 공동체를 논의한 학자들이 있었다. 이들의 연구는 필자가 말하는 바울 텍스트의 효용성을 논함에 있어 중요한 의미를 가진다. 고대의 바울 텍스트가 현대의 복잡다단한 자본주의 체제의 대안이 될 수 있음을 지지하는 연구들이다. 알랭 바디우(Alain Badiou)가 『사도바울』을 1997년에 출간했을 때, 아마도 많은 사람이 '왜 바울인가?'라는 질문을 하였을 것이다. 먼저, 바디우는 기독교인도 성서학자도 아니다. 게다가 1997년은 지금처럼 너도나도 바울에 대해 한마디씩 하던 때가 아니었다. 그래서 바디우는 『사도바울』의 처음 장을 '바울, 우리의 동시대인'(Paul: Our Contemporary)

이라고 이름 짓고, 왜 바울을 지금 이 시대에 소환해야 하는지 설명한다. 바디우가 직접 밝히듯이 바울이 소환된 정확한 지점은 "보편적 개별성(Universal Singularity)의 조건은 무엇인가?"라는 질문에 해답이 되기 때문이다.[6] 먼저 이 '보편적 개별성의 조건'이란 말을 살펴보자. 보편적이라는 뜻은 누구에게든 차별없이 주어질 수 있어야 한다는 뜻이다. 그리고 개별성이란 말은 그 어디에도 비슷한 것이라곤 존재하지 않는 완전히 독립적이고 특별한 어떤 것이다. 일단 바디우가 걱정하고 있는 것은 현재의 자본주의와 국가 모델이 한편으로는 법의 테두리 안에서 자국의 시민들을 보호하지만, 그 보호를 위해 억압하는 것은 자국 시민의 자격을 가지지 못한 사람들이다. 예를 들자면, 현재 한국에서 성 소수자들은 일반 시민이 누리고 있는 법적 권리를 온전히 누리지 못하고 있다. 그 현재의 상태 자체가 국가의 법이 그들을 탄압하고 있음을 말해주고 있다. 성 소수자들 이 자신의 권리를 위해 투쟁하기 시작하면 법은 그 안에서 용납할 만한 사람들의 권리를 인정해 줄지언정 다시금 새로운 방법으로 성 소수자들을 정의하여 탄압하기 시작한다. 결국 "국민들의 부분 집합들은 매번 특수한 지위에 의해 규정되게 되리라는 것을 의미한다." 결국 자본주의 사회에서 자본은 더욱더 자유롭게 유통될 것이나 인간의 삶은 언제나 통제와 억압 속에 있게 될 것이라 말한다. 그러나 이보다 더 날카로운 바디우의 문제 제기는 바로 그러한 끊임없이 인간의 삶을 나누고 난도질하는 현실을

6) 알랭 바디우, 현성환 옮김, 『사도 바울-'제국'에 맞서는 보편주의 윤리를 찾아서』, 새물결, 2008. 31쪽.

떠받치고 있는 것이 바로 '문화주의적이고 상대주의적인 이데올로기'이다.

이른바 다양성과 다원화라는 목표는 포스트모던 시대의 해석학과 예술의 중요 과제였으나, 이는 동시에 자본주의 시장의 주요 목표이기도 하다. 끊임없이 새로운 시장을 만들기 위해 자본은 새로운 소비 주체들을 생산해야 한다. 같은 사과를 먹더라도 농약이 없는 사과, 청정지역에서 재배한 사과, 당도가 더 높은 사과, 순수하게 사람의 손으로만 재배한 사과 등등 무한하게 분화시켜 개별적인 욕망을 충족시켜줄 소비자들이 필요한 것이다. 바디우가 말하는 이른바 진리 과정(truth process)이란 바로 이러한 상황을 만들어내는 모든 원리들을 단절시키고 중단시켜 자본주의적 예측과 계산의 억압을 멈추게 하는 행위이다. 그리고 이러한 돌발적으로 일어나는 사건(진리 과정의 사건)을 보편화시켜 누구나 받아들일 수 있는 형태로 만들어 내는 것이야말로 미래를 열 수 있는 어떤 희망이라고 바디우는 말한다.

진리라는 것을 포기하고 다가 치적 사회에서 여러 가치가 공존하는 사회로 나가야 할까? 바디우는 여기서 벗어나고자 하였다. 그러기 위해서는 사회구조 내에서 발생하는 모든 것에 괄호를 치고, 인간사회에서 일어나는 또는 예측할 수 있는 그 어떤 것에도 엑스 표시를 하고, 순수하게 예측 불가능성 속에서 일어나는 사건에 집중하고자 하였다. 그러한 사건 중에 그야말로 보편적인 것 모든 가치를 안을 수 있는 것이 바로 진리이다. 그리고 이 진리를 현재화할 수 있는 사건은 언제나 어떠한 조건(상황, condition)에서 시작된다. 한국이란 나라의 어떤 정치적 상황에서(정치), 어떤 연구 담론에 의해 운영되는 하나의 과학적 상황에서(과학), 어떤 기대들이나 일반적인 규칙에 의해 지배되는 한 예술적 상황에서(예술), 또는 개인들 간의 관계에서(사랑) 진리 사건은 출연한다. 진리-사건(truth-event)이 출연하면 어떤 이들은 무시해 버리고, 또는 부정하는 반면에, 어떤 사람들은 이를 알아차리고 이를 받아들인다. 이를 받아들인 사람들이 주체들이 되며 이 진리-사건의 결과를 따르는 사람들의 시도를 진리-과정(truth-process)이라 한다.

바디우의 진리-과정과 철학의 역할에 대하여 설명하려 한 것은, 바로 바디우가 바울에 대해 말하는 것은 이와는 다르면서도 비슷하기 때문이다. 과학, 예술, 정치, 사랑이란 조건에서 나타나는 진리-과정에 다시금 이름을 부여하는 철학은 비록 진리-사건이 그 이전에 계획되거나 예상된 어떤 것이 아니며 또한 하나의 지식의 형태를 가지지 않았다 하더라도 그것이 진리로서 보편성을 확보해야 한다. 바울은 이와는 달리 매우 구세대적 요소를 가지고 있는 '신화적 요소'를 가진 '예수가 부활했다'라는 오직 하나의 선언에 기반하고 있다. 그리고 바울은 그 하나의 특수한 선언을 통하여 보편적 진리-과정으로 들어가는 매우 독특한 사유 구조를 보여준다고. 곧 바디우는 바울이 '보편에 대한 첫 번째 이론가 중 하나'(실천의 반대인 이론이 아니라, 현실성의 반대로서의 이론)라고 말한다. 바클레이는 그의 저서, 『바울과 선물』에서 이례적으로 바디우의 '은혜' 개념을 소개하고 있다. 그리고 바디우가 말하는 보편성이 은혜와 선물의 개념과 맞물려 있다고 말한다. 바디우에게 중요한 것은 이전의 사고와 개념의 범주에서는 상상할 수조차 없었던 그리스도의 부활 사건이었고 그리스도의 부활 사건은 이전의 이미 존재했던 여러 차이를 억압하거나 파괴하는 방법이 아니라 완전히 새로운 보편성의 출현이다. 바울은 그 부활 사건을 통해 이전의 문화적 전통과 사회적 지위를 유지하면서도 새로운 진리에 충실할 수 있는 진리의 공동체를 만들 수 있었다.[7] 바로 이 사건이 바울에게는 은혜, 순전한 주어짐, 선물로서의 은혜였다.

자크 데리다(Jacques Derrida)는 해체주의의 아버지로 알려져 있으며 서구 철학의 '로고스 중심주의'를 무너뜨리는데 가장 강력한 철학적 논리를 보여준 것으로 유명한 학자이다. 서구 신학에서 데리다의 해체주의적 글 읽기는 이후 많은 소위 '진보'신학자들이 교리 중심적 성서 읽기나 교회 중심적 신학을 비판하고 정치적이고 사회비판적인 담론을 만들어 내는 데 큰 도움을 주었다. 한편, 바울 해석에 대한 데리다의 업적은 그의 후기 저작에 속하는 기념비적인 저서, 『법의 힘(Force of Law)』에서 나타난다. 데리다는 이 논문에서 법(Law)과 정의(Justice)에 대한 관계에 대해 집중하는데, 이 논증은 소위 바울 서신에 가장 중요한 논의 중의 하나인 '율법과 정의'에 대한 바울의 관점을 이해하는 새로운 계기를 마련하였다. 데리다의 저서인 '법의 힘'은 원래 출판되었을 때의 제목이 'Deconstruction and the Possibility of Justice'(해체와 정의의 가능성)이었다. 데리다는 여기에서 그 이전까지 하나의 텍스트를 읽어내는 해석의 방식으로 받아들여

---

7) 바클레이, 앞의 책, 304-305.

지던 해체주의적 독해를 정의의 가능성을 체험하는 하나의 방편으로 발전시킨다. 그 이전까지 데리다의 해체주의에 대한 비판 중에 대부분은 '어떤 진리에 대한 믿음이나 희망을 포기하고 오로지 상황에 따라 변화하는 진리의 상대성이나 허무주의를 말하는 것이 아니냐'는 목소리였다. 이에 데리다는 해체주의적 관점이 오히려 흔들리지 않는 윤리적 가치와 진리의 희망을 보여준다고 말한다. 그러한 실제적인 예를 보여준 것이 발터 벤야민(Walter Benjamin)의 '폭력의 비판을 위하여'(Critique of Violence)를 독해한 '법의 힘'의 제2장이다. 원래 벤야민은 그의 글에서 폭력에 대한 분석을 위해 "폭력이 법과 정의와 맺고 있는 관계"들을 연구해야 한다고 말한다. 벤야민은 폭력을 분석하기 위해 법을 가지고 온다. 즉, 법의 가장 원천적인 힘은 폭력에 있으며 모든 정치기구나 인간사회의 질서는 폭력을 기반하고 있다고 본다. 문제는 바로 그 법이 또한 정의의 기준이라는 것에 있다. 이로써 폭력과 법에 대한 벤야민의 관심이 결국 '법과 정의 개념'에 대한 상상력을 발동시킨 것이다.

법을 넘어서 정의를 상상하고 경험하는 데리다의 해체적 사유는 선물에 대한 사유에도 연결된다. 테드 제닝스(Theodore W., Jr. Jennings)는 『데리다를 읽는다/바울을 생각한다』에서 자크 데리다가 선물과 경제 사이의 관계를 가르치며 경제와 법이 그 안에서 연결하고 있다고 말한다.[8] '선물'에 대해 깊이 생각하면 우리는 필연적으로 이것이 '경제'와 연결되어 있다고 생각

8) 테드 W. 제닝스, 박성훈 옮김, 『데리다를 읽는다/바울을 생각한다』, 그린비, 2014. 175쪽.

할 수 있고, '경제'는 하나의 '법체계'와 연관되어 있다고 생각할 수 있다. 즉, 서로가 생각의 고리로 연결되어 있다. 선물을 설명하다 보면 경제를 말하게 되고, 그리고 경제는 법을 말하게 한다. 그러나 데리다는 선물에 대한 생각은 경제와 법을 전제하면서도 그것을 무너뜨리는 또는 그 시스템 자체를 중단시키는 사고를 가능하게 한다고 강조한다. 데리다의 질문은 일견 단순하다. '가'라는 사람이 '나'라는 사람에게 '다'라는 것을 선물하는 것이 가능한가? 선물은 어떤 보상이든 생기는 순간 그 의미가 사라진다. 상호 교환을 완벽하게 벗어나는 선물이 가능한가? 여기에는 과거와 미래의 모든 가능성이 함께 계산되어야 한다. 영원히 완벽히 상호교환 불가능한 선물이 가능한가?

데리다에게 '선물'이란 개념은 불가능한 것을 경험할 수 있는 길을 열어준다. 즉, 해체란 바로 불가능한 것을 경험하는 것이 가능하게 해주는 것이다. 선물이 무엇인지를 알 수는 없다. 위에 말한 것과 같이 선물은 다른 개념들과 연관되어 우리에게 사유의 길을 열어줄 뿐이다. 알 수 없는 것을 사유하게 하는 것이 바로 해체의 의미이다. 데리다의 이 말이 왜 이토록 중요할까? 이러한 사유가 데리다의 머리에서만 나온 독창적인 것이 아니기 때문이다. 그러나 데리다를 통해 데리다 이전의 이러한 사유를 했든 또는 이러한 사유가 나타나는 텍스트를 찾을 수 있는데, 제닝스는 바울이 가장 대표적인 해체적 사유를 보여주는 사람이라 말한다. 우리는 이미 에나프가 선물에 대해 말할 때, 그 처음 증여자가 신이 될 수 있음을 살펴보았다. 데리다 또한 장-뤽 마리옹(Jean-Luc Marion)과의 대화에서 기독교적 의미의 선물을 언급하고 있는데, 제닝스는 바울이 말하는 선물-은혜의 개념을 데리다가 생각했을 것으로 추측한다.

데리다의 선물과 정의에 대한 불가능성에 대한 해체적 상상은 데리다의 『용서하다』에서 용서(forgiveness)의 주제에서도 연결된다. 용서는 '선물'처럼 불가능한 것을 경험하게 해준다. 용서는 언제나 법과 가치, 그리고 주는 자와 받는 자의 문제로 귀결된다. 그리고 망각과는 다르게 언제나 인간 모두에게 용서에 대한 끊임없는 요청과 용서할 수 없는 죄악이 꼬리에 꼬리를 물고 나타난다. 인간은 언제나 용서받으며 살고 있고, 용서를 요청하고 용서하지 못하며 살고 있다. 아마도 그래서 인간은 '신'에게 유일무이하게 언제나 존재하고 우리의 말을 기다리고 있는 대상에게 용서를 비는지도 모른다.[9] 바로 신에게 비는 용서는 용서 자체가 불가능함을 사유하게 하기 때문인지도 모른다.

은혜를 중심으로 한 공동체 – 화폐 경제를 벗어난 진리 공유

바울은 바디우나 데리다와 맥을 같이하여 메시아에게서 자신이 받은 선물 경험을 기반으로 공동체를 형성했다는 것에서 중요한 역사적 의미를 가진다. 바울의 시대는 화폐이라는 보편적 가치의 등장, 제국의 등장, 보편 종교의 등장이 동시에 일어났던 시대였다. 그리고 바울은 당시 나타난 질서와는 다른 자신만

9) 자크 데리다, 배지선 옮김, 『용서하다』, 이숲, 2019. 81쪽.

의 방법으로 새로운 공동체를 만들어가기 시작했다. 고대 바울이 살았던 시대의 스승과 학생 사이의 일반적인 관계는 돈으로 이루어진다. 바울이 쓰지는 않았으나 바울의 이름을 달고 공통 시대 100년경에 쓰인 디모데 후서에는 "때가 이르면, 사람들이 건전한 교훈을 받으려 하지 않고, 귀를 즐겁게 하는 말을 들으려고 자기네 욕심에 맞추어 스승을 모아들일 것입니다"(딤후 4:3)라는 표현이 있는데, 이는 아마도 당시의 전형적인 배움과 가르침의 풍경을 묘사했다고 볼 수 있다. 보통 형편이 넉넉한 로마의 귀족 집안의 교육 방법은 헬라어와 수학 등에 능통한 그리스 노예를 비싼 값에 사들여 집안 자녀들의 선생으로 삼는 것이었다. 그러나 각종 수사학과 철학에 능통하다고 알려진 유명한 사람들은 그 수가 드물었기 때문에 비싼 돈을 들여 초대하여 그 가르침을 듣거나 그들이 만든 학교에 찾아가 수업료를 내고 배울 수밖에 없었다. 당시에 배움에 대해 수업료를 내는 것은 스승에 대한 존경과 마땅한 의무에 해당했다. 이런 당시의 풍경을 초대 기독교의 문서는 "자기네 욕심에 맞추어 스승을 모아들"이는 것으로 말한 것이다.

돈을 준다는 것은 존경을 표시하는 것이기도 하지만 자신이 바로 그 스승의 정당한 제자라는 것을 의미한다. 고대사회에서 만약 누군가가 바울에게 진리를 배웠다고 생각했다면 그에 대한 대가를 돈으로 지불하려 했을 것이다. 그리고 그 지불한 대가는 진리의 정당성이다. 바울의 진리가 이제 돈 지불함으로 자신에게 온 것이다. 돈을 줌으로 복음 또는 진리가 자신에게 왔다면 돈을 지불한 사람은 이제 그것을 가르치고 전파하여 돈을 받을 수 있는 권리를 얻게 된다. 사도행전에는 이와 비슷한 일화가 등장한다. "시몬은 사도들이 손을 얹어서 성령을 받게 하는 것을 보고, 그들에게 돈을 내고서, 말하기를 '내가 손을 얹는 사람마다, 성령을 받도록 내게도 그런 권능을 주십시오"(행전 8:18-19) 처음에 설명한 것처럼 여기에는 진리와 그 가치에 대한 복잡한 논의의 역사가 깔려있다. 진리는 배울 수 있는 것인가? 가르칠 수 있는 것인가? 바울은 갈라디아서에서 "복음의 진리"에 대해 논하는데 그것은 바울이 예수의 제자들과도 절대로 타협할 수 없는 어떤 것이었다. 그 진리는 어떻게 전수될 수 있는 것일까?

> 그리스도 안에서 여러분에게는 일만 명의 스승이 있을지 몰라도, 아버지는 여럿이 있을 수 없습니다. 그리스도 예수 안에서 복음으로 내가 여러분을 낳았습니다. 그러므로 나는 여러분에게 권합니다. 여러분은 나를 본받는 사람이 되십시오.(고전 4:15-16)

바울은 복음이 스승에 의해 가르쳐질 수 있는 것이 아니라고 설명하면서 어머니의 은유를 통하여 진리가 어떻게 전해지는지 말한다. 그것은 글이나 공식으로 가르쳐질 수 있는 것이 아니라 눈으로 보고 따름을 통해 새로운 존재로 태어남을 뜻한다. 그러기에 바울은 당시의 진리의 가치를 돈으로 상속하는 것에 대항하면서 그리스도의 복음의 진리를 돈벌이로 만드는 것을 거부한다. 당시 고린도 교회에 나타났던 바울과 마찰을 빚었던 사람들은 아마 바울이 복음을 전하고 돈을 받지 않는 것에 대해 의 구심을 가졌던 것 같다. 그들은 바울이 자신들의 진정한 제자이거나 진리를 계승한 자들이라 생각하지 않았거나 자신들의 존경과 성의를 무시한다고 생각했을 수 있다. 게다가 고전 9:3-7을 보면 베드로나 당시의 예수의 제자들은 아내를 데리고 다니면서 교회에서 주는 돈으로 자기의 비용을 마련한 것으로 보인다. 바울은 그런 그들을 비판하지 않는다. 오히려 그들을 인정한다. 더 나아가 원래 자신이 누려야 할 권리라고 설명한다. 그리고 그 권리는 이미 구약에서 하나님께서 그들에게 주신 것이라고 설명한다(고전 9:12-14). 왜 바울은 당연한 권리를 포기하고자 했을까?

시스템을 벗어나는 공동체적 실천

바울은 고린도 사람들이 '겉만 보는' 사람들이라고 말한다(고후 10:7, 새 번역). 겉만 보는 사람들은 바로 자신을 중심으로 놓고 세상을 바라본다(고후 10:12). 당시 그리스-로마의 세계관에서 보면, 사회의 지배적인 관습과 고정관념을 가진 사람을 뜻한다. 당시는 지배하거나 지배당하는 관계가 인간 사이의 중심을 형성한다. 바울은 그들에게 충고한다. '오직 신(하나님)이 정한 한계 안에서 일하라'(고후 10:13). 신이 정한 한계란 무엇일까? 나의 삶에 분명한 한계를 정하는 것, 그것을 신의 영역에 놓는 것, 그것이 바울이 말하는 대안의 서론이다. 이 '한계'를 설명하기 위해 바울은 먼저 그리스도 예수와의 결혼에 대한 비유를 말한다.

바울은 자신이 어리석게 이야기한다고 말하면서, 고린도 사람들이 예수 그리스도와 약혼한 사람들이라고 말한다. 바울이 말하는 그리스도와의 결혼과 음행에 대한 경고는(고후 11:3) 호세아서의 정의와 공평, 사랑과 긍휼에 맞닿아 있다. 당시 바울의 그리스도와의 결혼이란 상징은 그리스-로마의 문화에서는 상당히 불쾌한 것이었다. 불특정 다수에게 모두 예수 그리스도의 약혼자라고 선포하는 것은 그들의 사회 문화적 명예와 배경을 무시하는 것인데, 특히 성에 대한 불평등이 극심했을 시대에는 더욱 문제가 될 수 있었다. 당시의 여성은 결혼을 통해 남성들의 소유가 되는 것뿐 아니라 사회적 소유물로 살아가게 된다. 여기서 음행은 이방 종교의 가치를 받아들이는 경향을 나타내며 우상숭배라 여겨졌다. 바울은 로마의 관습과 문화, 정치에 결혼제도와 성에 대한 고정관념까지 덧붙여 모두 겉만을 보는 것이라고 비판하면서 그 음행을 벗어나라고 말하는 것이다. 그럼 그 문화를 벗어나서 어디로 가라는 것일까? 신이 말하는 한계 안에서 사는 것을 무엇을 의미하는 것일까? 바울 자신이 속한 세계의 법칙 속에 있지 않다는 것을 어떻게 증명할 수 있을까? 자신은 겉이 아니라 신이 정한 한계 안에 있다는 것을 어떻게 말할 것인가?

바울은 자신이 세계의 법칙 안에 있지 않다는 것을 보여주기 위해 고린도로부터 아무런 돈을 받지 않았다고 말한다. 대신에 바울은 고린도 공동체를 섬기기 위해 다른 마케도냐등의 공동체로부터 헌금을 얻었다. 그에겐 고린도와의 주고받는 관계가 없었고 지식이나 은사 따위를 사고파는 것이 없었다. 당시 그리스-로마의 선생과 제자의 관계 또는 가르치는 자와 가르침을 받는 자와의 관계는 주고- 받는 관계였고, 이를 확립한 사람들, 바로 진리를 팔 수 있는 지식 자본으로 새롭게 생산한 이들이 소피스트들이라고 이전의 글에서 밝힌 적이 있다. 바울은 고린도 공동체에 어떤 금전도 받지 않음으로 이 구조를 벗어나려 했다. 그러나 그리스-로마 문화에 익숙한 이들은 이를 자신들에 대한 무시와 모욕으로 받아들였을 것이다. 자신들이 생각에 바울로부터 복음이란 선물을 받았으므로 그것에 대한 대가를 지불했을 뿐인데, 바울에게 거절당한 것이다. 바울은 말한다. 그것은 고린도 공동체를 사랑하지 않았기 때문이 아니었다(고후 11:11). 아무도 바울의 방법을 따라 하지 못하게 하기 위해서이다. 세계의 구조 안에 있는 사람들이 생각할 수도 따라 할 수도 없는 방법을 바울은 감행하기 위해서이다. 여기에 바울의 특이점이 있다. 어떤 사람들은 교회의 헌금을 받지 않는 것이 '정의'이고 올바른 교회를 세우는 방법이라고 말한다. 바로 바울의 고린도 선교를 하나의 '전략'이나 '방편'으로 생각하기 때문이다. 돈에 자유로운 교회, 헌금을 받지 않는 교회가 바울이 말하는 선교라고 주장할지도 모른다. 그러나 바울이 말하듯 이는 하나의 진리의 방법이 될 수 없다. 바울의 방법이란 당시 지배문화를 내면화한 사람들은 생각할 수 없는 방법, 또는 법을 벗어나 그 밖에서 끊임없이 사유하는 것이었다. 지배문화와 관습을 따르는 사람들이 당연하다고 생각하는 그것을 내파해 내는 것 그것이 아마도 바울 스스로가 세계 속에 휩쓸리지 않을 방법의 하나였을 것이다.

세계 속에서 살아가면서 어떻게 그 문화와 질서 바깥에서 생각하고, 다른 방식의 삶을 상상해 낼 수 있을까? 재미있게도 바울은 자신의 약함에서 그 길을 찾는다. 바울에게 약함이란 무엇일까? 바울은 먼저 자신이 메시아 공동체를 속이지 못하는 이유가 자신이 약하기 때문이라고 한다(고후 11:21). 바울의 약함은 어디에서 기원하는가? 바울은 자신을 히브리인이요, 이스라엘인이요, 아브라함의 자손이라고 말한다. 물론, 바울에게 정당한 사도의 자격이 없다고 말하던 사람들도 자신이 히브리인, 이스라엘인, 그리고 아브라함의 자손이라고 말했다. 그러나 바울의 의미 속의 히브리, 이스라엘, 아브라함은 바울을 비판하던 사람들이 가지고 있었던 의미와 매우 다르다. 바울에게 히브리인들은 야곱의 자손으로 제국 이집트의 노예였다. 그런 그들은 광야를 떠돌던 나그네였다. 이스라엘은 야곱이 얻은 이름으로 그 자신과 가족이 바로 가나안을 떠돌던 난민들이었다. 그리고 아브라함은 결국 그 이전에 가나안이란 땅을 얻기 위해 그 먼 여행을 다녔지만 결국 막벨라 굴에서 쓸쓸히 죽어간 사람이었다. 그들은 결국 노예요, 난민이요, 나그네들이었다. 이러한 세상의 기준으로는 쓸모없고 약한 자들이야말로 하나님의 백성이 되는 자격을 얻는 자들이다. 그들은 자신을 드러내고 자랑할 수 있는 아무런 사회 문화적 자원이 없다. 그것이 신의 일꾼들의 자격이요, 사도의 자격이라고 바울은 주장한다. 누구 얼마나 노예, 난민, 나그네의 삶을 품을 수 있는지가, 누가 더 약한 자의 자리에 설 수 있는지가 신의 사도의 조건이 된다. 그러므로 바울은 자신이 더욱더 많은 수고와 고생과 죽음과 약함을 경험했으므로

(11:23-29) 자신이야말로 메시아의 사도라고 말한다. 결국 영광의 코드 뒤에 숨어있는 자기 비움과 약함의 코드가 메시아의 핵심임을 바울은 말하고 있다. 그 비움과 약함의 삶 속에서 새로운 삶의 방식에 대한 상상력이 태어난다. 죄인 메시야, 죽음 메시아의 약함 속에 나타난 부활처럼, 세상의 썩어질 것들이 새로운 삶의 형식을 발견하게 하는 것이다.

새로운 메시아적 삶에 종교적 형식이나 체험은 중요하지 않다. 바울 또한 신비체험과 종교체험을 세계를 말한다. 그리고 그 세계 이면의 경이로움에 대해 이야기한다. 그러나 그것은 말로 표현될 수 없고, 할 수도 없는 세계이다(고후 12:7-10). 바울은 이를 공동체 밖의 사람들에게는 광기의 세계라고 말한다(고전 14:23). 외부인에게 광인으로 비쳐질 종교체험의 세계는 메시아의 말씀과 예언으로 바뀌어야 한다(고전 14:24-25). 결국 신비적 종교는 공동체를 교만함으로 이끌어 세상의 가치를 얻어 스스로 높아지려 하지만, 약함은 가시처럼 바울 안에 머물러 메시아의 삶을 실천할 수밖에 없도록 만든다(고후 12:7-10). 바울은 이 약함이 최고조에 이르면 곧 하나님의 능력이자 강함이 된다고 외친다(고후 12:10). 진정 강한 자는 무엇인가를 요구하지 않는다. 얻으려 하지 않는다. 얻는 것은 강하게 되는 것이다. 써야만 약해진다. 받지 않아야 약해진다. 결국 줄 것이 없어서 몸까지 희생하는 것- 그것이 약함의 사랑, 메시아의 사랑이다(12:14). 이런 메시아의 사랑을 실천하는 것이 사도로서의 바울의 삶이다. 그리고 그 실천이 바로 메시아 공동체를 형성해가는 프로그램이 된다. 바울은 자신의 선교의 대상들에게 헌금을 요구하지 않았다. 그 이유는 단순히 자비량 선교라는 방법을 따르기 위해서가 아니었다. 이는 메시아적 약함을 보여주는 방편이다. 메시아적 약함과 사랑이라는 형식을 공동체의 내용을 만들어 가는 것이 바울의 목표였다.

맺음말

우리가 사는 시대는 흔히는 포스트모던이라고 또는 후기 자본주의라고 부르는 만인이 따라야 할 무조건적인 '정의'를 더는 만들려 하지 않는 시대이다. 한편으로 그런 시도는 언제나 독재나 파쇼 정치를 낳았고, 다른 한편으로 자본주의는 좀 더 다양한 인간의 욕망이 자유로운 상상의 날개를 펴길 원했다. 결국 우리는 천편일률적으로 모든 것이 정해져 있는 시대를 벗어나 다양성을 추구하는 시대, 개인의 자유로운 소비 욕망을 인정하는 시대에 이르렀다. 철학이나 담론 또한 유튜브나 일인 미디어를 통해 마치 백화점에서 마음에 드는 옷을 고르듯이 자유롭게 골라 학습하고 그것을 따르는 시대에 이른 것이다. 그러한 욕망이 작동하는 세계에서 '정의'와 '도덕'은 너무도 쉽게 개인의 잣대로 판단 가능한 기준안에 묶인다. 하나의 목표를 만든다고 해도, 개인과 집단의 욕망은 매우 다양한 것이어서 그들의 요구를 하나로 묶는 것은 불가능하다. 그런 시대에 정치는 여러 욕망을 존중하면서 하나의 거대한 시대적 요구를 발견하여 변화로 나아가는 큰 그림을 그려야 한다고들 사람들은 말한다. 비록 그

목표는 거창하다고 해도 결국 오늘날의 시대에 '정의'나 '진리'를 한꺼번에 이루기는 불가능하기에 때로는 '최선'보다 '차선'을 '차선'이 없다면 '그다음 악'을 선택하는 것이 필요하다고 말한다. 문제는 사람들이 자신이 선택하는 '차선'이 좀 더 자신의 현실적인 이익에 가깝기를 바라는 것에 있다. 그럼 어쩌나 포기하고 다수결에 맡길 것인가? 때론 악화가 양화를 만든다고 믿고 숨돌릴 사이 없이 파도치는 여러 욕망의 소용돌이에 몸을 맡길 것인가? 나는 이 문제에 대해 바울이 고린도후서를 통해 대안을 제시하고 있다고 생각한다. 어떻게 하면 자유로이 넘나드는 개인의 욕망을 묶어내어 '진리'에 다다르게 할 것인가? 아니면 그런 길은 아예 불가능한 것인가?

바울이 고대 그리스의 에클레시아에 대한 의미를 잘 알고 있었다면, 우리는 왜 굳이 당시 민족이나 교회전체를 대표해서 사용했던 에클레시아란 단어를 자신이 도시에 세운 공동체의 이름으로 사용했는지를 어렵지 않게 유추할 수 있다. 세계는 강한 자의 나라이나, 메시아는 약한 자의 나라 주인이다. 약자의 나라가 진리의 나라이다. 자신의 약함 안에 드러나는 신의 강함의 비밀을 살아내는 자만이 그 진리 안에 거하게 된다. 바울은 그런 나라를 구현할 임무를 에클레시아라는 공동체에 일임한다. 그리고 제국에 의해 죽임당한 메시아의 삶을 구현하기 위해 약함과 사랑으로 공동체를 형성하고자 했다. 바울에게 특별한 것은 그 구현하는 방법에 관한 것이다. 바울은 다시 세계의 질서를 부끄럽게 하는 방편을 상상함으로 공동체의 생활지침을 구성했다. 나는 그 한 예로 바울의 헌금 사용에 관해 논했다. 바울은 메시아에게서 드러난 약함이 세상을 부끄럽게 했고, 그것을 새로운 시대를 여는 능력이라 믿었다. 그러한 바울의 상상력은 당시 공동체의 새로운 보편적 질서로 화폐가 등장했을 때, 이에 대항하는 저항적 상상력으로 드러났다. 그러나 불행히도 종교적 독해는 바울의 이러한 저항적 상상력을 읽어내지 못했다. 최근의 바울과 선물에 관한 연구, 자본주의와 선물에 관한 연구들이 바울과 그의 공동체적 관심을 발견하는 데 더욱 큰 도움을 줄 수 있을 것이다.

제2부

텍스트에 새겨진 가족의 천상

정체하는 어른과 성장하는 아이
– 영미아동청소년 문학에 재현된 가족

대처의 신자유주의가 파괴한 공동체와 가족
– 켄 노치의 『나, 다니엘 블레이크』와 『미안해요 리키』

진실로 어질고 갸륵한
– 소포클레스의 『안티고네』와 솔제니친의 『마트료나의 집』

드러남과 회귀에 관한 정신분석적 상상력
– 편혜영의 「저수지」와 「아오이가든」을 통해 본 삶과 죽음의 문제

정체하는 어른과 성장하는 아이
- 영미아동청소년 문학에 재현된 가족

이 수 진

들어가는 말

프랑스의 역사학자 필립 아리에스는 아동의 개념과 근대적 가족의 탄생에 대해 분석하면서, 놀이, 교육, 그림과 판화, 일기 등의 다양한 콘텐츠로 역사적인 접근을 시도한다. 그에 따르면 아동의 개념은 시대별로 달리 형성되었으며 현재와 같은 '순진무구한 어린이'라는 낭만적 사고는 중세 이전에는 존재하지 않았다. 중세를 지나 일종의 익명상태에서 벗어난 아이들은 '학교'와 '가정'이 중시되는 사회분위기 속에서 새로운 지위를 부여받게 된다. 아리에스는 가정은 부부 사이, 부모와 자식 사이에 필수적인 애정의 공간이 되었다고 설명한다.[1] '아동'이라는 개념이 만들어지면서 동시에 '가정'과 '가족'이 중요하게 받아들여지게 되었던 것이다. 마리아 니콜라예바 역시 아동문학에서 두 사

1) 필립 아리에스, 문지영 역, 『아동의 탄생』, 새물결, 2003.

회적 기관인 가족과 학교가 매우 중요하다고 지적하면서, 아이가 경험하는 최초의 사회조직이 가족이며, 아이가 대면하는 최초의 권위자는 부모이거나 부모의 대리인이라고 말한다.[2)]

아동을 중심으로 세계사적 흐름을 읽어낸 피터 스턴스는 수렵채집사회, 농업사회와 근대사회에서 각기 다른 위치를 점유하는 아동에 대해 설명하고 있다. 또한 동양과 서양의 아동에 대한 인식 역사 같지 않다는 것을 분석한다. 스턴스에 따르면 근대적 어린이라는 개념은 아동의 본분을 노동으로부터 학업으로 전환시키는 과정과 맞물려 있으며, 이는 학교가 교육기관으로 중요하게 대두되었다는 것을 의미한다. 어린이를 이상화하는 지적 경향은 18세기에 시작되었다. 스턴스는 중산층의 문헌에서 어린이는 경이로울 만큼 순수하고 사랑으로 충만했고 사랑받을 만한 존재가 되었으며, 어머니의 지위 역시 가족 사랑의 근원으로 여겨지게 되었다고 설명한다.[3)] 아리에스와 스턴스의 연구서는 아동에 대한 역사적 인식의 변화를 보여주면서, 아동청소년의 성장에서 가정이 어떤 역할을 하기 시작했는가를 서술하고 있다.

아동청소년을 위한 대부분의 문학작품에서 '집'(가정)은 모험의 시작이자 끝이다. 집은 단지 물리적으로 거주할 수 있는 공간에 그치는 것이 아니라 정신적 성장과 심리적 안정을 위한 공간이기도 하다. 그런 이유로 집을 떠났다가 돌아오는 것은 아동

---

2) 마리아 니콜라예바, 조희숙 외역, 『아동문학의 미학적 접근』, 교문사, 2009.

3) 피터 N. 스턴스, 김한종 역, 『인류는 아이들을 어떻게 대했는가: 세계사 속의 어린이』, 삼천리, 2017.

청소년 주인공의 성장과 깊은 관련을 맺는다. 또한 집은 가족들의 사적인 공간이면서 동시에 사회화를 위한 토대이기도 하다. 가정은 축소된 사회와 같으며, 가족 구성원에 대한 생각과 태도, 기대와 교육 방법 등이 개별 가정의 가치관 뿐 아니라 시대별, 나라별로 다르다는 사실을 볼 때 가정은 공적인 세계(바깥세계)로 나가기 위한 출발점이라는 것을 알 수 있다.

집은 양육과 애정의 공간이지만 동시에 구속과 억압의 공간이기도 하다. 이는 안락함과 평안함, 애정어린 보살핌이 있는 공간이 아동청소년의 정신적 성장을 구속하는 공간이 될 수 있다는 의미이다. 집/바깥/집 패턴은 어린이 문학에서 가장 보편적인 플롯인데, 집의 억압과 구속에서 벗어나고 싶은 아동청소년은 위험하고 불안하지만 자유롭고 독립적인 선택이 가능하며 새로운 자극이 있는 바깥 세계를 향해 모험을 시작한다.

아동청소년문학에서 부모의 부재가 빈번하게 등장하는 이유가 여기에 있다. 부모나 보호자가 없거나 부재하는 경우 아동청소년 주인공들은 보다 독립적인 상태가 되어 어른의 간섭이나 보호 없이 자유롭게 모험을 할 수 있다. 하지만 그와 동시에 그들은 부모의 사랑과 보호가 없기 때문에 불편과 불안을 느끼고 위험에 직면한다. 주어진 과업을 완수한 주인공들은 다시 안전하고 안락한 집으로 돌아오게 된다. 최근 청소년문학의 경우 이 순환적인 패턴은 다른 양상을 띤다. 집을 떠나서 모험을 감행하지만 반드시 집으로 되돌아오지 않을 수도 있다. 집으로 돌아왔을 때 그들은 떠나기 전의 모습과는 달라진다. 이러한 과정은 아동청소년 주인공들의 성장과 밀접한 관련을 맺게 된다.

부모와 자식의 관계는 가장 기초적인 것이며 이들 사이의 정서적 심리적 교감은 상당히 중요하다. 어떤 가치관을 지닌 어른/권위자와 관계를 맺는가는 더욱 중요한 문제이다. 권위만을 강조하는 부모, 양육하지 않고 방치하거나 유기하는 부모, 부재하는 부모, 억압적이며 폭력적인 부모는 아동청소년의 현재뿐만 아니라 미래에도 깊은 트라우마를 남긴다.

이 글에서는 전래동화부터 현대의 아동청소년문학에서 가족이 어떻게 변화하며 재현되고 있는가를 살펴본다. 다양한 가족의 형태와 가족 구성원 간의 변화하는 관계, 가족과 사회 공동체의 유기적 관계 등을 의미 있게 탐색해 볼 수 있을 것이다.

「헨젤과 그레텔」: 자녀를 유기하는 부모와 가부장제

마리아 타타는 「헨젤과 그레텔」이 아이를 잡아먹으려는 적대적인 어른들에게 승리를 거두는 이야기라고 말한다. 굶주림과 유기, 잡아먹힐 위험에 노출된 어린 아이들은 두려움에도 불구하고 고난의 상황을 극복하고 살아남는다. 「헨젤과 그레텔」에는 아버지, 어머니, 아들, 딸로 이루어진 4인 가족(판본에 따라 어머니는 친모이거나 계모)이 등장하는데, 양육의 책임을 져야 할 부모는 극심한 가난과 굶주림 속에서 자신들의 생존 여부에 일차적인 관심을 둔다.

먹을 것이 없다는 이유로 아이들을 숲속에 버리자는 계모에게 아버지는 야수가 나타나 애들을 조각조각 찢어버릴 것이라면서 아이들을 숲속에 데려가는 것에 반대하지만, 계모의 끈질긴 요구를 거절하지 못한다. 숲속에 버려진 채 헤매던 아이들은 배고픔에 시달리다가 숲속 과자집을 허겁지겁 뜯어먹고, 과자집의 주인인 나이든 여인은 아이들을 집안으로 데리고 들어가 신선한 우유와 설탕시럽을 뿌린 팬케이크, 사과와 땅콩 등을 한 상 차려주며 아이들을 대접한다. 그리고 하얀 침대보가 덮인 작고 예쁜 침대에 아이들을 재워준다.

배고픔과 추위에 떨던 아이들에게 이 나이든 여인은 무책임한 부모 대신 아이들을 돌보는 일종의 구원자로 보였을 것이다. 물론 그녀는 친절한 척 하는 겉모습과 달리 아이들을 과자집으로 꾀어들여 요리한 후 먹어버리는 끔찍한 마녀이다. 성인 여성이 성인 남성에 비해 상대적으로 덜 현명하고 더 사악하게 그려지는 것은 전래동화의 특성이자 가부장제를 강화하기 위한 장치이다. 이 마녀는 계모와 동일인물인데, 헨젤과 그레텔이 집으로 돌아갔을 때 계모가 죽었다는 사실이 이를 드러낸다. 아버지(가장)보다 우위에 있는 듯 보이던 성인 여성은 특별한 설명 없이 그저 '사라져버린다'.

잭 자이프스는 전래동화와 아동 문학의 목적이 아동을 사회화시켜 가정과 공적 영역에서 일정한 규범적 기대에 부응하게 만드는 데 있다고 말한다.[4] 가부장제 사회에서 권위적 인물인 아버지에게는 어떤 흠집도 나지 않는다. 그는 아이들을 버리자는 아내의 말에 어쩔 수 없이 동의하지만 오랫동안 괴로움에 시달

4) 잭 자이프스, 김정아 역, 『동화의 정체: 문명화의 도구인가 전복의 상상인가』, 문학동네, 2008.

렸으며, 아이들을 숲속에 버린 후 단 하루도 행복한 시간이 없었다. 집에 돌아온 아이들이 아버지와 만나 완벽한 행복 속에서 함께 살았다는 전형적인 결론에 도달했음은 말할 나위가 없다.

중세시대의 빈곤한 사회상을 반영하는 아동유기는 이 동화에서는 가부장의 역할을 강화시키는 데 이용된다. 여성/친모/계모는 사악한 마녀와 동일시되며, 남성/아버지/구원자는 훌륭한 인품을 지닌 구원자이며 자애롭고 관대하다. 전래동화나 민담은 기존사회의 가치관을 강화하고 어른, 특히 남성/아버지의 권위를 강화하고 있는 것이다.

전래동화는 소위 전통적인 가족의 구성을 유지시키면서 가부장의 권위를 강화하는 데 이바지한다. 아버지가 어머니에 비해 소극적이거나 유약한 인물로 그려지는 것은 책임과 비난을 벗으려는 은밀한 전략이다. 「미녀와 야수」에서 아버지가 자신의 목숨을 보전하기 위해 딸을 야수와 결혼시키는 것도 같은 맥락이다. 딸을 야수에게 보낸 아버지보다 동생의 행운을 시기한 언니들에게 더 많은 비난이 집중되는 것 역시 가부장제의 강화와 관련이 있다.

『찰리와 초콜릿 공장』: 대가족과 권선징악

미국의 대표적 아동문학 작가인 로알드 달은 권위를 내세우는 어리석은 어른과 연약하지만 재치 있는 아이들을 등장시켜, 그만의 독특한 상상력과 남다른 설정으로 주제를 전달한다. 억압적이며 때로는 폭력적인 어른들은 탐욕과 무례함을 수시로 드러내며 아이들을 괴롭히지만 결국에는 그에 합당한 벌을 받게 되고, 이들에게 억압당하던 아이들은 상대적으로 승리를 거머쥔다는 구도가 달의 작품에 빈번하게 등장한다. 『찰리와 초콜릿 공장』은 이러한 '권선징악'의 교훈을 중심축으로, 착하고 예의바른 찰리 버킷이 다른 아이들과의 경쟁에서 이기고 윌리 웡카의 초콜릿 공장을 물려받게 되는 이야기이다.

허름한 오두막에서 친조부모인 조 할아버지와 조세핀 할머니, 외조부모인 조지 할아버지와 조지나 할머니, 부모와 함께 사는 찰리는 지독한 가난 속에서도 따뜻한 배려심을 잃지 않는다. 그의 부모는 빈곤한 살림에도 불구하고 네 명의 노인들을 지극히 보살피며 멀건 양배추스프밖에 차려낼 수 없다는 사실에 미안해한다. 하지만 가난은 이 가족구성원을 오히려 결속시키는 힘이다. 「헨젤과 그레텔」과 달리, 노동력이 없는 부모나 돌봐야 할 연약한 아이들을 유기하지 않는데, 달은 가난하지만 지극히 따뜻한 가족을 통해 세상의 저속함을 비웃고, 예의바르고 순종적인 찰리를 내세워 무례하고 버릇없는 아이들과 그 부모들의 문제점을 신랄하게 비판한다.

가난한 찰리네 가족이 배고픔에도 불구하고 단란하게 살아간다면, 이 작품에 등장하는 다른 가족들은 전혀 다르다. 다른 가족들은 먹을 것이 충분하고 물질적으로 풍요롭지만, 마음이 빈한하다. 오기스터스 글룹은 펌프질로 엄청나게 부풀어 오른 것처럼 무척 뚱뚱한데도, 먹는 것이 취미여서 먹을 것에 집착하고 보이는 대로 먹어댄다. 그는 웡카의 초콜릿 폭포를 구경할 때 사람의 손이 닿아서는 안 된다는 경고를 무시하다가 결국 폭포에 빠져 초콜릿 배관으로 빨려 들어가는 벌을 받는다. 부자인 아버지 덕에 갖고 싶은 것은 언제나 손에 넣을 수 있는 베루카 솔트는 웡카의 공장에서 일하는 다람쥐를 갖겠다고 떼를 쓰다가 쓰레기통으로 떨어진다. 껌에 집착하는 바이올릿 뷰르가드, 텔레비전 게임에 중독되어 버릇없는 행동과 말을 일삼는 마이크 티비 역시 자신들의 잘못된 행동에 대한 처벌을 받게 된다.

무례하고 버릇없는 아이들의 부모 역시 예의범절과 절제를 모르는 인물들로 그려진다. 오거스터스의 부모는 아이가 매일 엄청난 초콜릿을 먹기 때문에 황금티켓을 찾는 것은 당연한 일이라면서, 그의 탐식과 폭식을 자랑스러워한다. 베루카의 아버지는 베루카가 황금 티켓을 갖겠다고 말하자마자 마을로 나가서 웡카의 초콜릿 수천 개를 사들여 공장 직원들에게 일하는 대신 초콜릿 껍질을 벗겨 티켓을 찾도록 했다고 인터뷰한다. 바이올릿의 어머니나 마이크의 아버지는 아이들의 못된 행동을 방치한다. 조세핀 할머니는 이 부모들이 끔찍하다며 질색한다.

이렇게 무례하고 제멋대로인 아이들이 웡카의 초콜릿 공장의 후계자가 될 수는 없을 것이다. 웡카가 아이들 중에서 후계자를 찾고 싶어하는 이유는 어른들이 자신의 의지와 방법으로 초콜릿 공장을 운영할 것이 뻔하기 때문이다. 그는 '착하고 지각 있는 사랑스러운 아이'를 원한다고 말한다. 다시 말하면 웡카 자신의 방식을 그대로 따라서 공장을 운영할 사람, 순종적인 아이인 것이다.

웡카의 초콜릿 공장의 후계자가 된다는 것은 독립성이나 자율성을 보장받는 성장의 단계가 아니라 이미 구축된 성인의 세계에 종속된다는 것을 의미한다. 찰리는 조부모나 부모, 혹은 다른 어른들의 권위에 단 한 번도 다른 목소리를 낸 적이 없다. 그는 예의바르며 순종적인, 전형적인 착한 아이의 표본이다. 기성세대가 이런 아이를 이상화하는 것은 자신들이 속한 기존체계를 허물지 않고 오히려 단단하게 떠받드는 역할을 하리라는 기대 때문이다.

팀 버튼 감독의 2005년 영화인 "찰리와 초콜릿 공장"에서는 이런 권선징악의 교훈과 가족의 의미가 훨씬 더 강조되어 그려진다. 원작과 달리 영화에서는 웡카가 불안정한 심리상태를 수시로 드러내는데, 어린 시절의 트라우마를 극복하지 못했다는 이야기가 덧붙여진다. 치과의사였던 웡카의 아버지는 권위적이며 강압적으로 사탕 같은 단 음식을 먹지 못하도록 했다. 성인이 된 이후에도 웡카는 아버지에 대한 공포감을 극복하지 못한 채 '가족'이라는 단어에 극도로 예민한 모습을 보인다. 그는 찰리를 후계자로 지정하면서 찰리에게 가족을 버리고 자신과 함께 공장으로 들어갈 것을 제안하는데, 물론 찰리는 이를 거절한다. 이후 웡카는 나이든 아버지와 화해하고, 찰리의 가족 모두를 공장에 받아들인다.

달의 작품은 전래동화의 특성, 착한 아이는 상을 받고 못된 아이는 벌을 받는 권선징악의 구도를 따라간다. 이 과정에서 전통적인 가치관, 기성세대의 이데올로기가 수면 아래에서 강조된다. 못된 어른들의 권위를 전복하고 조롱하는 듯 보이지만, 면밀히 관찰해보면 아동주인공들은 여전히 연약하며 의존적이고 수동적인 상태로 기존 질서의 일부분으로 편입된다. 가족이라는 이상적 공동체의 중요성이 거듭 강조되는 작품인 것이다.

『기억전달자』: 4인 단위의 가족과 결핍의 관계

로이스 로리의 과학소설 『기억 전달자』에서는 '4인 가족'이 이상적으로 보편화된 구성으로 등장한다. 이 작품은 과거에 대한 기억이 모조리 삭제된 채 현재의 시간만을 살아가는 세상을 다룬다. 안전하고 편안한 일상을 매우 만족스럽게 살아가는 사람들은 지속적인 통제와 규율을 아무런 문제의식 없이 받아들인다. 그들은 무질서와 혼란을 없애는 법과 질서의 강화를 당연하게 여긴다.

부모와 아들, 딸로 구성된 4인 가정이 이상적이라고 여기는 이 사회에서 아이는 부모와 혈연적 관련이 없다. '생모'라는 직업을 지닌 여성에게서 태어난 아이들은 일 년 동안 공동으로 양육되어 각 가정에 배분된다. 그들은 매끼 배달되는 음식을 먹고 배분되는 옷을 입으며 어떤 차별이나 불공평 없이 평화롭게 살아간다(살고 있다고 믿는다). 조너스의 부모는 조너스와 딸인 릴리를 아끼며 돌본다(그렇다고 믿는다).

그렇지만 이들이 성숙한 삶의 태도를 지니고 있다고 말하기는 어렵다. 이 세계는 열두 살이 될 때까지 모든 아이들을 면밀히 관찰하고 기록하여 그 기록을 토대로 성향에 맞는 직업을 부과하는데, 일단 직업이 부과된 이후에는 어느 누구도 나이에 대해서 생각하지 않는다. 다시 말해서 그들의 신체적 성장과 이에 따른 정신적 성장은 열두 살에 멈춰있다. 제2차 성징을 막기 위한 약물 투여, 꿈이나 생각을 의무적으로 투명하게 고백해야 하는 이유, '사랑'이라는 단어가 금지된 이유 모두 이와 관련이 있다.

아들인 자신을 사랑하냐고 조너스가 묻자 당황한 부모는 말을 정확하게 하라고 나무란다. 그들은 조너스에게 '사랑'이란 단어는 너무나 무의미해서 거의 쓰이지 않기 때문에 언급해서는 안 된다고 말한다. 이 이상적 세계에서 감정이란 실용적이지 않을 뿐만 아니라 무의미한 것이 된다. 사랑이 어떤 감정인지 알지 못하며 자신의 부모에 대한 기억과 경험이 없는 조너스의 부모는 결코 부모됨의 역할을 하지 못하는데, 미성숙한 그들에게 양육이란 감정이 거세된 의무적 활동, 즉 하나의 '임무'를 수행하는 것에 불과하다.

모든 구성원들은 주어진 역할을 하며 기계적으로 살아간다. 이 사회에서 가장 중요한 것은 사회에 대한 기여도이다. 열두 살까지 아이들을 관찰하면서 양육하는 이유는 적당한 직업인으로서 사회가 유지되도록 기여해야 하기 때문이다. 노동력이 떨어진 노인들이 '노인의 집'에서 거주하다가 다른 세계로 '임무 해제'되는 이유가 여기에 있다. 체중이 미달되어 건강하게 자랄 가능성이 없는 영아들, 즉 노동력이 되지 못하고 타인에게 의존할 가능성이 있는 영아들을 '임무 해제'시키는 것 역시 마찬가지의 논리이다. 실용성을 최고의 기준으로 삼고 사회에 대한 기여도를 따지기 때문에 보통 아이들에게 필요한 놀이나 장난감 같은 것들은 모두 쓸데없는 것이 된다.

'기억 보유자'가 된 조너스는 '기억 전달자'로부터 인류의 모든 것, 즉 전쟁, 기아, 질병, 죽음, 상실과 같은 것에 대한 기억을 전달받는다. 차별을 없애고 평등을 이루기 위해서라는 명목으로 기후와 날씨, 색깔 등 많은 것들이 지워졌다. '썰매'에 대한 기억을 전달받고 조너스가 그토록 놀라워한 이유는 썰매를 타기 위한 최적의 조건(날씨, 언덕, 함께 놀이할 사람 등)이 실용성과 효율성을 따지는 이 사회에서 불필요한 것이었기 때문이다. 다양성과 차이는 '동일함'과 '균등'을 내세워 지워졌다.

이 세계의 가족은 허울에 불과하다. 모든 구성원은 동일한 기회를 얻고 동일한 삶의 조건에서 차별 없이 살아가지만, 정작 그들의 내면/심리는 텅 비어있다. 그들의 신체만이 노동력을 위해서 중요하게 여겨질 뿐이다. 모든 감정은 소모적이기 때문에 배제되어야만 한다. 그래서 어린 가브리엘을 품에 안고 이 세계를 탈출한 조너스가 눈 쌓인 언덕에서 발견한 썰매를 타고 언덕 아래로 미끄러져 갈 때 꿈인 듯 보았던 장면은 따뜻하게 전등이 반짝거리고 애정과 사랑이 가득한 공간, 즉 가족들이 기억을 만들고 보존하며 사랑을 찬미하는 '집'이다.

조너스에게 진정한 가족은 기계적인 역할에 충실하던 부모가 아니라, 인류의 과거를 때로는 즐겁게, 때로는 고통스럽게 전달해주던 '기억 전달자'였다. 조너스가 유일하게 감정을 교류하고 생각을 나눌 수 있었던 존재였기 때문이다. 가족은 단지 어떤 공간을 같이 쓰는 사람들이 아니라 정신적이고 심리적인 교류가 가능한 사람들인 것이다.

『구덩이』:
가족의 지지와 성장

미국 사회는 가족의 가치를 매우 중요하게 여긴다. 미국인들의 가치관 중 하나를 '개인주의'라고 말하지만, 가족의 연대나 공동체 내의 연대를 중요하게 생각하지 않는다는 의미는 아니다. 개척시대부터 가정은 사회를 구성하기 위한 필수적인 기본단위였으며 또한 생존을 위해 필요한 노동력의 토대였기 때문이다.

루이스 새커의 『구덩이』는 이런 미국인들의 가치관을 흥미롭게 가미하여 풀어낸 성장소설이다. 옐넛 집안의 개인사와 미국역사가 절묘하게 교차로 편집되어 있는 이 이야기는 미국 건설의 초창기부터 인종차별의 문제까지 폭넓게 그려낸다. 평등과 자유라는 미국인의 이상적 가치관 외에도 주인공의 이름인 스탠리 옐넛 4세에서 드러나듯이 가족 중심주의의 가치가 두드러진다.

다소 뚱뚱한 몸매 때문에 학우들로부터 놀림을 받는 스탠리는 어느 날 지독한 냄새가 나는 낡은 운동화가 하늘에서 떨어지자, 신발 냄새를 없애는 방법을 발명하려고 고군분투하는 아버지를 위해 집으로 들고 간다. 그런데 뜻밖에도 그는 운동화를 훔친 도둑으로 몰린다. 스탠리의 부모는 그의 무죄를 주장하며 스탠리에게 진실만 말하면 된다고 하지만 그의 '진실'은 밝혀지지 않은 채 교화캠프인 초록호수캠프로 이송된다. 스탠리는 이것이 모두 보잘 것 없이 더럽고 냄새나는 돼지를 훔친 '할아버지의 아버지의 아버지 때문'이라고 여긴다. 할아버지의 아버지의 아버지인 엘라 옐넛은 라트비아 태생으로, 청혼을 위해 마담

제로니의 돼지를 빌렸는데, 실연의 상처가 너무 커서 이 돼지를 되돌려 주는 것을 깜빡 잊어버린 채 미국행 배를 탔던 것이다.

조너스의 가족이 아무런 의식이나 열망 없이 공동체에 의해서 만들어진 인위적 공동체였다면, 스탠리의 가족은 정반대로 끈끈한 연대와 유대감을 느끼게 만드는 매우 친밀한 공동체이다. 스탠리가 억울한 누명을 쓰고 캠프에 갇혔지만 가난한 부모가 할 수 있는 일은 달리 없다. 대신 그들은 정말 스탠리가 정말 캠프에 놀러온 것처럼 편지를 쓰자 아무렇지도 않은 척 답을 해 준다. 엄마는 어떤 상황에서도 최선을 다하려고 노력하는 모습이 자랑스럽다고 말하면서 좋은 일이 생길 수도 있다는 낙관적인 답장을 써 보낸다. 스탠리는 자신을 구해주지 않는 부모를 탓하지 않고 닥쳐온 일들에 능동적으로 대처하면서 성장해나간다.

스탠리의 고난은 억울한 누명에서 시작하지만 작품의 분위기는 어둡거나 절망적이라기보다 오히려 경쾌한 편이다. 가족들은 일이 풀리지 않을 때 한탄이나 분노 대신 소리 높여 '할아버지의 아버지의 아버지'에 대한 노래를 지어 부르며 즐거움을 느끼려 노력한다. 교화캠프에 갇히게 된 스탠리 역시 낯설고 고된 상황을 차근차근 헤쳐 나가며 성장하는 모습을 보여준다. 스탠리의 현재 상황과 교차로 편집된 엘라 옐닛의 이야기는 미국 초창기 이주민들의 고단한 삶의 모습을 그려내며, 초록호수 마을의 비극적인 사건인 양파장수인 흑인 샘과 학교 선생인 백인 캐서린의 사랑 이야기는 인종차별이라는 묵직한 주제를 던져주는데, 작품은 전체적으로 불합리에 대한 저항과 복수, 나아가 희망의 결말을 그린다.

스탠리는 구덩이를 매일 하나씩 파야 하는 노역 속에서도 거친 소년들과 우정을 쌓아가기 시작한다. 구덩이를 파는 과정은 뭔가를 찾는 것이 아니라 성격을 고치기 위한 것이라는 말을 듣지만 스탠리는 이 노역 속에서 건강한 신체와 현명한 판단력을 얻게 된다. 구덩이 파기는 스탠리의 현재와 스탠리 옐닛 집안의 오랜 과거를 흥미롭게 연결시킨다.

자신에게 닥친 문제를 해결하는 것이 곧 조상의 잘못을 되갚는 일이 되었다는 점은 이 작품이 지닌 순환적 구조를 잘 보여준다. 마담 제로니의 자손인 제로가 훔쳤다가 던진 신발을 스탠리가 주워 도둑으로 몰렸지만, 스탠리와 제로가 부당한 캠프운영자들의 권력에 대항하여 도망치면서 협력하는 과정에서 오랜 빚이 갚아졌던 것이다. 마담 제로니를 업고 산꼭대기에 올라가 노래를 불러주며 산꼭대기의 시원한 샘물을 마시게 해 주겠다는 엘라의 약속을 스탠리가 상처를 입고 혼절한 제로에게 지키기 때문이다.

작품은 과거사가 현재와 어떻게 맞물리는가를 그리면서 행복하게 끝을 맺는다. 실패만 거듭하던 아버지는 마침내 신발냄새를 극복하는 방법을 얻게 되고, 스탠리가 발견한 스탠리 옐닛 1세의 보물 상자는 주인을 찾게 된다. 제로는 오랫동안 떨어져서 만나지 못했던 아픈 엄마와 재회한다. 결국 가족과 친밀한 사람들 간의 믿음, 관계의 힘이다. 구덩이 파기를 통해서 신체적, 정신적으로 성장하는 스탠리를 보여주면서 능동적이고 주체적인 청소년이 되기를 요구하는 이 작품은 성장소설다운 다소 뻔한 교훈을 남기면서도, 가족과 관계의 문제를 유쾌하면서도 결코 가볍지 않은 방식으로 다루고 있다.

『개를 훔치는 방법』
아빠의 부재와 공동체

일상생활을 안정적으로 만드는 요인은 무엇일까. 가족이나 친구들과의 친밀한 관계, 적당한 음식과 따뜻한 옷, 그리고 편안한 집이 아니겠는가. 이런 기본적인 조건들이 충족되지 않으면 우리는 결핍을 느끼며 불안한 삶을 살게 된다.

바바라 오코너의 『개를 훔치는 방법』은 어린 조지나의 불안정한 일상을 그리면서 시작한다. 조지나의 아빠는 어느 날 25센트짜리 동전 꾸러미 세 개와 구겨진 1달러짜리 지폐만 가득 들어있는 마요네즈 통을 남기고 집을 떠나버렸고, 이후 조지나의 가족은 집세를 낼 수 없어 고물 자동차에서 살게 된다. 친구들에게 이런 궁핍한 생활을 들키고 싶지 않지만, 헤어진 운동화, 늘어진 파란색 양말 끝이 보일락 말락하는 빈곤한 삶의 모습이 감춰질 리 없다. 단짝 친구 루앤은 조지나에게 단정하지 못하다고 말하고, 담임선생님은 수업시간에 집중하지 못하고 숙제도 제대로 해 오지 않는 조지나의 모습에 행실이 나빠졌다며 걱정을 내비친다.

이것저것 닥치는 대로 일을 해야 하는 엄마는 조지나와 동생 토비가 어떻게 생활하고 있는지 관심을 가질 여유가 없다. 엄마는 고물 자동차 대신 '진짜 집'을 얻기 위해서 아침부터 밤까지 쉼 없이 일한다. 일을 마치고 피곤하고 슬픈 얼굴로 고물 자동차로 돌아온 엄마는 까칠한 조지나의 불만불평을 받아줄 힘조차 없다. 엄마가 조금씩 모으는 돈이 집을 얻기에는 턱없이 부족하다는 생각에 조지나는 '집'을 얻기 위해 필요한 돈을 구하는 기발한 계획을 세운다. 잃어버린 개를 찾아주고 사례금을 받아 돈을 모으려는 조지나의 엉뚱하고도 발칙한 계획은 위트모어 가에 살고 있는 카멜라 아줌마의 개 윌리를 '빌리는' 것으로 시작된다.

개를 훔친 후 주인에게 이 개를 찾은 척하며 돌려주는 방식으로 사례금을 받겠다고 생각한 조지나가 노트에 삐뚤빼뚤 써 내려간 계획은 허술하기 짝이 없다. 조지나와 토비의 계획은 문제에 부딪힌다. 카멜라 아줌마가 몹시 가난하여 사례금을 줄 수 없었기 때문이다. 게다가 윌리를 몰래 숨겨놓은 장소에 낯선 아저씨가 나타나 조지나의 계획에 차질을 준다. 떠돌이인 무키 아저씨는 윌리를 찾는다는 전단지를 보았다면서 조지나의 개가 윌리와 똑같이 생겼다고 말하고, 때로는 휘저으면 휘저을수록 더 고약한 냄새가 나는 법이라면서 조지나의 양심을 들쑤신다.

조지나의 계획이 성공할 리는 만무하다. 물론 계획의 실패는 무키 아저씨 때문도 아니고 카멜라 아줌마가 가난해서도 아니다. 조지나의 양심이 이 계획이 잘못되었다는 것을 꾸준히 말해왔기 때문이다. 조지나가 늘 자신과 토비를 환대해주었던 카멜라 아줌마에게 자신의 잘못을 고백하고 용서받을 때, 무키 아저씨가 남몰래 고장난 조지나의 고물 자동차를 고쳐주었다는 것이 드러날 때, 가정에서 제대로 보살핌을 받지 못하는 아이들이 가정 밖의 관계에서 어떻게 지지와 도움을 받게 되는지 알게 된다.

조지나 엄마의 부단한 노력으로 마침내 세 사람은 고물 자동

제2부 텍스트에 새겨진 가족의 천상

차 대신 '진짜' 집을 얻게 된다. 매일 밤 주차할 곳을 찾아 이동해야 하고, 좁은 공간에서 빨래를 널고 숙제하며 엄마를 기다리던 불안정한 생활이 끝나게 된 것이다. 물리적 공간으로서의 '집'을 구하게 되었다는 점에서 조지나의 삶은 보다 안정적으로 변하게 되겠지만, 이와 더불어 카멜라 아줌마와 무키 아저씨를 통해서 '집' 바깥의 연대, 집 밖의 공동체의 중요성이 강조된다는 점도 눈여겨 볼 부분이다.

『천국으로부터 한 걸음』: 폭력적인 아버지와 가족의 붕괴

『구덩이』의 스탠리 옐넛의 선조 엘라 옐넛이 라트비아에서 미국으로 이주한 것처럼, 미국은 이민자들의 나라이다. 불평등과 종교적 박해로 자유와 평등의 이상을 품고 신대륙으로 떠난 유럽인들이 마주한 것은 거칠고 황량한 자연이었으며, 이를 개척하고 개간하기 위해서는 엄청난 노동력이 필요했고, 노예와 이민자들이 필요노동력의 상당부분을 메꾸어 나갔다. 유럽인들이 품은 '아메리칸 드림'은 청교도적 이상 아래 검소와 근면을 통한 성공(물질적 성공)이었으며, 이는 또한 대다수 이민자들의 꿈이기도 했다.

한국계 작가 안나의 『천국으로부터 한 걸음』은 바로 '아메리칸 드림'에 대한, 미국으로 이주하는 한국인들이 갖는 물질적 성공의 꿈에 대한 이야기이다. 영주의 부모와 친척들은 미국에 대한 막연한 환상을 갖고 있다. 영주의 아빠는 한국에서 겪는 가난과 무능력이 고등교육을 받지 못한 탓이라면서 미국에서는 도시에 있는 대단한 학교를 다니지 않더라도 돈을 많이 벌 수 있다고 믿는다. 영주의 엄마도 인형처럼 예쁘게 살 수 있는 곳이 미국이라고 말한다. 이 책의 제목인 "천국으로부터 한 걸음"은 미국이 천국에서 한 걸음밖에 떨어지지 않은, 천국만큼 좋은 곳이라는 의미이다.

그러나 백인들에게 신대륙인 미국이 기회와 평등의 땅이었을지언정 이민자들에게 동일한 기회와 평등을 보장하지는 않는다. 게다가 한국에서의 가난이 미국에서 단번에 해결될 수도 없다. 미국으로 이주한 후 영주의 아빠는 영주와 영주의 동생인 준호에게 한국적인 것을 잊지 말라고 당부하면서 한국인처럼 행동하라고 강조한다. 동시에 준호에게는 강한 자만이 살아남는다고 윽박지른다. 이는 가부장/남성의 권위를 내세우는 말인 동시에 아빠 자신이 강한 자가 될 수 없었던 사실을 반영하는 것으로, 영주 가족들에게는 일종의 위협이자 폭력이다. 이미 한국에서부터 폭력적 가장이었던 아빠는 미국에서의 팍팍한 일상에 지쳐 더욱 폭력적으로 되어간다. 가정 내의 친밀한 관계는 없으며 수직적인 명령과 위협, 반항에 대한 처벌과 폭력만이 남는다.

하느님께 기도하면 모든 일이 다 괜찮아질 꺼라는 할머니의 말은 아빠의 폭력이 부당하다는 것을 알면서도 참아야만 한다고 생각하는 가족들의 무력함을 반영한다. 엄마는 아빠가 폭력을 휘두를 때 어떤 반발도 하지 않은 채 눈물만 흘린다. 이런 악순환의 고리를 끊는 것은 다른 어른들이 아니라 영주이다. 하느님에게 기도하며 기다리는 대신 실질적인 도움만이 이 폭력을 멈추게 할 수 있다고 깨달은 영주는 전화를 들어 경찰을 부른다.

엄마는 자신이 남편의 폭력에서 벗어난 것에 안도하는 것이 아니라 오히려 가정이 깨어질 것을 염려하며 영주를 탓한다. 자신의 순종과 인내가 가정의 화목을 가져올 것이라고 믿었던 엄마는, 이미 가정이 깨어졌으며 회복불가능하다는 사실을 인정하지 못한 채 가부장제의 보수적 가치관에 사로잡혀 있다. 아빠가 좋은 사람이 될 것이라고 믿는 할머니의 기도나 아빠가 전에는 좋은 사람이었다는 엄마의 말은 가부장제 하에서 여성이 어떤 위치를 점하고 있는가를 보여준다.

'전통적'인 것과 '한국적'인 것을 강조하는 아빠의 폭력은 가부장제의 폭력과 맞닿아 있다. 그는 '강한 남자'가 행사하는 폭력을 통해 정신적인 우위를 점하려 한다. 그러나 이는 가장의 권위를 세우는 것이 아니며 오히려 가정의 붕괴를 의미한다. 아버지/가부장의 부재가 가족을 해체하거나 가정을 붕괴시키는 것은 아니다. 오히려 영주 아빠의 부재는 폭력과 가부장제하의 권위의 사라짐을 의미하며, 이것이 남은 구성원들의 삶을 새로운 희망으로 채운다.

엄마는 한국으로 되돌아가버린 아빠의 선택을 받아들이며, '엄마도 선택할 수 있다'는 영주의 조언대로 새로운 생활에 적응해나간다. 아빠의 가부장적 모습을 그대로 습득하던 준호도 아빠의 그늘에서 벗어난다. 가부장의 권위를 지키기 위해 폭력을 은폐하거나 인내하는 것이 미국에서의 정착을 더 안정적으로 만들거나 보장하지 않는다. 권위와 폭력, 이런 부당한 폭력을 인내하는 태도는 오히려 가정의 붕괴를 불러온다. 가족이나 사회공동체에서는 수직적 관계가 아니라 수평적 관계가, 명령이나 위협이 아니라 이해와 배려가 오히려 더 강한 유대의 토대가 되기 때문이다.

맺음말

엘리자베스 시엘은 오늘날 중산계급은 빅토리아 부르조아지의 직계 후손이라고 말한다. 이는 빅토리아 시대의 담론과 가치관이 여전히 현재에도 잔존하기 때문일 것이다. 빅토리아 시대의 이데올로기에 따르면 누구나 충분히 이상적인 가정을 이룰 수 있으며 가정을 이루는 구성원들은 완벽해야만 한다.[5] 빅토리아 시대 영국에서 부모와 아동의 관계는 식민주의자와 원주민 즉, 지배자와 피지배자의 관계와 똑같았다고 말하는 조셉 조네이도는 아동을 향한 성인의 사랑과 아동을 통제하려는 성인의 욕망의 대부분이 동질의 무의식적인 충동에서 나온 것이라고 설명한다.[6] 가부장제의 이데올로기, 부모/성인의 권위와 권력을 강조하고 우위에 두려는 태도가 오랫동안 가족 내에 실재하고 있다는 의미일 것이다.

---

5) Thiel, Elizabeth, *The Fantasy of Family: Nineteenth-Century Children's Literature and the Myth of the Domestic Ideal,* New York: Routledge, 2008.

6) 조셉 조네이도, 구은혜 역, 『만들어진 아동: 문화 이데올로기 아동 이야기』, 마고, 2011.

그러나 '전통적' 혹은 '자연적' 가족이란 이상이자 환상이다. '가족'은 법과 제도의 산물이며, 가족의 구성, 가족 구성원의 역할 등은 시대와 지역에 따라 변화를 거듭해왔다. 결혼한 부부와 이들과 혈연관계인 자녀들이 소위 '정상적'인 가족이라는 이데올로기는 다른 형태의 가족을 '비정상적'으로 만든다. 부양자로서의 남성/가부장, 양육자로서 재생산노동에 기여하는 여성, 부모-자식간의 수직적 관계를 강조하는 사고는 현대 사회의 다양한 가족의 구성(한부모가족, 조손가족, 소년소녀가장가족, 무자녀가족, 노인가족, 미혼모가족, 재혼가족, 다문화가족, 입양가족, 비혼독신가족, 동거가족, 동성애가족, 공동체가족 등)과 상충하게 된다.

혈연관계, 결혼 여부, 자식의 유무, 성별, 인종, 국적, 혹은 나이를 기준으로 가족이 구성되는 것은 아니다. 공동체의 지지와 지원(『개를 훔치는 방법』), 고아를 돕는 이웃 마법사 공동체(『해리 포터』), 혈연관계가 아닌 양육자와 할머니의 도움(『위풍당당 질리 홉킨스』), 다정한 계모의 등장(『못생긴 사라』), 십대 청소년의 예기치 않은 임신(『디어 노바디』) 등 아동청소년문학에서는 다양한 가족의 형태와 구성원, 공동체의 역할이 지속적으로 탐색되고 있다. 이들 작품들은 독자들에게 우리가 살고 있는 세상의 다양성을 받아들이면서 변화하는 가족의 형태를 향한 편견 없는 시선과 차별 없는 지원이 이루어지는 사회를 만들어 나갈 것을 요구한다.

대처의 신자유주의가 파괴한 공동체와 가족
- 켄 로치의 <나, 다니엘 블레이크>와 <미안해요, 리키>

이 혜 란

켄 로치 영화가 보여주는 민낯의 세계

"영화는 우리가 살고 있는 세계를 비춰주는 것이어야 한다는 전통이 자기 안에 없다면, 그렇다면, 영화의 영역은 작게 쪼그라들 수밖에 없다" (켄 로치)

여든이 넘은 영국의 노감독 켄 로치(Ken Loach, 1936~)가 2016년과 2019년에 각각 발표한 두 편의 영화 <나, 다니엘 블레이크>(I, Daniel Blake)와 <미안해요, 리키>(Sorry We Missed You)는 영화로 어떻게 세계를 충실하게 반영할 것인지를 평생 모색해온 그의 필모그래피의 결정판이라 할 수 있다. 두 영화 모두 동시대 영국사회를 배경으로 그의 대부분의 영화의 주제가 되었던 노동계급(working class)과 서민들의 삶을 특유의 사실주의적 방식으로 카메라에 담고 있다. 두 영화는 한 때 세계의 중심을 차지했던 영국에 대해 우리가 어떤 이미지를 갖고 있는지 전혀 신경 쓰지 않는다는 듯이 영국사회의 평범한 사람들의 일상 구석구석으로 들어가 그들이 현재의 삶을 살아내는 방식을 핍진하게 담아낸다. 두 영화에서 영국은 결코 여왕과 귀족들의 나라가 아니고, 한 때 제국의 영광을 누렸던 고풍스러운 대저택의 영국 역시 아니며, 21세기 자본주의 대도시라는 정글에서 하루하루를 살아가는 평범한 사람들의 고단한 일상들로 굴러가는 사회이다.

<나, 다니엘 블레이크>와 <미안해요, 리키>는 모두 영국 산업혁명의 중심지 가운데 하나였던 북동부의 도시 뉴캐슬을 배경으로 한다. 하지만 오늘날 신자유주의 경제체제 하에서 개인의 삶이 거대자본과 국가권력의 촘촘한 결합으로 작동하는 그물망에 포획되어 가는 상황은 보편적인 것이기에 두 영화의 관객들은 자신의 삶이 영화 속 상황과 겹쳐지는 것을 피할 도리가 없어진다. <나, 다니엘 블레이크>의 다니엘이 자신의 삶의 안전망이라고 여겨왔던 사회보장제도의 까다롭고 배타적인 시스템의 덫에 걸려 끝내 나락으로 떨어져 내릴 때, 싱글맘 케이티가 두 아이와 함께 위태로운 하루하루를 견뎌내는 것을 지켜볼 때, 관객은 문득 영화 속 현실과 거리를 두기 힘들어진다는 사실을 깨닫게 된다. 마찬가지로 <미안해요, 리키>에서 리키가 택배트럭을 몰고 하루 열 네 시간을 길 위에서 보내고, 요양보호사인 그의 아내 애비가 늘 시간에 쫓기며 자신의 일에 최선을 다함에도 불구하고 그들 가족의 삶이 점점 산산조각으로 부서지는 것을 목도할 때, 관객은 '멋진 신세계'로 포장된 현대 자본주의

의 도시적 삶이 감춰왔던 민낯과 대면하는 불편함에 직면해야 한다.

켄 로치 감독이 두 영화에서 제기하는 상황과 문제의식은 개인의 삶을 보호하지 못하는 현대국가의 사회복지 시스템과 신자유주의 경제체제 일반의 문제이면서도 이를 영국사회의 구체적 맥락에서 다루고 있다는 점에서 한층 그 의미가 크다. 켄 로치 감독은 1936년 영국에서 태어나 2차 대전 이후 영국사회의 급격한 변화를 겪으며 성장한 세대이다. 2차 대전 이후 영국은 19세기에 누렸던 제국의 지위를 내려놓으면서 급격한 경제적, 사회적 변화를 겪게 된다. 그 중에서도 1979년부터 1990년까지 이어진 마가렛 대처(Margaret Thatcher) 수상의 집권 시기는 영국사회의 경제적, 정치적 구조 자체가 근본적으로 변화한 시기이다. 대처는 '무덤에서 요람까지'로 요약되는 영국사회의 복지제도가 영국인들의 '의존 문화'(dependency culture)를 부추기고 모든 문제의 책임을 사회와 국가에 돌리는 소위 '영국병'을 심화시켰다고 진단했다. 이와 같은 관점에서 대처 정부는 집권기간 동안 복지예산을 대폭 줄이고 주택, 의료, 방송, 철도 등의 분야의 국영기업들을 민영화(privatization)하는 등 공공성이 강했던 영역에 경쟁 원리를 도입하여 무제한의 이윤 추구를 장려하는 구조로 영국 경제의 전반적인 체질을 변화시켰다.

대처 집권기의 이와 같은 정책적 흐름은 2차 세계대전을 전후하여 미국을 중심으로 채택되었던 신자유주의(neo-liberalism) 노선에 영향 받은 바 크다. 대처 정부는 이윤 추구를 위한 무제한의 자유경쟁이 용이하도록 물리적, 의식적인 측면에서 사회 전반적인 체질 변화를 추진했는데, '효율성'과 '합리성'이라는 명분을 내세워 공공부문을 민간에 매각하는 민영화를 추진하고 개인이 민간기업의 주식을 소유하도록 적극적으로 권장하는 방식을 통해 소위 '재산 소유 민주주의'(property-owning democracy)를 활성화하는 정책 기조를 추진한다. 국가의 공적 개입을 최소화하는 자유방임주의와 경쟁 논리의 강화는 대처의 집권기간을 거치면서 영국사회 전반에 걸쳐 '요람에서 무덤까지'로 요약되는 사회안전망을 급격히 약화시켰으며, 국가와 공동체의 책임과 연대의식 대신 개인의 '선택'과 '책임'을 강조하는 이데올로기가 우위를 점하게 된다. 대처 시대 전반에 걸쳐 빈곤과 실업이 증가했지만 이는 사회나 공동체가 함께 해결해야하는 문제가 아니라 개인의 무능력과 무책임함으로 인식되어가는 흐름이 점차 강해졌다.

1960년대에 BBC방송의 텔레비전용 영화와 드라마를 통해 작품 활동을 시작한 켄 로치는 바로 이러한 영국사회의 정치적, 경제적 변화들을 반세기가 넘는 시간 동안 카메라에 일관되게 담아왔다고 할 수 있다. <캐시 컴 홈>(Cathy Come Home, 1966), <케스>(Kes, 1969>, 하층민들(Riff-Raff, 1991), <레이닝 스톤>(Raining Stones, 1993), <네비게이터>(Navigator, 2001), <엔젤스 셰어>(The Angels' Share, 2012) 등 켄 로치의 주요 작들은 영국사회의 노동계급과 하층민들이 그들의 노동과 사랑, 가족과 공동체의 영역에서 직면하는 다양한 문제들을 주제로 삼는다. 이들 영화에서 켄 로치는 영국사회의 노동계급과 하층민들이 영국의 경제적, 정치적 환경이 가혹하게 변해감에 따라 겪어야 하는 빈곤과 실업문제, 가족의 해체와 붕괴 등의 심각한 문제들을 정면으로 다룬다. 이런 측면에서, 켄 로치의 영화들은 2차 대전 이후 영국사회의 변화가 대다수 영국인들의 삶에 미친 영향을 노동계급과 하층민의 입장에서 가장 사실적으로 충실하게 담아내는 데 집중하고 있다고 할 수 있다.

이 글에서 다루는 <나, 다니엘 블레이크>와 <미안해요, 리키> 역시 이와 같은 켄 로치의 영화철학을 가장 충실하게 구현하고 있다. 무엇보다 이들 두 영화는 대처 수상이 주도한 신자유주의 정책이 영국인들의 삶을 어떻게 바꾸어 놓았는가를 잘 드러내 주는 작품들로 그 의미가 크다고 할 수 있다. 켄 로치는 대처의 집권이 시작되었던 1970년대 말부터 1980년대에 걸쳐 영화감독으로서 공백기를 겪게 된다. 사고로 아들을 잃는 개인적 불행과 함께, 그를 '좌파 감독'으로 낙인찍은 대처 정부의 검열과 배척으로 인해 국내에서 투자를 받지 못하면서 좌절의 시기를 거쳐야 했고, 1990년대가 되어서야 활동을 재개하게 된다.[1] 하

1) 영국사회의 계급문제, 빈곤, 실업 등의 문제에 대해 가차 없는 비판적 시선을 견지하는 켄 로치의 영화는 영국보다 유럽의 다른 나라들에서 인기가 높다. 영국 내에서 투자자 확보에 어려움을 겪게 되면서 1990년대 중반 이후에 만들어진 켄 로치의 영화들은 대부분 프랑스, 스페인, 독일 등의 국가에서 투자 지원을 받게 된다. <랜드 앤 프리덤>(Land and Freedom, 1995), <칼라 송>(Carla's Song, 1996), <내 이름은 조>(My Name is Joe, 1998), <빵과 장미>(Bread and Rose, 2000), <보리밭을 흔드는 바람>(The Wind that Shakes the Barley, 2006) 등은 모두 여러 유럽 국가들의 투자로 만들어진 영화들이다. 특히, 영국의 식민지에서 벗어나려는 아일랜드의 독립투쟁을 다룬 <보리밭을 흔드는 바람>이 개봉되었을 때, 영국의 한 보수언론은 켄 로치를 다루는 기사의 제목을 "자신의 나라에 왜 이토록 적대적인가"로 붙일 정도로 노골적

지만 영국사회의 있는 그대로의 현실을 카메라에 담아내려는 노력을 포기하지 않았던 캔 로치의 카메라에 다시 잡힌 영국은 대처주의(Thatcherism)로 대변되는 신자유주의 정책과 이데올로기가 영국사회 전반을 질적으로 변화시켜 놓은 상황이었다.[2] 사실, 대처 정부가 추진한 정책들이 본격적으로 영국사회에 충격과 변화를 초래하고 그 결과물들이 사회구조적인 차원에서 질적인 변화를 초래해 심각한 폐해를 드러내게 된 것은 1990년대 후반과 2000년대에 들어서라고 할 수 있다. 최근 들어, 영국 학계에서 대처 시대를 다시 조명하고 그것이 영국사회에 미친 영향과 의미를 규명하려는 움직임이 꾸준히 이어지고 있다는 점은 이를 반증한다. 켄 로치가 2014년 <지미스 홀>(Jimmy's Hall)을 끝으로 은퇴 의사를 밝혔음에도 2016년과 2019년에 각각 <나, 다니엘 블레이크>와 <미안해요, 리키>로 영화 작업을 계속하게 된 배경에는 이처럼 대처 시대 이후 영국사회에 무슨 일이 일어났는지를 영화적으로 탐색할 필요에서

인 반감을 드러냈다. 켄 로치의 영화세계를 인정한 유럽 여러 국가들의 투자로 만들어진 이들 영화들은 영국사회를 넘어, 국제적 차원에서 노동계급의 문제와 진보적 주제들을 다루고 있다.

2) 대처주의의 골자는 경제적으로는 '규제받지 않는 시장'을 지향하는 '신자유주의,' 정치적으로는 '신보수주의적 권위주의,' 사회적으로는 제조업 중심의 북부의 쇠퇴와 첨단산업 중심의 남부를 분할하고, 중심부 노동자와 주변부 노동자를 가르며, 영국인과 이주민을 구별하는 '두 국민'(Two nation) 정책을 들 수 있다. 대처 정권 초기 보수당은 어떤 일관된 정치적 노선을 가지고 있지 않았으며 대처주의라는 관념 그 자체는 좌파에 의해 만들어진 것으로서, 1980년대 대처 정부가 추구한 노동정책을 가리키는 것에서 비롯되었다. 박우룡. 『영국인의 문화와 정체성 — 대처주의와 자유시장이 부른 전통의 위기』. 소나무, 2008. 85-7쪽.

비롯되었다고 볼 수 있다.

<나, 다니엘 블레이크>와 <미안해요, 리키>는 주제적인 측면과 문제의식에 있어서 짝을 이루는 작품이라 할 수 있다. <나, 다니엘 블레이크>는 질병을 앓고 있는 노년기의 다니엘과 두 아이를 양육하는 싱글맘 케이티와 같은 존재들을 국가가 어떤 방식으로 대하는지, 영국사회에서 복지와 사회보장제도의 의미가 어떻게 변질되었으며 시민적 삶을 지탱하는 사회안전망이 어떤 방식으로 붕괴되어 왔는지를 세세한 시선으로 담아낸다. <미안해요, 리키>는 택배 일을 하는 리키와 요양보호사인 애비를 통해 오늘날 영국을 비롯하여 신자유주의 경제체제를 가동시키는 시스템으로서 긱 경제(Gig economy)와 제로 아워 계약(Zero Hour Contract) 문제를 정면으로 다룬다. 리키는 택배회사와 외형적으로는 자영업자로서 계약을 맺지만 그에 따른 자유와 권리가 아닌 장시간 노동과 회사의 통제에 시달리는 상황에 처하고, 요양보호사인 아내 애비는 일한 건수만큼 급료를 받는 제로 아워 계약에 의해 자발적인 장시간 노동으로 스스로를 소모시킨다. 영화는 리키와 애비의 노동과 그들의 일과를 통해 그들이 장시간 노동을 묵묵히 감내하며 최선을 다하지만 왜 빈곤의 수렁에서 벗어나지 못하는지, 또 이러한 노동계약 구조가 어떻게 가족구성원들의 삶을 황폐하게 만들고 그들의 관계를 위기로 내몰아가는지를 해부한다.

이들 두 영화는 오늘날 전 세계적 차원의 규모로 구축된 신자유주의 경제시스템이 인간의 삶의 형태와 질을 어떻게 바꾸어 가는 지를 탐색하는 데 집중한다. 하지만 켄 로치는 이 비인

간적이며 부조리한 시스템을 당위적 관점에서 비판하거나 자신의 정치적 입장을 일방적으로 설파하기보다 평범한 인물들의 일상으로 파고들어가 그들이 놓이게 되는 구체적 상황을 통해 그러한 시스템이 어떤 방식으로 인간의 삶을 파괴해가는 지에 주목한다. 이들 영화에서 특히 빛을 발하는 것은 켄 로치 영화가 지니는 리얼리즘의 '진정성'이다. 그는 유명 배우를 캐스팅하는 대신 해당 배역과 관련된 실제 경험을 가진 일반인이나 연기 경험이 없는 신인 배우를 선호하며, 이들에게 구체적 상황을 제시하고 일정 수준의 즉흥연기를 허용함으로써 경험에서 우러나오는 진실한 연기를 끌어내는 연출 방식으로 유명하다. 또한 극적 효과를 위한 연출보다는 자연 조명을 선호하고, 카메라는 배우들의 연기를 방해하지 않도록 그들의 행위로부터 일정한 거리를 유지하며 기능적이고 단순한 워크로 장면을 담아낸다.[3] <나, 다니엘 블레이크>와 <미안해요, 리키> 역시 이러한 연출 방식을 그대로 고수하고 있으며, 관객은 주인공 다니엘과 리키를 주변에서 흔히 볼 수 있는 평범한 인물들로 받아들이는 가운데 그들이 처한 상황과 어려움에 대해 함께 공감함으로써 우리 자신이 처해있는 상황이 각자의 특수성에서 비롯되는 것이 아니라 보다 커다란 차원에서 우리의 삶을 규정하는 경제시스템과 구조의 문제임을 이해하게 된다.

두 영화는 특히, 미국식 모델을 따라 1980년대에 발 빠르게 신자유주의 경제논리를 적극적으로 수용한 대처 수상과 보수당

---

3) 존 힐. 이후경 옮김. 『켄 로치 — 영화와 텔레비전의 정치학』. 컬처룩, 2014. 370쪽.

정부가 영국사회와 영국인들의 시민적 삶을 어떻게 바꾸어 놓았는지에 대한 상세한 기록으로서의 가치가 크다. 물론, 영화가 재현하는 상황과 문제의식은 신자유주의 경제시스템이 세계적 규모로 작동하고 있는 동시대 대부분의 관객에게 그 자체로 매우 보편적인 공감을 불러일으킨다. 그럼에도 두 영화가 다루는 상황을 영국사회의 구체적 맥락에서 이해하는 것은 영화에 대한 이해를 깊게 하는 동시에, 관객들 각자가 속한 일국적 차원에서 이루어지고 있는 신자유주의 경제시스템이나 이데올로기 등을 둘러싼 문제를 바라보는 데 있어 한층 폭넓은 통찰력을 제공해 줄 수 있을 것이다.

<나, 다니엘 블레이크> - 생존을 모욕하는 시스템에 맞선 저항과 연대

켄 로치는 2016년 <나, 다니엘 블레이크>로 칸 영화제 황금종려상을 수상하는 자리에서 "신자유주의가 추동한 위험한 프로젝트에 사로잡힌 세계가 우리를 파국으로 몰아가고 있"으며 이러한 상황은 세계의 극소수에게만 막대한 부를 가져다 줄 뿐, 대다수의 사람들을 생존투쟁으로 몰아가고 있다고 발언했다. 나아가 이것이 우리의 삶 속에 "의도적인 잔인함"을 배태시키고 있다고 주장한다. <나, 다니엘 블레이크>는 켄 로치의 이러한 관점을 반영하여 영국적 상황을 통해 주인공 다니엘이 직면하는 삶의 문제들이 '신자유주의가 추동하는 위험한 프로젝트'와 관련 있으며, 그의 생존을 결정하는 법과 제도 속에 '의도적인 잔인함'이 내재되어 있음을 보여준다. 하지만 이 의도적인 잔인함은 국가와 정부의 통치행위라는 정당성이 부여되며 공적 영역에 속하는 것으로 포장되기 마련이어서 개개인이 그 잔인함의 실체를 인식해내는 것은 그것과의 끈질긴 부딪힘을 통해서이다. <나, 다니엘 블레이크>는 바로 다니엘 블레이크라는 한 시민적 존재가 자신을 보호하기 위해 존재한다고 여겼던 제도와 시스템에 부단히 맞붙으며 그것에 내재된 의도적인 잔인함으로부터 스스로를 지키기 위해 분투하는 과정을 담고 있다고 할 수 있다.

영국의 뉴캐슬이라는 도시에서 실력 있는 목수로 평생 꿇릴 것 없이 살아온 다니엘은 심장질환으로 더 이상 일 할 수 없다는 의사의 진단에 따라 질병수당을 신청한다. 하지만 그가 거치는 절차는 구체적 상황 파악보다는 매뉴얼대로 이루어지는 지극히 형식적인 것으로서, 첫 번째 심사가 기각되면서 다니엘은 재심사, 항고 등으로 구성된 까다로운 난관에 직면한다. 그를 도와줄 것으로 기대했던 담당 공무원들은 이런 저런 규정을 요구하기만 할뿐 그가 어떤 상황에 놓여있는지, 그에게 정작 필요한 것이 무엇인지 들으려 하지 않는다. 영화가 보여주는 영국의 사회보장 시스템은 그것을 필요로 하는 사람들이 누구이고 그들의 문제가 무엇인지에 관심이 있다기보다 어떻게 하면 그들을 가급적 적법하게 제도 바깥으로 밀어냄으로써 제도에 접근하기 어렵게 만들지에 더 관심이 많은 것으로 그려진다. 두 아이를 양육하는 싱글맘 케이티가 심사관과의 약속에 조금 늦었다는 이유로 면담이 취소되고 제재대상이 되는 상황 역시 영국의 복지제도가 이를 필요로 하는 사람들에게 내용보다는 절차와 규칙을 강요함으로써 이들을 위축시키고 가급적 제도와 멀어지게 하려는 의도를 가지고 있다는 의심을 지우기 어렵게 한다.

켄 로치는 한 인터뷰에서 영국관객들은 다니엘이 겪는 일련의 과정들에 대해 분개하지 않을 것이라고 하는데 왜냐하면 정부의 사회복지 수당 때문에 우롱당하는 것은 다분히 통상적인 일이기 때문이라 한다.[4] 이러한 사실은 다니엘이 복지센터의 담벼락에 자신의 질병수당 재심사를 위한 항고일을 속히 정해 달라는 요구를 스프레이로 써내려갈 때 길을 가던 대다수 사람들이 이에 호응하고 환호를 보내는 상황에서도 드러난다. 하지만 영국관객이 아닌 우리로서는 이와 같은 일이 보편적 복지개념이 온전히 정착된 복지선진국 영국에서 일어났다는 사실이 쉽게 믿기지 않는다. 영국은 이미 1946년부터 '요람에서 무덤까지'로 대변되는 보편적 복지제도를 인류 역사상 최초로 확립함으로써 복지국가의 이상을 전 세계에 전파하는 데 결정적 역할을 한 나라이기 때문이다.[5] 제 2차 세계대전을 거치는 동안 영국은 국민적 결집과 헌신을 이끌어내기 위해 포괄적이고 보편적인 사회보장제도와 완전 고용 등에 대해 사회전반적인 '정치적 합의'(political consensus)를 이루어냈고 전후 집권한 노동

---

4) Simon Hattenstone. 'Ken Loach: If you're not angry, what kind of person are you?' *The Guardian*. 2016.

5) 박지향, 「복지제도에 대한 영국인들의 태도 변화, 1983-2010」, 『영국 연구』 제27호, 2012. 278쪽.

당에 의해 이러한 국민적 약속이 이행되었다. 영국의 경우에서 알 수 있듯이, 국민국가의 사회보장제도는 군주나 위정자의 시혜적 조치가 아닌, 국민국가의 구성원에게 애국심과 더불어 그들의 노동을 세금 등의 형태를 통해 국가경제로 귀속시킬 것을 요구하는 것에 대한 의무의 성격을 갖는다고 할 수 있다. 다시 말해, 국민국가의 통치행위는 그 구성원의 정치적, 경제적, 법률적 의무에 대한 요구를 바탕으로 작동하는 것이며 그에 따라 국가는 국민이 인간다운 삶을 영위할 제반 토대와 권리를 제공해야 하는 것이다.

하지만, 이와 같은 영국의 선진적인 사회보장제도는 1979년 보수당의 대처 수상이 내각을 이끌게 되면서 급격히 와해되기 시작한다. 대처는 영국의 사회보장제도를 개인이 자신의 문제를 국가나 사회에 의탁하려는 의존 문화를 발생시킨 원인으로 보았으며, 이것이 영국의 국가경쟁력을 약화시키고 영국을 병들게 한다는 시각을 가졌다. 이에 따라 복지예산을 매년 대폭 삭감해 나가는 한편, 대중적 저항을 무력화하기 위해 '근면,' '자조' 등과 같은 19세기 빅토리아시대의 가치관을 끌어와 개인의 책임을 강조하는 이데올로기적 공세를 펼쳤다. 1987년 대처는 한 인터뷰에서 '사회 같은 것은 존재하지 않는다, 오직 개인과 가족만이 있을 뿐이다'라고 주장함으로써 시민적 삶에 대한 공동체의 책임과 공공성을 강조했던 영국사회의 전통과 가치관을 정면으로 부인하고 폐기한다. 이제 개인은 각자의 생존과 관련된 문제들을 스스로 책임져야 하며 이를 사회와 공공에 의존하는 것은 무능력과 나태를 드러내는 행위가 되는 것이다.

이러한 대처의 관점은 국영기업의 민영화 정책에서 더욱 노골적으로 현실화된다. 민영화는 그 공공적 성격 때문에 국가가 운영하던 보건의료, 방송, 철도, 전기 등의 기업들을 민간에 매각하여 사적 소유화하는 것으로서 이는 한마디로 국가가 주체가 되어서 공공의 이익을 위해 운영하던 각종 활동에 이윤 추구와 자유경쟁이라는 시장의 논리를 도입한 것이다. 대표적인 예로 대처는 영국의 사회보장제도를 대표하던 보건의료서비스(National Health Service)에 시장 원리를 도입하여 보건의료 서비스를 차별화 및 상품화하고 이를 개인의 선택에 따라 구매하여 사용하도록 하는 정책적 전환을 추진했다. 보편적 복지제도로서 공공성이 강했던 보건의료 영역에서 이제 환자는 의료상품을 구매하는 고객이자 소비자가 되는 것이다. 인간의 생명과 건강을 돌보는 보건의료서비스 영역은 시장원리에 따라 이윤추구를 목표로 '효율성'과 '합리성'에 따라 하나의 사업으로 운영되기 시작하면서 그 성격과 체질이 완전히 변질된다. <나, 다니엘 블레이크>의 첫 장면에서 다니엘의 질병수당 자격여부를 심사했던 의료전문가는 사실 정부의 입찰을 따낸 미국 업체에 고용되어 파견된 직원으로서 다니엘의 건강상태를 묻기보다 매뉴얼에 정해진 대로 '무엇'이나 '어떻게'가 아닌 예/아니오로만 대답할 수 있는 형식화된 검사를 진행한다.

다니엘은 단계화되고 형식화된 복지제도의 기계적 절차를 따라가며 결국 출구가 꽉 막힌 막다른 길에 갇히게 되었다는 것을 깨닫게 된다. 심장 상태와는 무관한 형식적 심사로 질병수당이 기각되면서 재심사를 신청해야 하고 이어지는 면접심사와 항고라는 수순으로 언제가 될지 모르는 절차를 기다려야 하며 그러는 동안 생계를 위해 신청한 실업수당을 받기 위해서는 또다시 복잡한 과정을 거쳐야 한다. 하지만, 이러한 복잡한 절차보다 정작 다니엘을 괴롭히는 것은 그가 느끼는 무력함과 모멸감이다. 수혜자의 처지나 상황을 고려하지 않는 복지제도의 온라인 운영 시스템은 컴퓨터 앞에 앉아 본적이 없는 다니엘에게는 '집을 한 채 짓는 것'보다 더 어려운 일이며, 이는 결국 제도적 배제에 다름 아니다. 자신이 얼마나 아픈지, 얼마나 비참한 처지인지를 제도가 정해놓은 방식으로 증명하고 설득해야 하는 일은 결국 생존자체에 대해 모멸감을 느껴가는 과정이 된다. 다니엘은 결국 이 제도의 덫을 빠져나오지 못한 채 심장마비로 죽음을 맞이하게 되는데, 케이티가 그의 장례식에서 대신 읽게 되는 다니엘이 쓴 항고장은 그가 인간다운 삶을 위한 제도여야 하는 영국의 복지제도에서 어떤 절망과 모멸감을 느꼈는지를 생생히 드러낸다. 다니엘은 "나는 의뢰인도, 고객도, 사용자도 아닙니다. 나는 게으름뱅이도, 사기꾼도, 거지도, 도둑도 아닙니다. 나는 보험 번호 숫자도, 화면 속의 점도 아닙니다. [. . .] 내 이름은 다니엘 블레이크. 나는 개가 아니라 인간입니다. 인간적 존중을 원합니다"라고 하며 자신이 "한 사람의 시민, 그 이상도 그 이하도 아니다"는 것을 선언한다. 대처의 신자유주의적 정책은 시민을 의뢰인으로, 고객으로, 소비자로 만들고 컴퓨터 통계자료 속의 숫자나 점으로 취급하며 인간에게서 인간됨을 제거해나간다.

하지만, <나, 다니엘 블레이크>가 다니엘을 희생자나 수동적 존재로만 그리는 것은 아니다. 다니엘은 영국의 신자유주의가 파괴하는 공동체의 유대감이나 책임의식, 인간으로서의 품격과 자존감을 결코 포기하지 않는다. 대처 시대 이후 영국사회를 잠식해버린 신자유주의 경제체제는 노동자가 노동시장에서 집단이 아닌 철저하게 고립된 개인으로 존재하기를 요구하고 '효율성'을 추구하는 것을 '합리성적인 것'으로 포장해 인간의 이기심을 정당한 것으로 만들어 버린다. 하지만 다니엘은 이러한 신자유주의의 이데올로기에 맞서 어려운 이웃을 살피고 그들의 손을 놓지 않음으로써 그가 아직 인간이며 동료 시민을 모른 체하지 않는 시민적 존재라는 것을 증명한다. 런던의 비싼 집값 탓에 두 아이를 데리고 뉴캐슬로 밀려나와야 했던 싱글맘 케이티가 겪는 가난과 절망에 대해 다니엘은 "네 잘못이 절대 아니다"라고 위로함으로써 개인의 삶에 대한 사회의 책임과 공동체의 연대의식을 힘주어 말한다. 켄 로치는 <나, 다니엘 블레이크>를 통해 신자유주의의 비인간성과 냉혹함을 잘 포착하는 동시에 이러한 세계에 맞서는 대안적 가치가 무엇인지를 탐색하고 있다.

<미안해요, 리키> - 스스로를 파괴할 자유밖에 없는 '선택'

<나, 다니엘 블레이크>가 대처의 신자유주의에 입각한 정책들이 영국사회의 복지국가의 이상을 어떤 방식으로 왜곡시키고 변질시켰는지를 다루고 있다면, 2019년에 개봉된 <미안해요,

리키>는 신자유주의 경제 매커니즘이 노동시장을 어떻게 변질시키고 이것이 개인의 삶과 가족의 삶을 어떤 방식으로 위협하고 있는지를 탐색한다고 할 수 있다. <미안해요, 리키> 역시 비전문배우들이 주연으로 캐스팅되고 카메라는 리키 가족의 일상을 다큐멘터리 기록물처럼 세심하게 지켜봄으로써 켄 로치 특유의 사실주의적 영화 철학이 잘 구현되고 있다.

2008년 세계금융시장 위기의 여파로 다니던 건축회사에서 해고되고 모기지 대출을 받은 은행이 망하면서 내 집 마련의 꿈까지 날린 리키는 갖가지 직업을 전전하다 택배업을 시작한다. 그의 보스임에 분명한 인물은 리키가 "고용된 것이 아니"라고 한다. 그는 리키가 누구를 위해 일하는 것이 아니라 "함께 일하는 것"이고 임금노예가 아닌 자영업자가 되어 "네 운명의 주인"이 될 수 있는 기회를 갖게 된 것이며, 모든 것은 "너의 선택"에 달려 있다고 한다. 리키의 보스 멀로니가 사용하는 이러한 말들은 오늘날 노동시장을 특징짓는 '긱 경제'[6] 문화를 포장하는 교묘한 이중어법(doublespeak)의 핵심적 사례이다. 긱 경제는 단기계약 또는 프리랜서의 고용형태를 갖는 오늘날의 노동시장을 지칭하는 말로서, 노동자가 사용자의 필요에 따라 일시적으로 고용돼 사용자가 원하는 만큼의 노동을 제공하여 수입을 얻는 형태이다. 표면상으로는 '자영업자', '프리랜서', '독립형 일자리'라는 그럴듯한 이름으로 지칭되지만, 이러한 고용형태가 실제 의미하는 것은 휴가, 초과 근무 수당, 사회보험 등 노동자

6) '긱'(Gig)이라는 용어는 1920년대 미국의 재즈 공연장에서 단기 공연계약을 맺은 사람들을 가리키는 말에서 유래되었다.

의 기본 권리는 전혀 보장받지 못한 채 고용자의 요구에 따를 수밖에 없는 관계에 놓이게 된다는 것을 의미한다. 리키는 자영업자의 형태로 고용되기에 택배 트럭을 구입하는 것이나 보험 등을 자기 돈으로 해결해야 하면서도 회사에서 할당한 택배물량을 처리 하느라 하루 14시간씩 주 6일을 근무하는 강도 높은 노동을 감내해야 한다. 리키의 극한의 노동 조건은 근무 중에 소변을 보려면 꼭 필요하다며 플라스틱 물병을 건네는 동료의 충고에서 단적으로 드러난다.

사실, 긱 경제는 신자유주의 경제체제가 고용과 해고를 자유롭게 할 수 있는 환경을 만들기 위해 노동시장 유연화라는 그럴듯한 이름으로 일관되게 추구해 온 고용 형태에 다름 아니다. 오늘날 영국은 긱 경제에 고용된 노동인력이 4백 70만 명에 이르며 영국에서 가장 일반화된 일자리 형태로 자리 잡았다.[7] 영국에서 이처럼 긱 경제가 활성화 된 것 역시 대처가 주도했던 신자유주의 경제정책의 결과물이다. 대처는 자신이 신봉한 신자유주의 관점에 따라 사회주의와 자본주의의 혼합적 형태였던 기존의 영국 경제를 완전한 자유시장체제로 탈바꿈시키고자 했다.[8] 노동탄압정책, 탈규제, 민영화 등의 정책은 영국을 자유

7) Aditya Chakrabortty. 'Ken Loach: 'The airwaves should be full of outrage'.' *The Guardian.* 2019.

8) 대처가 자유시장을 신봉하는 신자유주의적 입장을 갖게 된 것은 사회사상가이자 경제학자였던 하이에크(F. A. Hayek)의 영향이 결정적이었다. 대처는 자서전에서 하이에크의 『예종의 길』(*A Road to Serfdom*)에서 자신과 보수당이 지대한 영향을 받았다고 언급한 바 있다. 이 책에서 하이에크는 개인의 자유를 시민의 법치주의적 평등에 기반한 시장에서의 경제적 자유와 동일시한다. 박우룡, 앞의 책, 88쪽.

시장경제체제로 재편하기 위한 대처 정부의 핵심적 정책들이다. 대처 정부가 무엇보다 우선적인 과제로 보았던 것은 노동시장을 포함한 시장경제 전체가 자동 조절 역할을 하도록 규칙과 법규의 틀을 제공하는 것이었다. 대처 정부가 새로운 노동문화의 모델로 삼은 것은 노동력의 높은 이동성, 임금의 하향 유연성, 고용주가 낮은 비용을 부담하는 미국의 노동시장으로서, 대처 시대 이후 고용계약에도 자유시장의 논리가 작용한 결과 영국의 노동시장에는 파트타임과 계약직 고용이 폭발적으로 증가하게 되었다.[9)]

요양보호사로 일하는 리키의 아내 애비 역시 긱 경제 노동자이다. 더 정확히는 그녀가 소속된 대행업체와 긱 경제의 일반적인 고용형태의 하나인 제로 아워 계약을 맺고 있다. 제로 아워 계약은 영국사회에서 단기계약이나 파트타임 고용을 가리키는 데 사용되는 용어로서, 고용주에게 최소한의 노동시간을 제공할 의무가 없는 고용형태를 가리킨다. 이는 쉽게 말해 사용자가 필요할 때만 노동을 제공하는 형태로서, 최소 노동시간을 제공할 의무가 없으므로 고용주는 기본급은 물론이거니와 휴가나 후생복지를 제공할 의무가 없다. 애비 역시 대행업체의 연락을 받고 배당된 환자나 노인들을 방문하여 돌봄 노동을 제공하는 데 방문한 건수만큼의 임금을 받는다. 대행업체는 업무만 배당해줄 뿐, 휴식이나 식사시간, 이동시간 등은 본인이 알아서 해결해야 한다. 이 때문에 애비는 환자들의 집을 이동하는 사이

---

9) 박우룡, 앞의 책, 119쪽.

는 종종걸음을 치며 전화로 업무에 관한 내용을 보고하거나 집에서 자신을 기다리는 아이들과의 소통을 해결해야 한다. 애비 역시 업체가 호출하면 언제든지 달려가야 하는 불안정한 고용관계 속에 놓여있으며 스스로를 장시간 노동에 내맡기는 '선택'을 할 수밖에 없다.

<미안해요, 리키>에서 캔 로치가 초점을 맞추는 것은 이와 같은 노동시장과 노동환경의 변화가 이들의 삶에 미치는 영향이다. 영화는 리키와 애비의 가족의 일상에 카메라를 밀착시킨다. 리키와 애비가 식사와 화장실 가는 시간을 아끼며 일에 매어있는 동안 아직 10대인 아들 세브와 딸 라이자는 전자렌지에 데운 음식으로 끼니를 해결하고 언제 귀가 할지 모르는 부모를 기다리다 잠이 든다. 리키와 애비가 고된 노동에 쫓기고 지쳐 아이들과 대화는커녕 얼굴조차 볼 시간이 없을 때, 세브는 불만스러운 현실과 불안한 미래에 맞서 스프레이를 들고 그라피티를 그리며 밤거리를 배회한다. 신자유주의의 자유시장질서가 노동시장 유연화라는 그럴듯한 이름으로 비대하게 키워놓은 긱 경제와 제로 아워 계약은 노동자들과 그들의 가족들을 항상적인 생존의 불안으로 몰아넣는다. 리키는 업무 중에 강도를 만나 몸을 심하게 다치게 되지만 보험 혜택은커녕 손실에 대한 벌금 때문에 충분한 치료조차 받지 못한 상태로 트럭을 몰고 다시 일터로 간다. 보호받지 못하는 노동과 이것이 불러일으키는 생존의 불안은 리키와 애비 같은 평범하고 성실한 사람들이 자신의 삶이 어떤 방식으로 무너질지 알면서도 스스로 자발적으로 극한의 노동을 '선택'할 수밖에 없도록 하는 것이다. 그리고 이

것은 신자유주의의 논리에서는 개인의 자유이자 선택의 문제가 되며, 그러므로 개인이 책임져야 할 문제가 된다.

켄 로치 영화의 리얼리즘을 넘어

켄 로치 영화들은 있는 그대로의 불편한 현실을 담아내는 사실주의를 고수하지만 그의 영화에서 노동자들과 하층민들은 결코 수동적인 피해자나 희생자로만 그려지지 않는다. 그의 영화에서 노동계급과 하층민들은 절망이나 감상주의에 빠지는 대신 상황에 맞서 싸우며 유머와 활기를 잃지 않는다. <나, 다니엘 블레이크>에서 다니엘은 옛 동료들이나 이웃집 청년들, 케이티 가족들을 대할 때마다 이와 같은 유머와 활기를 결코 잃지 않는다. 복지센터 담벼락에 자신의 요구를 분명히 밝히는 다니엘의 퍼포먼스 장면은 시장질서에 포획당한 영국의 복지제도와 그것에 기생하는 관료들을 향한 통쾌한 저항이며 이에 대한 시민들의 유쾌한 호응은 영화의 분위기를 활기차게 바꾸어 놓는다. 켄 로치는 자신의 영화가 노동계급이나 하층민들을 어떻게 그리고 있는지에 대해 다음과 같이 말한다.

> 사람들은 맞서 싸웁니다. 사람들은 유순한 희생자가 아니에요. 우파의 예술작품, 영화, 책 등의 경우, 그들은 가난한 사람들이 희생자로 그리는 것을 좋아합니다. 이른바 동정의 정치학 때문이죠. [. . .] 좌파의 정치학은 가난이 계급사회의 산물이며 사람

들이 그것에 저항해야 한다고 주장하지요. 우리가 가치 있게 여기고 보여주고 싶고 축복하고 싶은 것이 바로 이러한 저항이에요. 그래서 다니엘은 탄원하는 사람이 아닌 존엄한 존재인 것입니다.[10]

하지만, <미안해요, 리키>의 경우, 켄 로치 영화의 이와 같은 저항에 대한 적극적 묘사와 노동계층의 활기, 역동성은 다소 찾아보기가 힘들다. <미안해요, 리키>에서 리키의 가족은 늘 위태로우며 리키와 애비가 삶을 지키고 가족을 지켜내기 위해 분투하는 모습에서는 쉽게 희망을 찾아보기 힘들다. <나, 다니엘 블레이크>에서 다니엘과 케이티가 만들어가는 것과 같은 노동계층의 유대감과 연대의식 같은 것도 찾아보기 힘들다. 켄 로치는 <미안해요, 리키>에 이르러 대처 시대 이전의 노동계층의 문화와 가치관은 이제 회복 불가능하며, 인간으로서의 권리와 존엄함에 대한 다니엘의 주장조차 힘겨운 상황이라는 것을 말하고자 하는 것은 아닐까. 이를 테면, 다니엘이 복지센터의 담벼락에 섰던 스프레이 글씨가 노동계층의 권리와 존엄함에 대한 분명한 주장을 담고 있다면, 리키의 아들 세브의 스프레이 그라피티는 다소간 불분명하며 난해한 메시지를 담고 있는 방식으로 말이다. 열심히 공부해서 대학에 간다 할지라도 학자금 빚더미에 깔려 아르바이트나 하면서 술에 취해 불안과 함께 살 것이 뻔하다고 대드는 세브에게, 결국에는 아빠처럼 거지같은

10) Simon Hattenstone. 'Ken Loach: If you're not angry, what kind of person are you?' *The Guardian.* 2016.

일을 하느라 하루 14시간 씩 일하는 종놈이 될 뿐이라는 세브의 독설에 리키는 반박하지 못하며, 영화도 별다른 말을 보태지 못한다.

<미안해요, 리키>의 다소 암울한 끝맺음은 글로벌 노동시장을 포획하고 노동계층의 삶을 벌거벗은 상태로 생존투쟁에 내모는 신자유주의 경제체제에 대한 켄 로치의 강도 높은 비판이면서, 다른 한 편으로는 쉽사리 어떤 탈출구나 대안적 가치를 제시하기 어려운 상황임을 그 스스로 인정하는 방식일 수도 있다. <미안해요, 리키>에 이르러 켄 로치의 리얼리즘은 그 특유의 에너지를 잃고 있는지도 모른다. 켄 로치의 비평가들은 그의 약점이 그가 결코 변하지 않는다는 점이라고 지적한다. 그가 여전히 반세기 전의 맑스주의적 교의들을 반복하고 있다는 것이다. 오늘날 세계경제를 잠식해버린 신자유주의는 맑스주의의 교의와 원칙을 저항의 무기로 삼기에는 너무도 거대하고 복잡하며 세련된 이데올로기적 장치들을 가지고 있다. 하지만, 리키와 그의 가족들이 맞닥뜨린 "젖은 모래구덩이"에 발이 빠져드는 것 같은 상황을 어떻게 넘어설 것인가의 문제, 즉 세계를 바꿀 대안을 제시하는 것은 영화의 몫이 아닐지도 모른다. 이 교활하고 냉혹한 세계에 맞서 리키의 가족이 무너지지 않고 이를 돌파해내는 모습을 상상하고 이를 실현할 방도를 찾는 것은 이 노감독의 영화가 보여주는 치열함에 대한 보답으로 그의 영화를 사랑하는 관객들이 고민해야 할 지점일 것이다.

진실로 어질고 갸륵한
- 소포클레스의 『안티고네』와 솔제니친의 『마뜨료나의 집』

박 중 렬

문제적 개인의 발견

헝가리의 문예학자인 루카치(Georg Lukacs)는 『소설의 이론』 첫머리에서 고대 그리스와 로마 시대의 예술을 다음과 같이 미려하게 묘사한다.

> 별이 빛나는 창공을 보고, 갈 수가 있고 또 가야만 하는 길의 지도를 읽을 수 있던 시대는 얼마나 행복했던가? 그리고 별빛이 그 길을 훤히 밝혀 주던 시대는 얼마나 행복했던가? 이런 시대에 있어서 모든 것은 새로우면서도 친숙하며, 또 모험으로 가득 차 있으면서도 결국은 자신의 소유로 되는 것이다. 그리고 세계는 무한히 광대하지만 마치 자기 집에 있는 것처럼 아늑한데, 왜냐하면 영혼 속에서 타오르는 불꽃은 별들이 발하고 있는 빛과 본질적으로 동일하기 때문이다.[1)]

이 비유의 핵심은 자아와 세계의 합일(合一)이다. 그리스 로마의 서사시에서 인간과 신은 격의 없이 소통한다. 사랑, 질투, 분노는 인간만의 전유물도 아니다. 신의 피를 물려받은 인간이 초월적 힘을 발휘한다. 자아의 욕망이 신의 이름을 빌려 실현되고, 세계의 이념은 무한대의 상상력으로 발현된다. 그 자체로 현실과 이상이 조화를 이룬 일종의 전일체(全一體)이다. 그러하기에 이 시기는 부모의 보살핌 안에서 모든 것을 얻을 수 있었던 어린 아이의 시절과 다르지 않아서 '행복한 유년시대'로 불린다. 루카치는 이를 두고 '총체성(總體性, totality)의 시대'라 명명했다. 인간의 욕망(영혼 속에서 타오르는 불꽃)이 별다른 매개 없이 신의 절대 이념(별들이 발하는 빛)으로 등치될 수 있었던 인류의 황금시대였던 것이다.

루카치가 그리스 로마의 서사시에 기대어 이 개념을 정립한 것은 근대에 탄생한 소설의 역사적 지위와 그 안에서 생성된 '문제적 개인'이라는 인간상을 구명하기 위해서였다. 근대사회란 어떤 사회일까. 자본주의적 생산양식의 사회이다. 교환가치 곧 상품가치가 지배적이다. 인간의 외모마저도 상품화된다. 소외는 일상화되고 인간은 사물화된다. 살아남기 위한 경쟁 원리가 삶의 좌표로 강제된다. 이윤의 극대화라는 자본의 논리 앞에서 인간은 점점 무기력해진다.

이러한 시대에 그리스 로마의 서사시처럼 개인과 사회, 가치와 현실, 예술과 삶이 원융(圓融)의 관계를 유지하기란 불가능

---

1) G. 루카치, 반성완 역, 『소설의 이론』, 심설당, 1998, 3쪽.

하다. 총체성은 이미 깨어졌고 자아와 세계는 대결한다. 그럼에도 불구하고 소설은 고대 서사시처럼 '마치 자기 집에 있는 듯한 아늑한 세계'를 근대의 형식으로 복원하고자 노력한다. 더 나은 세계로 나아가려는 열망으로 공동선(共同善)을 구축한다. 우리 모두가 살만하다고 여기는, 그 열망이 도달하려는 이념은 합리적 이성을 기반으로 삼는 휴머니즘(humanism) 곧 인본주의(人本主義)이다.

인본주의적 세계를 지향하는 소설의 종착지는 도저(到底)하면서도 구원(久遠)한 인간상의 발견이다. 그리고 '문제적 개인(problematic individuals)'은 그 산물이다. 이 개인은 말 그대로 '문제적'일 수밖에 없다. 폭력과 타락으로 점철된 세계의 한 가운데로 망설임 없이 직진하기 때문이다. 그렇다고 그는 신이나 위대한 영웅처럼 상징화된 표상으로 행세하지 않는다. 세계의 거대한 힘 앞에서 비루(鄙陋)한 모습으로 살아가는 모든 이에게 손을 내민다. 타인의 결핍과 결함을 너그럽게 감싸 안는다. 언제나 외롭고 쓸쓸하고 핍박받고 가난한 자의 곁에 머문다. 인간주의자로서 묵묵히 자신의 길을 걸어간다. 그것도 한 개인으로서, 다음 시구의 첫 구절처럼.

> I go to prove my soul!
> I see my way as birds their trackless way.
> I shall arrive! what time, what circuit first,
> I ask not: but unless God send his hail
> Or blinding fireballs, sleet or stifling snow,
> In some time, his good time, I shall arrive:

He guides me and the bird. In his good time!

나는 내 영혼을 입증하러 가련다!
새들이 발자취 없는 길을 알아보듯 나도 내 행로를 안다.
나는 도착하리라! 어느 때 어느 경로인지는
물어보지 않으련다. 다만 하느님이 싸락눈이나
매몰찬 번개, 진눈깨비나 숨 가쁜 눈발을 내리지 않는다면,
언제인지는 모르나 제 때에 도착하리라.
신은 때를 맞추어 나와 새를 인도하시리니!
- 로버트 브라우닝(Robert Browning), 「Man, Bird and God」

문제적 개인은 자신의 영혼을 입증하기 위해 길을 나선다. 언제 도착할지 모르지만 자신의 신념이 옳다는 것을 시험하고자 한다. 그렇게 하지 않으면 스스로에게 합당한 존재가 될 수 없기 때문이다. 그러므로 그의 행보가 비록 세계의 힘에 의해 가로막히거나 비극으로 점철된다 하더라도 결코 패배했다고 말할 수 없다. 패배한 그 지점에서 오히려 '그럼에도 불구하고'라며 새로운 길을 찾아 나선다.

이런 점에서 근대 소설의 내적 형식으로 등장했던 '문제적 개인'은 그것만으로 쓰임을 다하지 않는다. 오히려 시대와 장르를 넘나들면서 인간다운 삶이 훼손되는 모든 문학적 현장으로 확장되어 세계와 대결한다. 그리스의 비극에서, 18세기 프랑스 희곡에서, 조선 후기의 판소리계 소설에서, 왕정과 공화정이 부딪히는 역사소설에서, 집단농장이나 수용소의 서사에서 수시로 총체성의 복원을 시도한다. 이 글에서 만나려는 두 인물인 안티고네와 마뜨료나가 그렇다.

지상에서 가장 고결한 이름
소포클레스(Sophocles)의 『안티고네(Antigone)』

『안티고네』는 아이스킬로스, 에우리피데스와 함께 그리스 비극의 3대 작가인 소포클레스의 작품으로서 『오이디푸스 왕』, 『콜로노스의 오이디푸스』로 이루어진 삼부작 중의 하나이다. 소포클레스는 매우 출중한 작가였다. 비극뿐만 아니라, 송가, 극시 등 다방면에서 120여 편이 넘는 작품을 발표했으며 그리스의 비극 경연대회에서 24번이나 우승을 차지했다고 한다. 그의 작품은 현재 7편이 남아 있는데 그 중 세 편이 가장 널리 알려진 테베 왕국 시리즈(Sophocles' three Theban plays)로서 이야기의 순서상 『안티고네』가 마지막 이야기이다. 이 작품이 기원전 400여년 전부터 지금까지 지역과 지역, 시대와 시대를 관통하면서 유구한 명성을 이어온 것은 미학의 측면에서뿐만 아니라 보편적 진실을 성취했기 때문일 것이다.

『안티고네』는 프롤로고스(prologos)[2]와 엑소도스(exodos)[3]를 앞뒤로 배치한 다음, 그 사이에 5개의 에피소드와 5개의 합창을 각각 격자 형식으로 짜놓은 구성을 취하고 있는데, 두 번째 에피소드의 다음 대목을 보면 '문제적 개인'인 주인공 안티고네의

2) 고대 그리스 연극에서 합창단이 입장하기 전에 한 사람이 나와서 극의 분위기를 조성하는 부분으로서 극의 주제와 내용을 독백이나 대화의 형식으로 설명한다.

3) 고대 그리스 연극에서 극이 끝난 후 합창단(chorus)이 퇴장할 때 부르던 마지막 노래이다.

성격을 알 수 있다.

안티고네 : 제게 그 포고령을 내린 것은 제우스신이 아닙니다. 이 지상의 인간에게 폐하와 같은 법을 선포한 것은 정의의 신이 아닙니다. 저는 인간인 당신의 포고령이 신들의 변함없는 불문율을 우선할 만큼 강하다고 생각하지 않습니다. 신의 법이 어디에서 어떻게 생겨났는지를 그 어느 누구도 알 수는 없지만, 신의 불문율은 어제 오늘의 것이 아니라 영원한 것입니다. 그러니 인간의 뜻이 겁나서 신의 뜻을 어긴 죄과를 치를 생각은 없습니다.

폐하의 포고령이 아니더라도 저는 죽게 될 것이라는 것을 잘 알고 있습니다. 어찌 모르겠습니까? 그러나 저는 제 명을 다 살지 못하고 죽더라도 그것을 오히려 득이라고 생각합니다. 저처럼 온갖 불행을 겪으며 산 사람이라면 죽음은 득이 아니고 무엇이겠습니까? 따라서 이런 운명을 맞이한 것도 저에게는 결코 고통스런 일이 아닙니다. 그러나 어머니의 아들이 묻히지도 못하고 죽어 누워 있다면, 그것이야말로 저에게는 고통입니다. 제가 이번 일로 벌을 받는 것은 고통도 아니죠. 폐하가 보시기에 이번의 제 행동이 어리석다면 이것은 저를 심판하는 자가 어리석기 때문일 것입니다.[4)]

그리스의 도시국가 테베는 오이디푸스 왕이 자신을 스스로 벌하고자 순례의 길을 떠난 뒤에 그의 어린 아들들을 대신해 처

4) 안티고네와 크레온이 논쟁을 벌이는 이 장면에 실정법과 자연법의 충돌, 복종과 자유, 운명의 수용과 운명의 자기 결정 같은 여러 쟁점이 복합되어 있어서 오늘날에도 다양한 방식으로 재해석, 재구성되고 있다. 우승정, 「안티고네 되살리기: 『안티고네』 프로젝트와 민주주의」, 『영어영문학 연구』 제60권 4호, 한국중앙영어영문학회, 2018, 138쪽.

남인 크레온이 섭정(攝政)하에 놓이게 되었다. 장성한 오이디푸스의 두 아들은 외삼촌인 크레온에게 왕위 이양(移讓)을 요구하였는데, 이를 거부당한 큰 아들 폴리네이케스가 세력을 규합하여 테베를 침공하기에 이른다. 이 싸움에서 안티고네의 두 오빠인 폴리네이케스와 에테오클레스가 동시에 전사하자 크레온이 자신의 편에 섰던 에테오클레스는 후하게 장사지냈지만 폴리네이케스는 들짐승의 밥이 되도록 벌판에 버려두라고 포고령을 내린다. 이를 차마 두고 볼 수 없었던 안티고네가 오빠를 매장한 죄로 체포된 뒤에 크레온에게 항변하는 대목이다.

두 형제가 모두 전사한 것도 비극적인 사건이지만 이후에 벌어지는 일들이 연쇄적인 죽음으로 귀결된다는 점에서 더욱 비극적이다. 감옥에 갇힌 안티고네는 스스로 목숨을 끊었으며, 안티고네를 좋아했던 하이몬은 안티고네의 정당함을 두고 그의 아버지 크레온과 다툰 후 그녀의 뒤를 따랐고, 아들의 죽음을 알게 된 크레온의 아내 에우리디케 역시 침대에서 자살하고 만다. 크레온만 혼자 남은 것이다. 합창단은 그의 탄식을 다음과 같이 들려준다.

> 아, 잘못된 생각이 빚은 고집불통의 어리석음과 죽음을 부른 행동이여! 아, 우리들을 보아다오. 아들을 죽인 아비와 아비 때문에 죽은 아들을! 아, 나의 어리석은 무분별함이여! 젊어서 비명에 간 아들아. 이 아비의 어리석음 때문에 아비의 품을 떠나갔구나, 죄도 없이!

이 작품의 비극성은 도덕과 명예를 중시한 선량한 인물들의 죽음에 있다. 그러나 가장 비극적인 상황에 놓인 인물은 크레온이다. 그리스 비극은 신의 섭리에 저항하다가 자신의 성격적 결함 때문에 패배하는 인물의 일대기를 그린다. 그는 이 결함 가운데 가장 흔한 약점인 오만(hubris)한 존재였다. 그는 죽은 자를 모독했으며, 그 죽음을 애도하는 산 자의 슬픔마저 외면했다. 조카와 아들의 선량함을 짓밟았다. 그 때문에 죽음보다도 더한 삶의 고통에 빠진 것이다. 모두 죽고 혼자 살아남은 형벌이란…….

이 지점에서 우리는 몇 가지 질문에 봉착한다. 크레온이 비극의 정점에 놓인 존재라면 왜 이 작품은 '안티고네'의 이야기인가? 소포클레스는 왜 삼부작으로 구성하였으며 안티고네의 일대기를 마지막으로 삼았는가? 왜 정신분석학자 라캉은 안티고네를 "지상에서 가장 고결한 인물"이라고 명명하였는가?

이 질문은 『오이디푸스 왕』에서 『콜로노스의 오이디푸스』로 이어지는 전체 맥락에서 『안티고네』를 바라볼 때 이해의 실마리가 풀린다. 널리 알려졌듯이 오이디푸스 신화는 저주받은 이야기이다. 그는 자신이 알지 못하는 사이에 아버지를 살해하고 어머니와 결혼하고 테베의 왕이 되고 두 딸과 두 아들을 낳는다. 친부살해와 근친상간의 결과, 아내이지만 곧 어머니이고, 네 명의 자식이지만 곧 네 명의 동생이라는 기묘하고도 비극적인 가족 관계에 놓인 것이다. 자신이 누구인지 알고 싶은 오이디푸스의 욕망은 결국 스스로를 파멸로 이끌고 만다. 출생의 비밀을 알게 된 아내이자 어머니인 이오카스테가 자살하였으며 그 자신 역시 아내의 브로치로 눈을 찌르고 두 딸을 길잡이로 삼아 평생 속죄의 순례자로 살다가 '콜로노스'로 돌아가 일생을 마치는 것이다. 『안티고네』는 오이디푸스의 죽음 이후 테베로 돌아간 '안티고네'가 어머니와 아버지의 죽음에 이어 두 오빠의 죽음을 목도한, 불행한 가족사인 것이다.

이처럼 오이디푸스의 이야기를 외곽에 두르고 안티고네의 일대기를 바라보면 그녀야말로 비극의 중심에 놓인 인물이라는 점을 알 수 있다. 그녀의 비통함은 어쩌면 지금까지 탄생한 모든 비극적 서사를 다 합치더라도 그 이상의 무게를 지니고 있다고 해도 과언이 아닐 것이다.

한 편도 아니고 무려 삼부작으로까지 연장하여 비극의 극한을 보여주었던 소포클레스의 의도는 무엇이었을까? 크레온 역시 온 가족이 죽어 나갔음에도 그녀만이 유독 빛나는 이유는 어떤 까닭일까?

안티고네는 자신의 운명에 굴종하지 않았다. 시련과 고통에도 인간미를 발휘했다. 무엇보다 '그저 그렇게 해야 한다고 생각했기 때문에 그렇게 한' 그야말로 순수성 그 자체이다.[5] 그 선한 의지로 세계의 폭력을 감당했다. 그러하기에 그녀는 자유인이다. 자유인이란 주체적 존재이다. 그리스 비극에 담긴 휴머니즘의 정수는 여기에 있다. 자신에게 비참과 굴종을 강요한 세계와 당당하게 대결한 '문제적 개인'이었다. 비록 죽음이 기다리고 있을지라도.

소포클레스는 안티고네의 순결함을 '숭고함'으로 빚어냈다.

---

5) 조현준, 「공적인 주장에서 욕망의 고백으로: 버틀러의 『안티고네』 다시 읽기」, 『비평과 이론』 제24권 2호, 2019, 71쪽.

그녀를 "지상에서 가장 고결한 존재"[6]라고 명명한 라캉이나, "고대와 근대의 모든 뛰어난 예술작품 가운데 가장 뛰어나고 만족스러운 작품"[7]이라는 헤겔의 평가가 그리 과하지 않은 것도 이 때문일 것이다.

세상이 무너지지 않는 이유, 솔제니친의 『마뜨료나의 집』[8]

솔제니친(Aleksandr Solzhenitsyn, 1918~2008)의 첫 작품은 1962년에 발표한 『이반데니소비치의 하루』이다. 그는 여기에서 인간의 자유와 존엄성을 말살했던 강제수용소의 실상을 폭로함으로써 전체주의 독재 체제의 야만성을 고발했다. 이 작품으로 그는 단숨에 세계적인 작가로 인정받기 시작했다.

다음 해인 1963년에 상재(上梓)한 『마뜨료나의 집』 역시 전작의 연장선상에 놓인 작품이라 할 수 있다. 소련은 스탈린 시절에 농촌을 강제적으로 집단농장화하였는데 이 과정에서 러시아의 옛 농촌공동체가 어떻게 파괴되었으며 그 영향으로 러시

---

6) 고현주, 「라캉의 주이상스와 칸트의 숭고미로 본 안티고네」, 『미래영어학회 학술대회 자료집』, 미래 영문학회, 2019, 40쪽.

7) 위의 글, 39쪽.

8) 이 작품의 원 제목은 「올바른 사람이 없이는 마을이 존립할 수 없다」였다. 1963년 1월호 『신세계』지에 솔제니친이 이 작품을 발표했을 때 뜨바르돕스키가 『마뜨료나의 집』으로 바꿀 것을 제안해서 바뀐 제목이라고 한다. 마뜨료나는 원 제목에 나타난 것처럼 '올바른 사람' 곧 의인(義人)인 것이다. 박영은, 『마뜨료나의 집』: 솔제니친의 생태주의 시학과 '비움'의 사상」, 『노어노문학』 17(3), 한국노어노문학회, 2005, 205쪽.

아 농민의 정서와 인간성이 얼마나 피폐해졌는지를 그리고자 했다.

이 작품 이후 솔제니친은 소련으로부터 '어두운 현실만을 파헤치는, 수용소밖에 모르는 작가'라는 비난을 받았다. 프롤레타리아 독재의 역사적 필연성으로 체제를 유지해 온 소련에게 전체주의의 실상을 폭로하는 솔제니친의 사상과 문예관이 곱게 보일 리 없었다. 후속작인『암병동』,『수용소군도』 등은 국내에서 출판조차 할 수 없었고 1969년에는 소련작가동맹에서 제명되었다. 이후에도 솔제니친은 소련의 어두웠던 진실을 들추어내는데 주저하지 않았는데, 이러한 그의 활동이 "러시아문학의 훌륭한 전통을 추구해 온 윤리적인 노력"[9]이라고 평가받아 1970년에 노벨문학상을 수상하였다. 그가 추방되었다가 조국으로 귀환한 것은 그로부터 20년 후, 소련이 해체된 1994년이었다.

'러시아의 양심'이라고 불리는 솔제니친은 개인의 자유를 회복하고 인간의 존엄성을 옹호하는데 전 생애를 바쳤다. 그는 고상했던 인간들이 어떻게 야만인이 되어 가는지, 공동체의 정신이 어떻게 이기심으로 변질되어 가는지 그려낸다. 그래서 일차적으로 폭로와 비판, 고발의 색채를 띤다.『마뜨료나의 집』 역시 혁명 후의 러시아 농촌이 변화하는 모습에서부터 작품을 시작하고 있다.

---

9) 김학수, 「솔제니찐의 문학과 사상」,『노어노문학』 2, 노어노문학회, 1989, 4쪽.

여기는 혁명 전부터 그리고 혁명 후에도 인적미답(人跡未踏)의 원시림이 울창하게 자라 있었다. 그후 이탄(泥炭) 채굴장과 가까운 집단농장(集團農場)의 손으로 벌목(伐木)이 시작되었다. 집단농장 의장(議長)인 샤쉬꼬프는 상당한 면적을 모조리 벌목한 다음 오데사 주(州)에 팔아서 큰 벌이를 했다고 한다.

마을의 집들은 이탄이 매장되어 있는 저지(低地) 사이에 산재해 있었다. 30년대에 세워진 획일적인 바라크(임시 막사-역주)가 있는가 하면, 전면(前面)에 조각 무늬를 곁들이고 유리를 낀 베란다를 갖춘 50년대의 주택도 있다. 그러나 그런 주택도 안에 들어가 보면, 천장까지 미치는 칸막이 벽이라는 것은 전혀 찾아볼 수가 없었다. 그러므로 나도 사방이 진짜 벽으로 둘러싸인 방을 빌릴 수는 없었던 것이다.

마을의 집 위에 우뚝 솟은 공장 굴뚝이 연기를 내뿜고 있었다. 마을 여기저기에 좁은 궤도(軌道)의 레일이 깔리고, 역시 검은 연기를 내뿜는 소형 기관차가 귀청을 뚫을 듯한 기적 소리를 내면서, 갈색 이탄이며, 이탄판(泥炭板)이며, 연탄을 실은 화차를 끌고 있었다. 나의 상상엔 틀림이 없으리라고 생각되지만, 밤이 되면 클럽 입구에서 시끄러운 레코드 음악이 흘러나오고, 한길에선 취한(醉漢)들의 고성방가가 울려 퍼지고, 때로는 칼싸움도 벌어지게 마련이리라.

조용한 러시아의 한구석을 꿈꾼 끝에 나는 이런 곳으로 와버리고 만 것이다.

솔제니친은 1956년 수용소에서 풀려난 직후에 한 소도시에서 교사로 일한 적이 있는데, 『마뜨료나의 집』은 그때의 체험을 바탕으로 쓴 작품이다. 솔제니친 곧 작중 인물인 이그나찌치는 수용소 생활에서 지친 몸을 쉬고 싶어서 조용한 마을의 교사 생활을 자원했지만 쉽지 않았던 모양이다. '이탄(泥炭)생산'이라는 의미의 합성어인 '또르포쁘로둑트라'[10]라는 이름의 시골로 내쳐진 것이다. 원래 한적한 농촌이었던 이곳은 국가의 산업개발 정책에 따라 소농공 도시로 개발되었다. 농민이었던 이곳 사람들은 얼마 되지 않아서 노동자가 되고 말았다. 풍성했던 숲은 개인의 탐욕을 채우는 돈벌이의 수단으로 전락했다. 조용하고 따뜻한 러시아의 농촌공동체가 소란스러운데다가 개발의 욕망이 넘치는 농공단지로 달라지고 만 것이다.

그러나 솔제니친은 『이반데니소비치의 하루』에서도 그랬지만 『마뜨료나의 집』에서도, 집단농장으로 전락해가는 러시아 농촌과 그곳에서 점차 이기적인 존재로 타락하는 인간 군상을 비판만 하지는 않는다. 오히려 그러한 인간과 사회의 밑바닥에서 묵묵히 인간의 존엄성을 지켜나가는 인물들에 주목한다.

교사 이그나찌치는 시끌법적한 또르포쁘로둑트 역 근처에서 조금 떨어진 마을 따리노보를 찾아가 하숙집을 구하게 되는데 그곳에서 『마뜨료나의 집』의 주인 마뜨료나를 만난다. 그녀는 벌써 몇 년 전부터 수입이라고는 한 푼도 없었고 연금도 받지 못할 뿐만 아니라 친척한테서도 원조를 받지 못하는 가난한 홀몸 노인네다. 생활에 도움이 되기 때문에 하숙생을 받아들일 법도 했지만 "제대로 식사 준비도 해드리지 못"하는 미안한 마음에 하숙들이기를 주저했던 소박하고도 착한 심성의 소유자이다.

---

10) 작품에서 이그나찌치는 이처럼 억지로 만들어진 지명이 러시아어의 아름다움을 해치고 있다면서 다음과 같이 한탄한다. "아아, 투르게네프도 이런 러시아어가 만들어지리라고는 꿈에도 생각지 못했으리라."

솔제니친의 작품 상당수가 그렇듯이 이 작품에는 특기할 만한 연쇄사건이 없다. 그녀의 죽음과 관련된 마지막 에피소드만 제외한다면 그녀의 옛 추억과 일상 생활, 마을 사람 이야기 등이 대부분이다. 예컨대 "결코 살기 좋은 집이라고는 할 수 없"지만 가을에서 겨울까지 아늑하게 지낼 수 있는 빼치카 달린 집, 그녀가 키우는 산양 한 마리와 절름발이 고양이, 그녀가 좋아하는 무화과 나무, 아침 식사 준비, 산양에게 줄 건초를 마련하는 일, 마을의 밭일 등 농촌에서 살아가는 사람이라면 누구나 겪을 법한 일상이 파노라마처럼 이어진다.

마뜨료나에게는 가족이 없다. 여섯을 낳았지만 갓난애부터 하나씩 계속해서 죽었고, 마지막 두 애는 처음부터 사산이었다. 남편은 전쟁터에 나가서 생사가 불분명하다. 그래서 남편 형님의 딸인 끼이라를 양녀로 삼았다. 이제 그녀마저 결혼을 하게 되어서 혼자 살게 된 것이다. 그래서인지 마을 사람들은 일손이 필요할 때 누구나 마뜨료나를 부려먹는다. 한 번은 집단농장의 의장 마누라가 "인사도 하지 않고 뚫어질 듯이 마뜨료나를 바라"보면서 "집단농장 일을 좀 거들어 줘야겠어요! 내일 마구간의 분뇨 운반을 하러 좀 와 주세요!"라며 그녀가 하지 않아도 될 일을 강제로 시킨다. 대가를 지급하지도 않고 일할 갈퀴도 제공하지 않은 채. 처음에 마뜨료나는 갈퀴까지 가지고 오라면서 못마땅해했지만 이내 훌훌 털고 일을 도우러 나간다. 그러고는 밝은 미소를 띠며 집으로 돌아온다. 매번 그렇다. 다음 두 가지 에피소드도 마찬가지이다.

(A)

"왜 이렇게 고통을 받아야 하는 걸까, 이그나찌치." 관청에서 헛걸음을 치고 돌아왔을 때 마뜨료나는 언제나 내게 이렇게 말하곤 했다. "이젠 녹초가 됐어."

그러나 마뜨료나의 이마는 언제까지나 찌푸려 있지는 않았다. 나는 이 여성이 좋은 정신상태를 되찾는 확실한 방법을 몸에 지니고 있다는 것을 알고 있었다. 다시 말해서 그녀는 일을 하는 것이다. 금방 시름에 잠겨 있다가도 어느새 삽을 들고 감자를 캐러 간다. 어떤 때는 자루를 겨드랑이에 끼고 이탄을 주우러 가기도 하고, 또 어떤 때는 수피(樹皮) 광주리를 들고 멀리 떨어진 숲속으로 딸기를 따러 가기도 한다. 그리고, 관청의 데스크가 아니라 무성한 숲을 향해 허리를 굽히고, 중하(重荷)에 등이 구부러져 돌아오는 마뜨료나는 이미 맑게 개인 만족스러운 표정이어서 평상시의 그 선량한 미소를 되찾고 있는 것이었다.

(B)

그러나 집단농장만은 아니었다. 먼 친척이나 이웃 여자들까지 곧잘 마뜨료나의 집으로 찾아와서는 다음과 같이 말하는 것이었다.

"마뜨료나, 내 일 좀 거들어주지 않겠어요? 감자를 죄다 캐내려고 하는데." 그러면 마뜨료나는 이미 거절하지 못한다. 자기 일거리를 미루고서라도 이웃집을 도우러 가고, 돌아와서는 조금도 시기하는 빛이 없이 이렇게 말한다.

"이그나찌치, 그 집 감자는 커요! 감자 캐는 게 재미있어서, 일이 끝나는 게 아쉬웠을 정도였어요. 정말이에요." 그리고 또 마뜨료나가 없이는 야채밭에 괭이질을 할 수 없었다. 따리노보 마을의 여자들은 혼자서 밭에 괭이질을 하기보다는 여섯 명이 달라붙어 여섯 군데의 밭을 차례차례 경작하는 쪽이 보다 편하고 능률적이라고 믿고 있는 것 같았다. 그럴 때에도 마뜨료나는 내몰아졌다.

(A)는 특별한 수입이 없는 마뜨료나가 주위의 권고로 관청에 연금을 신청하러 다녔던 일화이다. 그녀는 사소한 구두점이나 동그라미의 잘못 때문에 수십리나 떨어진 관청 여러 곳을 거의 두 달이나 찾아 다녀야 했다. 몸이 건강하지 않은 그녀에겐 고통스러운 일이었다. 그럴 때마다 화를 낼 법하지만 어느새 감자를 캐거나 풀을 베면서 아무 일 없다는 듯이 일상을 꾸려 나간다. (B)는 마뜨료나를 일꾼으로 취급하는 마을 사람들의 이기적인 행태를 보여준다. 마찬가지로 그녀는 감자를 캐내는 데에서 위로를 받는다. 때로는 보상이 뒤따르지 않는다 하더라도 사람들에게 뭔가 도움이 되는 일을 하는 것만으로도 즐거움을 느끼는[11] 선량(善良)한 인물이다. 그 품성은 저절로 생겨난 것이 아니다. '땅'에서 일을 하면서 얻어진 것이다. 어머니 곧 대지(大地)를 뜻하는 '마뜨(Mat)'를 '마뜨료나'의 이름으로 삼은 것은 이 때문이다. 솔제니친은 상호부조의 정신이 살아있는 농촌공동체의 전형적 인간형으로서 마뜨료나를 발견한 것이다.

마뜨료나의 이러한 품성은 작품 맨 마지막 에피소드에 이르면 찬란한 빛을 발한다. 어느날 마뜨료나의 양녀인 끼이라의 친아버지가 찾아온다. 파제이라는 인물인데, 남편의 형님이다. 파제이는 결혼한 끼이라의 부부가 사유지(私有地)를 손에 넣으려면 그 땅 위에 집을 지어야 하는데 별로 사용하지 않는 마뜨료

11) 유시민, 『청춘의 독서』, 웅진지식하우스, 2010, 198쪽.

나의 집 이층방에 쓰인 목재가 안성맞춤이라고 판단했다. 무엇보다 마뜨료나가 죽으면 그녀의 여동생들이 그 집을 전부 차지할까봐 선수를 치고 싶었던 것이다.

마뜨료나는 본래 자신의 노력이나 재산을 아낀 적이라고는 한 번도 없었다. 그렇지만 40년이나 살아온 집의 일부분을 허문다는 것은 두려운 일이었다. 그녀의 생애에 종지부를 찍는 것이나 다름이 없기 때문이었다. 그러나 그 집을 원하는 사람들은 그녀가 살아있을지언정 그 집을 부수는 것쯤은 아무 것도 아니라고 생각하고 있었다. 이런 점에서 파제이를 포함한 주변의 인물들은 이기적인 소유욕에 사로잡힌 존재들이다. 자기희생으로서 인간의 존엄을 지켜왔던 마뜨료나와는 대척점에 놓인 인물들인 것이다. 마침내 이층방은 헐렸다. 이층방의 목재는 썰매 두 대분이었다. 그런데 문제는 트랙터가 한 대였다. 두 썰매를 끌기에는 힘에 부치는 일이어서 여러 사람의 도움이 필요했다.

> 창 밖에서 트랙터의 엔진이 으르렁대기 시작했다.
>
> 맨 끝으로 칸막이 벽 뒤에서 허둥지둥 마뜨료나가 나왔다. 마뜨료나는 밖으로 나간 사내들의 뒷모습을 바라보고 근심스러운 듯이 설레설레 고개를 저었다. 동복을 입고 머플러를 썼다. 그녀는 문간에서 내게 말했다.
>
> "트랙터를 두 대 빌렸으면 좋았을걸. 한 대가 고장나도 나머지 한 대로 끌 수가 있으니까, 저것 한 대 가지고는 어떻게 될지 누가 안담!"
>
> 그러고는 사내들을 좇아 나가버렸다. 음주와 논쟁과 대소동이 있은 후, 인적기가 사라진 농가 안은 이상하리만큼 고요했다. 수없이 문을 여닫았으므로 방 안은 완전히 식어있었다. 창 밖에는

이미 어둠이 깔려있었다. 나도 동복을 입고 노트를 들여다보기 시작했다. 트랙터의 음향도 멀리 사라졌다.

한 시간이 지나고 또 한 시간이 지났다. 그리고 또 한 시간. 마뜨료나는 돌아오지 않았지만, 나는 놀라지 않았다. 썰매를 전송한 후 마아샤네 집에라도 놀러간 거겠지.

다시 한 시간이 지났다. 그리고 또 한 시간. 어둠뿐만 아니라 그 어떤 깊은 정적이 마을을 휩싸고 있었다.

자신이 살던 이층방을 눈 하나 깜작 않고 허물어버린 사람들을 원망하지 않고 오히려 일손을 보태고자 따라나선 마뜨료나를 가리켜 김종철은 '거룩한 바보'[12]라 불렀다. 상호부조의 농촌공동체가 파괴되면서 서로가 서로에게 사나운 늑대가 되어가는 상황에서도 자기주장이 아니라 자기희생을 습관적으로 실천하는 철저히 겸허한 정신이 마뜨료나에게서 살아 있음을 솔제니친이 찾아냈다는 것이다. 그에 따르면 아무리 타락한 세상이지만 아직 세상이 무너지지 않고 있는 것은 자기희생의 습관이 몸에 배인 이러한 거룩한 바보의 존재 때문이다. 솔제니친의 이른바 '슬라브주의'라는 것도 실은 이러한 자치적 협동성의 생활기반 위에 있던 옛 러시아의 농민적 세계를 옹호하고, 가능하다면 부활시키고 싶다는 갈망이며, 『마뜨료나의 집』은 그 소산이라는 것이다.

결국 가난하고 외로운, 늙고 병든 '바보'인 마뜨료나는 차디찬 몸으로 찢긴 채 돌아왔다. 트랙터 뒤에 매달린 수레가 철길

---

12) 김종철, 「협동적 자치의 공동체를 향하여」, 『녹색평론』 통권 제102호, 2008.(http://greenreview.co.kr/greenreview_article/1406/)

에 걸리자 모두 달라들어 수레를 미는 도중에 기차가 받아버린 것이다. 장례식이 거행되는 동안 위선적인 고백과 거짓 눈물이 넘쳐 흘렀다. 그리고 추도식까지 끝난 후 마뜨료나의 집 안채, 산양, 산양의 막사 등을 나눠 가졌다. 파제이는 부지런을 떨면서 관청을 찾아다니더니 사고 현장에 흩어져 있던 이층방의 목재를 다시 되찾았다. 사람들은 죽은 마뜨료나를 애도하면서도 "바보처럼 사람만은 좋아서 남에게 무료 봉사만 해주었다."라고 힐난했다.

다시, 진실로 어질고 갸륵한

삶의 총체성을 회복하려는 '문제적 개인'이 문학에서 어떤 모습을 띠고 있는지 안티고네와 마뜨료나 두 인물의 삶에 비추어 알아보려고 했다. '고결한 인물'인 안티고네와 '거룩한 바보'인 마뜨료나는 동양적 사유 체계에서 볼 때 인(仁)과 의(義)를 몸소 실천한 존재들이다. 측은지심(惻隱之心)이나 수오지심(羞惡之心)을 담지한 인간형이라 하겠다.

우리 한국소설에서도 이러한 인간형을 수없이 찾아낼 수 있을 터인데 이문구의 『관촌수필(冠村隨筆)』 중 「공산토월(空山吐月)」의 주인공 석공을 들 수 있다. 이 작품은 작가 이문구의 집안과 석공의 인연을 그리고 있다. 이문구는 양반 집안이고 석공의 집안은 대대로 그 집의 전답(田畓)을 소작(小作)하면서 살아왔다. 그러나 사회주의 지도자였던 이문구의 아버지는 마을 사람들을 반상(班常)으로 구별하거나 상민(常民)이라고 하대(下待)하지 않으며 마을 사람들과 정신적 일체감을 형성하며 생활한다. 여기에 감복한 석공은 이문구의 집안이 좌익으로 몰려 고초를 겪을 때에도 곁을 떠나지 않으며, 어려움이 처할 때마다 돕기를 마다하지 않는다. 그뿐만 아니라 마을 어떠한 대소사라도 외면하는 법이 없었다. 부지런하면서도 인정이 넘치는 인물이다. 고생고생하면서 자수성가한 석공은 그러나 살만하니까 이름 모를 병에 걸려 세상을 떠나게 되는데, 임종을 앞두고 병원에서 집으로 돌아가는 석공을 배웅하면서 작품이 끝난다.

석공이 꺼져가는 음성으로 이문구에게 건넨 마지막 인사는 이렇다. "잘들 사는 걸 보구 죽으야 옳을 텐디, 이대루 죽어서 미안하네…… 부디 잘들 살어……". 그는 죽음을 앞둔 순간까지 주변 사람들을 걱정했다. 이문구는 석공을 두고 '진실로 어질고 갸륵한' 사람이라 명명했는데, 안티고네나 마뜨료나가 그러한 인물이라 생각되어 글의 제목으로 삼았다.

『마뜨료나의 집』은 다음과 같이 끝난다. 솔제니친이 그녀를 애도하면서 남긴 추도사로 보아도 괜찮을 것이다. 이 글의 마무리로 대신한다.

> 이런 말을 듣고—시누이의 좋지 않은 비평을 듣고, 처음으로 나는 눈앞에 마뜨료나의 모습이 떠올랐다. 같은 지붕 밑에 살고 있으면서도 끝내 이해할 수 없었던 그 마뜨료나의 모습이.
>
> 정말이다! 어느 농가에서도 돼지를 기르고 있다. 그러나 마뜨

료나의 집에는 돼지가 없었다. 먹는 것 외에는 아무것도 모르는 식충이 돼지, 거기에 사료를 주는 것처럼 간단한 일이 또 어디 있겠는가. 하루 세 번 먹이를 끓여주고 여러가지 시중을 해준 끝에 도살해서 비계를 잘라낸다.

그러나 마뜨료나는 그런 짓을 하지 않았다…….

가구를 갖추려고도 하지 않았다……. 그건 다시 말해서 악착같이 돈을 저축해서 물건을 산 다음, 그 물건을 인간의 생명보다도 소중히 한다는 것이 아니겠는가.

고운 옷도 원치 않았다. 악덕이나 기형(畸型)을 아름답게 장식하기 위한 고운 옷을.

자기 남편에게조차 이해받지 못한 채 버림받은 여인. 여섯 자식을 차례차례 잃었지만, 선량 그대로의 그 성격은 결코 잃은 적이 없는 여인. 동생이나 시누이하고는 너무나도 동떨어진 생애를 보낸 여인. 남을 위해 무료 봉사를 하는 얼빠진 바보 같은 여인. 이 여인은 죽었을 때 아무 저축도 없었다. 더러운 산양과 절름발이 고양이와 무화과나무뿐…….

우리는 이 여인 바로 옆에 살면서 누구 한 사람도 이 여인이 의인(義人)이라는 것을 몰랐다. 그가 없으면 어떠한 도시도 서 있을 수 없다는 바로 그 의인 말이다.

도시뿐이랴, 온 세계도…….

드러남과 회귀回歸에 관한 정신분석적 상상력*

- 편혜영의 「저수지」와 「아오이가든」을 통해 본 삶과 죽음의 문제

김 청 우

균열의 시작

백지에 점 하나를 찍는다. 그 작은 행동조차 '잡히지 않고 끊임없이 유동하는 그 무엇'을 고정시키려는 의도에서 비롯된다. 그러한 행위 속에서 우리가 말하는 '세계'가 생겨난다. 그런 의미에서 질서는 '세계'의 조건이다. 그러나 동시에 질서는 그 자체로 무질서를 암시한다. 질서는 무질서로 인해 비로소 질서가 되기 때문이다. 무질서는 질서의 조건이지만, 그러나 무질서의 현현에서 '우리의 세계'는 사라지고 만다. 그러므로 세계(통합된 정체성)의 유지를 위해 무질서는 어떻게든 '이해'되고 그렇

* 이 글은 『어문논총』, 제21호(전남대학교 한국어문학연구소, 2010)에 「드러남과 회귀(回歸)에 관한 지형학적 상상력: 편혜영의 『저수지』와 『아오이가든』」이라는 제목으로 실은 글을 수정·보완한 것이다.

게 '억압'되어야 한다. '그것'에 대해 우리는 '자연'이라는 말을 붙였다. 명명은 곧 '이해'이고 '억압'이다. 하지만 세계는 '틈'이며 파열의 가능성으로 존재하기 때문에 이미 질서는 그 자체로 '그것'의 작용을 암시한다. 즉 '그것'이 '우리의 세계'를 가능하게 하므로 '그것'은 언제든지 되돌아오기 마련이다.

억압된 것이 되돌아오는 사건은 우리를 불편하게 한다. 특히 끝내 외면하고 싶은 것, 다름 아닌 '죽음'이다. 삶의 조건이 이미 죽음이지만―그리고 물론 그러한 사실을 명백히 알고는 있지만―인간은 "살기를 멈춘 채 살기를 원"하고, 또 "삶을 멈추지 않은 채 죽기를 원"[1]하기에 '죽음'을 삶의 영역과 분리하여 배제해온 것이다. 그러나 이 "운하임리히(unheimlich)"[2]한, 다시 말해 '낯설지 않지만 기괴하고 불편한' 것은 억압을 넘어 언제든, 부지불식간에 출몰한다. 그 존재를 의식적으로 알아차렸을 때는 이미 눈앞에서 사라졌거나, 혹은 우리가 그 속에 침잠해 있어 식별할 수 없거나, 둘 중 하나일 뿐이다. 그것은 '있음'과 '없음'의 모호한 경계에서 경계 자체를 사유하게 만드는 '유령'의 형식으로만 자신의 작용을 드러낸다.

'유령'은 죽은 것도 아니고, 그렇다고 산 것도 아닌 존재(비존재)로 여겨진다. 즉 '유령'은 생명이 '있는' 상태와 '없는' 상태가 혼란스럽게 뒤섞인 상태의 다른 말이며, 같은 계열로 자동

1) 죠르쥬 바따이유, 조한경 역, 『에로티즘』, 민음사, 1997, 268쪽.

2) '운하임리히(unheimlich)'는 프로이트가 소개하고 사용한 용어로, '편안한'이라는 뜻의 형용사 'heimlich'(heim은 '편안한 집'을 뜻함)에 부정접두사 'un'이 붙어 '불편한', '두려운'이라는 뜻을 지니게 된 독일어 단어다.

인형이나 마네킹, 혹은 좀비(zombie) 등이 있다. 이것들은 인간 신체가 기계 생산품과 동일화하는 과정에서 생긴 트라우마(trauma)를 보여주는 형상들이며, 동시에 죽음과 그것이 유발하는 강박적 반복을 상기시키는 형상들이라는 점에서 '낯익으면서 낯설고', 또 '기괴하고 불편'하다. 그것은 세계의 근본을 흔들어 버리기에 충분하므로, 우리는 그 앞에서 끝내 불안해지고 만다. 일찍이 프로이트가 강조했듯이 생물은 계속적으로 무기물로 퇴행하려는 면모, 즉 죽음에의 충동인 '타나토스(Thanatos)'의 지배를 받는 모습을 보이는데, 이는 무기물이 유기물의 '근본'이기 때문이며, 자동인형이나 좀비 등은 그러한 이행의 '경계'에 놓여 있다고 여겨지므로 우리는 불안감을 느끼게 되는 것이다.[3)]

이 글에서는 편혜영의 「저수지」와 「아오이가든」을 살펴봄으로써 '무질서'와 '죽음', 그리고 '무의식'에 대해 이야기를 해보고자 한다.[4)] 편혜영은 2000년 서울신문에 「이슬털기」로 등단한 이래 지금까지 적지 않은 수의 작품들을 발표해왔다. 하지만 그 중에서도 특히 첫 소설집인 『아오이가든』(2005)은 독보적인 작품 세계를 보여주었는데, '첫 소설집'이라는 의의 외에도 이러한 (세계의/인간의) '무의식'의 메커니즘에 대한 정신분석적 상상력을 보여주고 있다는 점에서 지금까지도 중요하게 다루어야 할 작품들이다.

---

3) 지그문트 프로이트, 정장진 역, 「두려운 낯설음」, 『예술, 문학, 정신분석』, 열린책들, 2003, 439~440쪽 참조.

4) 참조한 텍스트는 편혜영, 『저수지』, 『아오이가든』, 문학과지성사, 2005(이하 직접 인용은 인용문 뒤에 쪽수만 표기).

「저수지」, 분열된 액체들의 집합

"여학생의 옷이 발견된 것은 저수지 뒤쪽의 숲이었다." 「저수지」는 이처럼 다소 갑작스럽게 시작한다. 매끈하게 질서화된 세계에 여학생의 옷이 불현듯 떠올라 파문을 일으키는 것이다. 옷은 '여학생'의 존재를 가리키는 기표라고 할 수 있다. '버려진 옷'은 곧 '여학생의 죽음'을 의미한다. 그렇기 때문에 경찰들은 '옷'이라는 기표에 상응하는 기의, 즉 "무엇보다 사체를 찾아야" 한다며 혈안이 된다. 경찰들에게 '사체'는 중요하다. 또한 그것은 작품의 메타적인 층위에서도 중요하다. 인물들과 이야기 모두를 특정한 방향으로 움직이도록, 혹은 전개되도록 만드는 힘이기 때문이다. 그러나 소설의 종결부에 이르기까지 사체는 발견되지 않는다. 그런 이유로 사건의 전말 또한 확인할 수 없다. 그럼으로써 「저수지」는 끝까지 드러나지 않는, 이 '그 실체를 알 수 없는' 사체가 바로 무의식이요, 죽음 자체임을 암시한다. '옷'은 "여학생의 유류품"으로, "구렁이"로, "괴물"로 간단없이 변주된다. '사체', '옷', '유류품' 등, 모두 기의 없는 기표들이며 이러한 기표들의 연쇄 속에서 무의식과 죽음은 그 일단을 언뜻 비추고 이내 사라진다.

"흔적을 찾을 수 없는 실종", "그들은 홀연히 사라져버렸다." 경찰은 실종자들의 흔적, 더 나아가서는 그 사체 등을 찾기 위해 저수지와 근처 숲을 뒤진다. 저수지 근처의 숲은 "뼈만 남은 개의 사체, 얼어 죽은 고양이 몇 마리, 배회하는 야생 고양이와 들개, 빈 본드 통, 가스가 남아 있는 부탄가스 따위와 다량의 쓰레기"로 뒤덮여 있다. '쓰레기'는 한 때 우리의 영역에 있다가 타자의 영역으로 배척된 것들의 이름이다. 잘 먹던 음식도, 다 먹고 난 나머지는 '쓰레기'가 된다. 설령 물리적으로 변한 것이 없어도, 특정 맥락에서의 '쓸모'를 상실하면 곧바로 쓰레기가 되는 것이다. 저수지 역시 "꽃잎이 붉은 수련이 피었던 시절, 수련을 찍으러 사진작가들이 몰려오던 시절, 수련 사이를 헤치고 작은 나무배를 탈 수 있었던 시절, (중략) 줄만 던지면 살이 오른 잉어가 잡혀 올라오던 시절"을 뒤로 한 곳이다.

> 줄만 던지면 잉어가 잡혀 올라오던 시절을 잃어버린 마을 사람들은 저수지가 시궁창처럼 더러워진 것은 투기된 여러 구의 사체 때문일지도 모른다고 생각했다. (26쪽)

이러한 저수지와 숲은 '운하임리히'한 장소라고 할 수 있다. 이곳은 시체가 함부로 버려졌다고 여겨짐으로써 '죽음'이 출몰하고, 그래서 불안과 공포가 한 데 어우러져 사람들에게 엄습하는 곳이다. 그래서 숲은 악취와 안개로 뒤덮여 있고, 저수지의 "물은 하숫물보다 더러"우며 "시커먼 죽을 쒀서 거대한 흙 그릇에 담아놓은 것" 같은 곳으로 묘사된다. 사람들은 삶의 현장으로부터 배제된 죽음이 이곳에 폐기되었기 때문에 더러워졌다고 생각한다. 물론 진실은 아무도 모른다. 그저 그렇게 추론하는 것이다. 하지만 이 지점에서, 죽음은 아무도 모르게 "투기"되고 한 곳에 모여 "소각"될 수 있다는 것, 또 만일 삶을 위해서라면 그렇게 되어야 한다는 것에 사람들이 동의한다는 사실이 여실히 드러난다. 사람들은 죽음을 모아 놓고 외면했다. 외면하기 위해 죽음을 한 곳에 모아 놓았다. 왜 숲이고 저수지인가. 그곳은 한때 생명이 충만하여 친숙했던 곳이었기 때문이다. 과거 어머니의 품과 같았던 장소는, 아이러니하게도 바로 그 친숙함으로 인해 금지·억압의 대상이 된다. 친숙한 곳, 즉 '어머니의 품'은 다시 돌아갈 수 없다는 점에서, 또한 유기체의 이전 단계인 '무생물체', '무기물'을 가리킨다는 점에서 금지·억압된다.5)

> 어떤 성격의 것이든 정서적인 움직임에 관련된 모든 정신적 충격은 억압 기제에 의해 고통으로 변형된다고 하는 정신분석의 이론이 옳은 것이라면, 억압된 그 무엇이 다시 회귀할 때 그것이 고통을 주는 것이 되는 경우들을 별도로 분리시킬 수 있을 것이다. 이런 유형의 고통스러운 것이 바로 이상하게 두려운 것인데, (중략) 이상하게 두려운 것의 비밀스런 성격이 정말로 여기에 있다면, 우리는 언어학적 관례에 의해 heimlich가 반대어인 unheimlich로 전이되게 된 것을 이해할 수 있다. 왜냐하면, 이 unheimlich는 실제로는 새로운 것도 낯선 것도 아니고 오히려 정신적인 움직임에서는 언제나 친숙한 것이었고 또 낯선 것이 된다 해도 그것은 단지 억압 기제에 의해서 그렇게 된 것이기 때문이다. (중략) 대부분의 사람들에게 가장 강렬하게 두려운 낯설음의 감정을 불러일으키는 것은 죽음, 시체, 죽은 자의 생환이나 귀신과 유령 등에 관한 것이다.6)

5) 프로이트, 윤희기·박찬부 역, 「쾌락 원칙을 넘어서」, 『정신분석학의 근본 개념』, 열린책들, 2003, 310쪽 이하 참조.

6) 프로이트, 「두려운 낯설음」, 434쪽.

이 '타자가 된 죽음'은 비록 그 실체를 확인할 수는 없지만, 그렇다고 해서 억압되지도 않는다. 그것은 삶의 근간이 되는 기제이므로 끝내 되돌아오고 만다. 그러나 억압된 것의 회귀는, 바로 그러한 '억압'을 거치는 과정에서 '뒤틀리고', '왜곡되어' 괴기스러운 모습을 띠게 되거나, 혹은 뭉그러졌기에 오히려 형체가 불분명한 모습으로 눈앞에 언뜻 나타났다 사라진다. 소설에서는 수색을 벌이던 경찰 대원 하나가 저수지를 향해 오줌을 누고 있을 때, "순간적이고, 흐릿하고, 불분명했으며 비현실적인 형체"를 띤 '무엇'이 불에 탄 고양이를 채간다. 경찰 대원들은 그것을 "구렁이"라고 추측한다. 하지만 앞에서 줄곧 그래왔듯이, 이 역시 어디까지나 추측에 불과하다고 명시된다. "시커먼 물", "안개", 그리고 "눈곱"이 모종의 환영(幻影)을 만들어냈을지도 모른다고 서술자는 말한다. 그래서 대수롭지 않게 생각한 대원들은 "불타고 남은 잔해들"을 다시 폐기한다.

타자는 익명성(匿名性)을 띤다. 수색과 폐기를 반복하는 경찰들 뒤로, "드디어 나타났어"라는 말과 함께 "첫째", "둘째", 그리고 "셋째"라는 익명의 아이들이 등장하는 대목에서 우리는 그것을 확인할 수 있다. 아이들은 이름도, 또 정체성이라고 할 만한 것도 없는 채 정신없이 출몰한다. 아이들의 익명성은 무의식의 익명성을 연상시키기에 충분하다. 이후 소설의 문장은 마치 무언가를 놓치지 않으려는 것처럼 시종일관 짧고 빠르게 진행된다. 이 아이들은 "시궁쥐 냄새"와 같은 악취로, "더러운 피"로, "비소"처럼 쓰디쓴 침으로, 손을 "썩은 나무처럼 오그라들"게 하는 물집과 썩어 들어가는 몸으로 자신들을 증명한다. 우리의 것이지만 동시에 '정결한 삶'을 위해 억압할 수밖에 없는 것들로 존재하는 아이들을 통해, 작품 도처에 타자성이 흘러넘치고 있음을 확인한다.

"첫째"와 "둘째", 그리고 "셋째"는 순서를 가리킬 뿐, 결코 특정 인물을 지칭하는 단어가 될 수 없다. 그럼에도 불구하고 서수로 인물을 가리키려고 했다는 것은 무슨 의미일까. 사람이 아닌 '다른 것'을 말하려고 한 것이 아닐지 생각하게 되는 대목이다. 어쨌든 이들은 각각 부모 역할을 하는 첫째와 중재의 역할을 하면서도 방기를 반복하는 둘째, 그리고 '울음'과 '먹기'에 강박적으로 사로잡힌 셋째라는, 다분히 정신분석적인 이미지들로 나누어진다. 첫째는 언제나 셋째를 엄마의 말투로 혼내기에 바쁘고 "이웃이 방문할까봐" 두려워한다. 엄마가 "늘 이웃을 조심하라고 일렀"기 때문이다. 엄마는 도시로 떠나면서 아이들에게 숨어 있기를 강요한다. 첫째는 그 순간부터 내입(內入, Introjektion)을 통해 엄마가 된다. "노파처럼 주름진" 이미지와 "시커먼 지옥", "구멍 뚫린 뒤축"의 구두 등으로 기억되는 엄마는 첫째의 입(목소리)을 통해 끊임없이 되돌아오는 것이다.

문제는 다음이다. 아이들에게 엄마는 강력한 힘을 가진 인물이라는 점에서 충분히 '공격자'가 될 여지가 있다. 거기다 엄마의 부재는 그러한 힘을 보다 강화한다. 기실 이들 사이에서는 엄마와의 동일시뿐만 아니라 그것에 의한 폭력 또한 빈번하게 일어난다. 물론 동일시라는 '복종'은, 한편으로 그 공격자의 소멸을 기원하는 데서 비롯되기도 한다는 점은 강조될 필요가 있다.[7] 첫째의 행동에서 바로 그러한 '공격자와의 동일시에 의한 폭력'과 '공격자의 소멸에 대한 욕망'을 읽어낼 수 있다. 텔레비전 화면에 나온 여자의 젖가슴을 만지며 엄마를 부르는 셋째에게, 첫째는 "네 엄마는 여기 있다"며 "머리통을 때"린다. 그러고는 이내 "셔츠를 걷어올"려 자신의 젖가슴을 만지게 한다. 이토록 철저하게 엄마의 역할을 물려받은 첫째는, 오히려 그 철저함을 통해 자신에게 힘을 부여한 공격자를 넘어서서 그의 소멸까지를 노리는 것이다. 이는 엄마에게 양가적(모순적 가치의 병존, ambivalence) 감정이 있음도 암시한다.

> 첫째는 셋째에게 다양한 음식을 해줄 것을 약속했다. 엄마가 살아 있는 생선을 다져 줄게. (중략) 아가야, 닭이나 오리도 좋아하지? 그것들은 거꾸로 매달아 천천히 피를 흘려 죽게 만든 후에 삶아 줄게. 그래야 고기가 연해진대. 살아 있는 동물은 껍질을 벗겨 구워 줄게. 살짝 핏빛이 도는 고기가 맛있어. (29쪽)

아이들은 처음부터 '괴물'의 존재를 알고 있었다. 괴물은 둘째의 눈에 처음 띄었고, 그날은 엄마가 도시로 떠나던 날이었다는 것이다. 이 장면은 투사(投射, Projektion) 작용의 기제를 잘 보여준다. 정신의 구조에 비유하여 읽는다면 둘째는 '자아(Ich)'의 역할을 담당하는 것으로 여겨지는데, 그가 내부의 무의식적인 '나쁜' 욕망을 외부로 투사(밖으로 추방)해 괴물을 만들어내었다는 해석이 가능하기 때문이다. 다시 말해 '괴물'은 엄마가 자신을 버리고(폐기하고) 떠남으로써 형성된 악마적 감정으로

---

7) 장 라플랑슈·장 베르트랑 퐁탈리스 공저, 임진수 역, 『정신분석사전』, 열린책들, 2005, 61~62쪽, '공격자와의 동일시' 항목 참조.

부터 스스로를 방어하기 위해 외부로 투사하여 만든 환상인 셈이다. 이 환상으로 인해 엄마 역시 '나쁜 엄마'로부터 '정화'된다. 괴물의 환상적인 면모는, 둘째가 괴물을 "뼈가 겉으로 드러난 채 온몸에 가시가 돋친 거대한 물고기 형상"을 하고 있지만 어떤 날은 "날카로운 이빨에 붉은 피를 묻힌 늑대의 형상"이기도 한, 말 그대로 "형상이 불분명"한 것으로 인식하는 데서 알 수 있다.

또한 괴물은 아이들이 "할 일 없는 낮"에 종일 보는 텔레비전 영상에서 비롯된 낮의 잔재이기도 하다. "국경 너머의, 이제는 몰락하여 사라진 왕국, 페르시아의 왕자가 나오는 만화 영화" 안에 등장하는 "더럽게 못 생긴 괴물"의 변형이 바로 저수지의 괴물인 것이다. 여기서 '몰락'의 이미지는 강화된다. 몰락한 왕국의 버려진 왕자는 일종의 '조력자'라고 할 수 있는 괴물에 의해 양육됨으로써 도둑질과 사기에 특히 능통하게 된다. 그러나 왕자가 지닌 이러한 기술들은 결국 '빛'을 보지 못하는데, 그는 고귀한 혈통이었지만 어디까지나 '몰락한' 왕국의 '버려진' 왕자였다는 점에서 타자였을 뿐만 아니라, 끝내 타자의 위치에서 벗어날 기회를 얻지도 못했기 때문이다. 괴물은 '조력자'에서 다시금 '괴물'로 환원되고, 이는 저수지의 괴물에게도 마찬가지로 적용된다. '이야기 속의 이야기'인 이 이야기는 소설 안에서 환상의 역할을 맡으며 다시 소설의 변형으로, 소설의 변형을 추동하는 힘으로 작용한다. 소설의 포즈와 몰락의 포즈는 서로를 비추는 것이다.

셋째는 쉬지 않고 침을 뱉고, 소리 내지 않으며 울고, 또 과자를 먹는다. 소비를 넘어 탕진하는 것이 셋째의 일 아닌 일이다. 그는 또 엄마가 떠나는 날, "엄마의 가방을 열려고 애"쓰기도 한다. 그러나 "가방은 열리지 않"는다. 소설의 전반에 걸쳐 등장하는, '안'과 '밖'의 구조를 띤 대상들은, 결국 제 '내부'를, 안에 무엇이 들어 있는지를 보여주지 않는다. 페티쉬(fetish)의 성격을 지닌 "장갑"을 시종일관 끼고 등장함으로써 드러냄과 감춤을 교차시키는 엄마 역시 그렇다. 외양과 내면은 서로 어긋나고 미끄러진다. 드러나는 것이 없으므로 남는 것은 기표들, 내용을 담지하지 않는 기표들뿐이다. 그러나 한편 생각하면 본래 기표는 기표일 따름이다. 왜 기표에 기의가 부착되어야만 하는가. 어쨌든 이러한 질문을 통해 외양과 내면은 경계가 섞여 더 이상 '외양'/'내면'의 대립이 아니게 된다. 셋째는 경계가 와해되는 지점에 위치해 그러한 움직임을 끌고 나간다.

이렇게 볼 때 셋째는 '통로'라고 할 수 있다. 먹고 마시고 싸는 행위는 세계의 틈을 넓히고 구멍으로 수렴하면서 방출하는 '경계 지우기'와 같다. 그러한 행위 안에서, '외부'와 '내부'는 혼재되는 양상을 보인다. 마치 클라인의 병이나 뫼비우스의 띠처럼, '안'이 곧 '밖'이고 '밖'이 곧 '안'인 것이다. "초콜릿이 든 과자를 계속 먹으면서"도 "배가 고프다고 투정"하는 셋째는, 구순기(口脣期)에 고착된 자아의 은유적 표현형이라고 볼 수도 있다. 구순기의 궁극적 목표는 대상과의 '화학적인 합체'이며, 아울러 단순히 구강 활동에만 결부되어 있는 것이 아니라 다른 기능, 가령 호흡과 시각으로도 옮겨갈 수도 있다는 점이 특징이다.[8] 셋째 역시 괴물을 생각하며 숨을 내쉬는 행동을 반복하는 것으로 보아 구강성의 확장이 일어난다고도 할 수 있으리라.

> 저수지 앞에는 똑같이 생긴 방갈로가 여러 채 놓여 있었다. 키가 작고 올망졸망한 크기의 방갈로는 멀리서 보면 저수지를 둘러싼 나무 울타리처럼 보였다. (24쪽)

> 밤부터 새벽까지는 저수지에 낀 짙은 안개에 휘감겨 잠을 잤다. 안개는 저수지에서 피어올랐다. 그러고는 재빨리 집 앞 창살까지 다가왔다. (…) 스멀거리며 집안으로 안개가 스며 들어왔다. (…) 안개는 아이들이 잠에 빠지면 뿔뿔이 흩어졌다. 해가 나면서 차차 더럽고 냄새나는 저수지가 제 모습을 드러냈다. 안개는 저수지 속으로 서서히 빨려 들어갔다. 셋째는 안개를 빨아들이는 것은 괴물일 거라고 생각했다. 괴물은 저수지 바닥에 숨어서 커다란 입을 벌리고 있을 터였다. (23~24쪽)

입을 크게 벌린 괴물이 사는 저수지에는 방갈로들이 있고, 아이들은 바로 그곳에서 '산다.' 물론 아이들은 살고 있는지, 아니면 이미 죽었는지 독자는 알 수 없다. 이것이 「저수지」의 소설적 전략이다. 어쩌면 이 방갈로들을 포함한 저수지 전체가 바로 거대한 입의 형상을 띤다고 할 수 있지 않을까. "안개"는 그 입 속에서 혀처럼 스멀스멀 움직이며, 방갈로는 이빨처럼 박혀 있기 때문이다. 그렇다면 '괴물의 입속'의 존재인 아이들은 이미 '괴물', 아니, '유령'의 일부인 셈이다. 안개는 형체가 불분명하

---

8) 앞의 책, 73~74쪽, '구순기' 항목 참조. 프로이트, 김정일 역, 「성욕에 관한 세 편의 에세이」, 『성욕에 관한 세 편의 에세이』, 열린책들, 2003, 74쪽 이하 참조.

며 매일 되돌아온다. 그런 점에서 저수지와 안개는 마치 유령처럼 '있음/없음'의 경계에서 우리의 주위를 맴도는, 우리의 의식 조건인 '무의식'의 은유일 수 있다. 프로이트에 따르면 무의식은 액체성·유동성을 띤 에너지 저장소—또 다른 비유를 들자면, 아메바처럼 이동하고 대상을 내입하는—와 같다. 경험한 수많은 인상들은 무의식 속에 고스란히 저장된다. 「저수지」는 바로 이러한 분열된 액체의 집합, 즉 무의식에 대한 정신분석적 상상력인 것이다.

> 양수기가 뿜어낸 물은 집 앞에 그대로 버려졌다. 집은 조금씩 젖어들고 있었다. 양수기가 쏟아 붓는 물줄기는 흙바닥이 파일 만큼 셌다. 그럴 때면 집이 출렁거리는 것 같았다. 둘째는 그래서인지 엄마 뱃속에 들어 있는 것 같은 느낌이 들었다. 출렁거리던 엄마 뱃속, 자신의 몸을 둘러싼 붉고 끈적거리는 피, 입을 틀어막았던 양수 찌꺼기들, 그리고 엄마의 텅 빈 배를 핥던 괴물의 혓바닥. (28쪽)

인용한 부분은 소위 '무의식'에 폐기된 단편들이 되돌아오는 국면을 보여준다. 사람들이건 방갈로건 모두 '쓰레기'를 생산하며, 그것들은 모두 저수지로 흘러 들어간다. 소설은 반복 강박적으로 입에 대해 여러 가지 이미지들을 변주한다. 그 이미지들은 매우 놀랍고, 혐오스럽다. 이 소설은 우리가 맞닥뜨리는 '발작적인 아름다움'이 그렇게 놀랍고 혐오스러운 이유가, 바로 그것이 '퇴행'에 의해 우리가 잊고 사는 진실, 즉 입과 항문이란 본래 서로 다르지 않다는 '날 것'의 사실을 폭로하는, 그래서

'낯익으면서 낯설고', 또 '기괴하고 불편'한 이미지이기 때문이라는 사실을 말해준다. 이는 원래 친숙한 것, 혹은 장소('자궁 내 환상')였지만 억압된 것이기에 다시 환상－엄밀히 말하면 기괴한 환상－을 통해 나타난다. 이렇듯 작품에서 등장하는 쉼 없는 저작 활동과 배설 활동, 다시 말해 '반복 강박'은 더 나아가 '글쓰기'로 이어지며 또한 글쓰기 행위 자체를 가능하게 하는 '죽음', 다시 말해 '삶'의 조건까지도 상기시킨다. 이 지점에서 이 작품은 우리의 무의식뿐만 아니라 세계의 구조까지도 아울러 해부하고 그 구조를 폭로하는 작업이 된다.

「아오이가든」, 회귀와 감염(感染), 다가오는 세계의 파열

「저수지」는 앞서 말했듯 무의식의 지형학적 은유로, 액체의 이미지를 지니고 있다. 「아오이가든」 역시 액체성이 여러 가지 이미지로 변주되어 나타난다. "비"와 "개구리"가 그것인데, 이 액체성은 흔히 생각할 수 있듯이 '생명을 잉태한 근원', 즉 생성의 의미만을 가지지는 않는다. 축축함은 곧 부패와도 연결된다. 견고하게 보이는 신체조직과 사고(소크라테스적 형태들[9])를 전

9) 이는 니체(F.W.Nietzsche)의 구분법에 따른 것이다. 그는 예술의 스타일을 디오니소스적 스타일(도취, 유동적이고 활달함)과 아폴론적 스타일(견고하고 직선적임)로 나눈 다음, 그 둘에 대한 대척점으로 소크라테스적 로고스(logos)를 놓았다. 니체는, 소크라테스적 로고스가 '실재'와 '진리' 그 '자체'를 사유한다고 스스로 주장함으로써 예술을 배척·억압하기 때문에 문제가 있다고 보았다.

복시키는 이 디오니소스적 힘은 자연의 '또 다른 모습'이다. 말하자면 자연은 생명의 근원인 동시에 '죽음의 근원'이기도 한 것이다. 앞서 언급했듯이, 죽음은 도처에 출몰하여 삶을 가능하게 하는 힘으로 작용하지만 우리는 그것을 알지 못하고, 설령 안다고 하더라도 되도록 덮어두려 한다. 그렇지 않다면 이 세계는 가능하지 못할 것이기 때문이다. 그러나 아무리 부정해도 '그것'은 이미 작용하고 있다.

「아오이가든」에서는 "개구리"가 끊임없이 출몰한다. 개구리는 "우무질에 둘러싸여" 태어난다는 점에서 액체성을 고스란히 간직한 생물체이며, "비에 섞여 바닥으로 떨어"지고 "떨어져 머리가 깨지거나 지나가던 소독차에 깔"려 계속 죽어 나가 그 형태는 잃어버릴지라도 결코 사라지지는 않는, 그래서 물과 같은 생물체라고 할 수 있다. 심지어 화자의 집에도 개구리는 출몰한다. 소리로, 그리고 냄새로. 그리하여 「저수지」에서 등장하는 여학생의 옷처럼, 매끄럽게 질서화된 세계에 조용히 '균열'을 낸다. 그러나 그것은 현실과는 '다른' 세계에서 온 소리가, 또 냄새가 아니다. 이 소설에서 등장하는 역전의 이미지들은,[10] – 예를 들어 자꾸만 "하수도가 역류하면서 분뇨를 거리로 토해내는" 것처럼, 반복과 퇴행을 가리키는 은유들은 – 오히려 이 세계가 역병으로 인해 죽음의 도시가 된 "아오이가든", 즉 '푸른(あ

10) 이 소설에서는 명백히 죽음을 나타내는 이미지들, 예를 들어 시반(屍班) 같은 몸의 "얼룩"이나 "피"가 오히려 가장 생생한 생명을 나타내는 이미지들로 제시되고 있다. 또 "다리부터 나와" 어머니의 무게를 받치고 있는 갓난아기 등은 또 다른 역전의 이미지라고 할 수 있다.

おい) 정원(garden)' 위에 서있다는 불편한 사실을 일깨워준다. 그리고 그러한 은유는 소설의 마지막에서 극대화된다. 사실 '아오이가든'이라는 이름 자체가 이미 아이러니다.

"아오이가든"은 아파트 단지의 이름으로, 이 아파트가 있는 도시는 역병이 돌아 외부로부터 고립된 곳이다. 이 도시는 "냄새를 풍"기며, 따라서 거대한 쓰레기통에 다름 아니다. 그 쓰레기의 양은 "도시 전체를 내다버린 것처럼" 많다. 이처럼 '전도'에 관한 한 이토록 극단적이고도 현대적인, 그리고 훌륭한 예가 또 있을까. "동물의 배설물과 사체도 쓰레기 더미에 섞여" 있는 도시의 거리는 "집에서 쫓겨난 동물들"이 "쓰레기를 뒤져 먹을 것을 찾거나 다른 놈의 모가지를 물어 죽이거나 교접"하는 무질서한 공간이다. 신호 체계도 쓸모가 없어진 이 거리에서는 살아 있는 사람조차도 "주검이거나 주검에 가깝게" 느껴지고, 심지어 "멀리서 보면 쓰레기를 담은 자루"로까지 형상화된다. 말하자면 사람과 쓰레기 자루의 경계가 뒤섞이는 셈이다. 이러한 이미지는 도시를 떠났다가 되돌아온 누이를 묘사할 때도 등장한다.

누이는 "거리의 냄새와 유사한, 역겨우면서도 친숙"한 냄새를 풍기며, "집을 나간 지 팔 개월만"에 "지난 팔 개월을 일목요연하게 정리한 문서 같"은 "둥근 배"를 안고 돌아온다. 화자는 누이를 "더럽고 축축한 자루처럼 보"인다고 묘사한다. 병균과 쓰레기로 오염된 거리, 냄새가 도시의 그 거리에 유기적으로 자리를 차지했지만, "최초에 냄새를 풍기기 시작한 것이 거리였는지 아오이가든이었는지는 알 수 없"기 때문에 두 경계가 소멸되는 것처럼, 누이는 화자의 눈에 그저 '자루' 이상이 아니다. 그것도 생명과 죽음이 뒤섞인, 즉 "우무질에 둘러싸"여 생명이 있으면서 동시에 없어 보이는 '퇴행'("개구리")을 잉태한 자루인 것이다. 또 누이는 임신했다는 사실로부터, 계속 새끼를 배고 집에 돌아오는 고양이의 이미지와도 뒤섞이게 된다. 화자에게 고양이는 역겹고 위험한 생물체다.

> 나는 고양이 때문에 메스꺼워진 속을 누르며, 그 속에 든 게 누구의 아기냐고 물어보았다. 누이는 자신도 알 수 없다고 했다. 목까지 단추를 채운 옷을 입고, 두꺼운 속옷을 잘 갈아입지 않았으며, 수풀에서는 줄곧 땅처럼 납작하게 엎드려 있어서 다리를 벌릴 틈이라곤 없었는데 배가 부풀더라고 했다. (57쪽)

사람들은 이 역병의 도시에서 살아남기 위해 여러 가지 방법을 찾아 헤맨다. "교회와 절"에 모이기도 하고, "몸 안의 피를 뽑아내는 사혈법"도 써보며 "수은을 함유한 약"도 써보는 등, 갖가지 방법을 동원한다. 여기서 문제가 되는 것은 역병의 해결법과 원인을 규명하려는 사람들의 사고 체계다. 원인에의 규명이 곧 해결법과 연결된다는 전제하에서, 병의 원인은 곧 병의 치료가 된다. 그래서 소설 속의 사람들은 병의 원인을 찾으려 한다. 그리하여 급기야 "바깥에는 온갖 흉흉한 소문이" 돌기 시작한다. 그러한 소문들 중에서도 사람들에게 가장 큰 영향력을 행사하는 것은 "역병을 옮기는 소녀"에 대한 이야기다. 「저수지」에서 경찰들이 여학생의 '사체'를 찾듯, 「아오이가든」에서 사람들은 역병의 '실체'를 찾으려 하며, 그 귀결이 바로 "역병을 옮기는 소녀"인 것이다.

오염이나 병이 특정 원인에 기인한다는 담론(「저수지」 오염의 원인은 사체, 「아오이가든」 역병의 원인은 소녀)은 근대를 떠받치고 있는 주요 패러다임이다. '세균'이라는 타자를 분리·생산해내는 이러한 담론은, 삶이 죽음을 배제하고 오직 '삶'만을 끌어안을 때만이 가능하다는 논리로 작동한다. 이른바 '위생 담론'의 탄생이다. 선/악의 분리, 그리고 악의 배제 과정까지도 암시하는 이러한 논리는, 사실상 혼종성과 이질성으로서 존재하는 우리의 세계를 직시하지 못한다. 질서화된 세계는 무질서와 파열을 전제로 한다. 따라서 도리어 거대한 죽음과 악이 우리의 기반인 셈이다. 거기다 소설에서 '여성'이 역병의 원인으로 지목된다는 것은 매우 의미심장하다. 지금껏 여성은 어떻게 인식되고 다루어져 왔는가. 마찬가지다. "다리를 벌릴 틈이라곤 없었는데 배가 부풀"었다는 것은 비체(非體), 즉 '통일'된 몸을 분열시키는 독립 지점인 태아가 외부 아닌 바로 내부로부터 비롯된 것이라는, 혼질로 존재하는 이 세계에 대한 은유라고 할 수 있다. 외면하고 싶은 진실, 편혜영의 소설은 곳곳에서 이 '진실'을 말함으로써 끊임없이 불편해진다.

「저수지」에서건 「아오이가든」에서건 분리된 원인, 즉 죽음의 '실체'는 결코 드러나지 않는다. 있는 것이라고는 동일시를 통해 양산된 기표들의 변주뿐이다. "빨간 스카프"가 그 변주다.

> 사람들에 의하면 소녀는 목에 빨간 스카프를 둘렀다고 했다. 소녀가 누구인지는 아무도 몰랐다. 애초에 소녀를 본 사람이 누구인지도 알 수 없었다. 소녀의 차림새에 대해서라면 누구나 알았지만 정작 소녀를 직접 보았다고 하는 사람은 아무도 없었다.

사람들은 소녀가 구획이 나뉜 마을의 흙담을 따라, 창의 검은 커튼을 따라 빨간 스카프를 흔들며 다닌다고 했다. 그러기만 하면 그 집의 식구들이 모두 역병에 감염된다는 거였다. 소녀의 옷차림이 학생들 사이에서 유행이 되었다. 여학생들은 누구나 목에 빨간 스카프를 둘렀다. (중략) 누이도 그렇게 입었다. (50~51쪽)

그러므로 누이는 삶의 세계가 억압한 죽음, 그 억압으로부터 되돌아온 죽음의 기표인 셈이다. 죽음에는 '얼굴'이 없다. 이렇게 이중으로(퇴행과 반복) 겹쳐 있는 죽음은 누이의 뱃속에, 그리고 고양이의 배 속에 있다가 조용히 퍼져 나간다. 어머니인 "그녀"가 고양이의 자궁(子宮)을 들어내려고 하는 이유는 바로 여기에 있다. "그녀"는 '통제하는 자아(Über-Ich)'의 역할을 수행하는 심급(審級)과 본질적으로 다르지 않다. "그녀"의 몸에 나 있는 얼룩은 그 자체로 '흉안(凶眼, evil eye)'이다. 부모의 감시하는 눈이 억압되었다가 다시 돌아오면서 귀신의 눈으로 변형되어 나타나는 것이 바로 프로이트가 말하는 흉안인데, "그녀"는 사회적 억압인 이웃 남자의 시선을 받아 들여와 누이를, 그리고 화자를 감시하고 통제한다. "빨간 스카프"에 상응하는, 피를 연상시키는 "충혈된 붉은 눈", "붉은 눈", "검붉은 눈알"의 변주와 반복. 이때 "그녀"라는 명칭은 통제에 반하고자 하는 화자가 붙인, '구분'을 위한 이름이라고 할 수 있다.

혼잣말을 중얼거릴 때마다 그녀의 검은 얼굴에 충혈된 붉은 눈이 도드라졌다. 붉은 눈은 누이의 몸을 닦느라 치켜든 그녀의 엉덩이에도 달라붙어 있었다. 그녀가 걸음을 옮길 때마다 하얀 치

마에 묻은 붉은 눈이 덩달아 서성거렸다. 그녀가 앉았다 일어난 이불보나 방석 위에도 검붉은 눈알이 남았다. (41쪽)

그런 그녀에게 있어 누구든 죽음을 옮기는 것은 용납될 수 없는 행위다. 먼저 그녀는 더이상 새끼를 배고 집안으로 들어오지 못하도록 고양이의 자궁을 제거한다. 앞서의 서사에서 고양이와 누이는 상호 동일한 층위가 되었으므로, 고양이의 자궁을 없애는 것은 곧 누이의 그것을 은유적이고 '환상'의 측면에서 '제거'하는 것과 같게 된다. "연하면서도 깊고, 화려하면서도 더러운 색"의 모순적 감각-감정을 불러일으키는 피, 그리고 그러한 피를 흘리는 고양이에게서, "자궁인지 심장인지, 허파인지 십이지장인지 구별할 수 없"는 "핏덩어리"를 떼어내는 수술이 끝나자, 그녀는 곧 "묘실(墓室)"로 들어간다. 묘실은 무덤이며 무덤은 일상적 공간이 아닌, 절대적으로 '다른' 공간을 가리킨다. 아이러니하게도, 죽음을 거부하는 그녀 역시 이미 죽음의 품속에서 살아감을, 또 누이의 이야기 속에서 인간이 아닌 동물의 영역(퇴행. 자의식의 폐기)으로 이동하여, 사실상 그녀를 포함한 각 '심급'이 무의식에 깊이 각인된 죽음을 가리키고 있음을 드러내는 것이다. 그것은 다음 부분에서 명시된다.

엄마는 널 서서 낳았어. 목을 빳빳이 들고 얼굴을 치켜들어서 엄마가 비명을 지르려고 한다는 걸 알 수 있었어. 척추는 곧게 세웠지. 가끔 허리를 구부리기도 했는데 그럴 때마다 뱃속에 든 네가 몸을 트는 게 다 보였어. 엄마는 계속 바짝 서 있을 수밖에 없었어. 가랑이를 벌리고 빳빳이 서 있는 건 좀 힘들어 보였어.

> 그렇게 조금만 더 서 있으면 죽을 것 같은데, 네가 미끄러져 나왔어. (43쪽)

이 "누이가 말한 것"은 화자에게 있어 "빳빳이 서 있는 기린의 엉덩이에서 피 묻은 양수에 둘러싸인 새끼가 미끄러져 나오는 장면"이었다. 그러나 누이는 단호하게 그것이 화자인 '내'가 세상에 나오는 장면이라고 말한다. 소설의 종반부에서 이러한 퇴행의 이미지(포유류 → 양서류)는 화자인 '나'의 뱃속으로 고양이가 들어가고, 누이가 개구리들을 낳으며, '내'가 그 개구리처럼 "가늘고 단단한 다리를 접었다가 훌쩍 튀어" 베란다 밖으로 나가는, 환상에 의한 장면에서 극대화된다. 그리고 급기야 "죽은 새끼들이 썩은 몸을 일으켜 긴 소리로 울며 낙하하는 나를 마중"하는 것으로 소설은 끝난다. 「아오이가든」은 고양이와 개구리와 화자가 서로 뒤섞이는 퇴행적 이미지를 통해, 삶의 내부로부터 끊임없이 되돌아오는 죽음이 삶을 파열시키는 동시에 그것을 '가능하게' 한다는 세계의 진실, 그 '불편한 진실'이 언뜻 출몰하는 지점을 우리에게 열어 보여주는 것이다.

감춤과 드러남,
그리고 회귀

저수지 근처 방갈로에서 사는 아이들이 등장하기 전까지, 「저수지」의 전반부에서는 경찰들이 여학생의 시신을 찾기 위해 저수지와 숲을 수색하는 것으로 나온다. 그러나 "첫째"와 "둘째", 그리고 "셋째"로 호명되는 아이들은 그렇게 "사내들이 숲으로 몰려온" 이유를 "괴물을 찾기 위해서"라고 생각한다. 모두 서로 다른 것을 생각하고 있는 것이다. 아니, 서로 다른 것을 생각함에도 불구하고 모두 그것에 '사로잡혀' 있다는 점이 더 중요하다. 소설의 시각은 전반을 지나면서 제3자의 '외부적 시선'에서 아이들의 시선으로 교체되는 양상을 띤다. 그러한 시각의 변화와 더불어 이야기의 관심사 역시 여학생의 사체에서 괴물로 교체되며, 그와 동시에 이 두 항은 또한 서로 겹쳐지게 된다. 그뿐만 아니라 소설이 처음에 관심을 가졌던 대상은 끝내 나타나지 않고, 그래서 오직 찾는 행위, 감춰진 것이 무엇이든, 찾는 것 자체가 중요해지는 역전이 일어난다. '찾기'라는 행위는 무엇인가를 찾는 것이 아니라, 찾기 위해 찾는 것에 불과하게 되는 것이다.

이러한 구조는 「아오이가든」에서도 마찬가지로 반복된다. "그녀의 기분에 따라" "열일곱 소년이었다가, 스물세 살의 어른이 되기도 했다가, 때로는 열두 살 꼬마가" 되기도 하는 화자가 바라보고 서술하는 '아오이가든'은, 화자와 마찬가지로 모든 것이 뒤섞여 있는 무질서의 공간이며 투사에 의해 만들어진 세계의, 그리고 정신의 무의식에 관한 은유다. 결론적으로 말해 편혜영의 「저수지」와 「아오이가든」은 이를 정신분석적으로 풀어내는 작품이라고 할 수 있다. 섞여 있지만 조화를 모르는 세계, 그러한 분열과 파열의 세계에서 원인을 분리하고 그것을 찾으려 하는 시도는 세계에 각인된 자연, 무의식에 각인된 죽음을 찾아내려는 시도이며 또 언제나 실패하고 만다는 사실을 보여준다.

무의식은 눈앞에 결코 나타나지 않는다. 거기에는 본래부터 '얼굴'이, 즉 실체가 없기 때문이다. "저수지의 물을 아무리 퍼내도 괴물은 나타나지 않"는다(「저수지」). 오히려 둘째의 말처럼, "잡히면 괴물이 아니"듯, 밝혀진다면 그것은 무의식이 아닌 것이다. "아무리 물을 퍼내도 찾을 수 없는 곳, 지구의 핵을 지나 맨틀 가까이 다가간다고 해도", "역병을 옮기는 소녀"인 무의식의 내용은 알 수가 없다(「아오이가든」). 그러나 우리는 무의식의 영향 하에 자유롭지 못하다. 비워내기, 방출하기의 끝에 인간은 서 있으며, "그 중에는 언제 죽었는지 알 수 없이 오래된 시체 한 구가 있"고 개구리가 인간과 하나가 되는 소설의 장면들처럼, 삶은 죽음이며 죽음은 다시 삶을 가능하게 한다는 사실이 어렴풋이 감지되며, 또 그것이 때로는 현실에서 '불현 듯' 출몰하기 때문이다. 그러한 회귀 속에서 죽은 사람에게는 산 사람의 음성이 들리고, 반대로 산 사람에게서는 죽은 사람의 음성이 들린다. 메멘토 모리(Memento mori), 메멘토 모리.

제3부

기억의 서사, '더불어 삶'의 이름

다산이 읊은 "오! 나의 부모여, 형제여!"

<무흘정사武屹精舍>

- 한강寒岡 학파의 은둔과 연대 그리고 소통의 공간

영화로 보는 역사

- <최종병기 활>과 버려진 백성

다산이 읊은 "오! 나의 부모여, 형제여!"

박 세 인

다산 정약용과 그가 사랑한 가족

다산 정약용(茶山 丁若鏞: 1762, 영조 38~1836, 헌종 2)을 가리키는 수사는 다양하다. 그는 당대의 군주를 도와 역동적인 정치를 펼친 빼어난 경세가이고, 높은 학문적 성취를 이룬 탁월한 학자이자 준수한 시문을 창작하는 시인이기도 하며, 궁벽한 시골의 서생들을 능력 있는 선비로 키워낸 뛰어난 교육자이기도 하다. 18세기 우리 문예사는 이와 같은 다산의 다채로운 족적 덕분에 화려한 꽃을 피울 수 있었다. 나아가 과학과 기술의 급격한 발전 속에서 그 어느 때보다 인문학적 성찰이 요구되는 오늘날, 다산은 다양한 분야에서 다른 누구보다 빈번하게 소환되고 있는 최고의 스타 인문학자이기도 하다.

이 때문에 많은 이들이 눈부시게 빛나는 다산의 면모를 주로 기억하고 떠올린다. 그런데 이렇게 성공한 사회적 존재의 뒤켠으로 자연인 정약용의 자취를 가만가만 따라가 보면, 아들이고 형제이고 남편이고 아비인 다산의 또 다른 삶의 주름들을 발견할 수 있다. 가족이라는 관계망 속에서 다산은 어떤 존재였을까? 또 다산에게 가족은 어떤 의미였을까?

다산의 부친은 형조좌랑·화순현감·진주목사 등을 지낸 정재원(丁載遠)이다. 정재원은 의령남씨에게서 장남 정약현(丁若鉉)을 낳은 후, 해남윤씨와의 사이에 정약전(丁若銓)·정약종(丁若鍾)·정약용 등 세 아들과 딸 한 명을 두었다. 또한 측실 김씨로부터 아들 정약횡(丁若鐄)과 두 딸을 얻었으므로, 다산은 5남 3녀 중 넷째이다. 다산은 열다섯에 풍산홍씨와 혼인하였으며, 두 사람 사이에는 두 아들 정학연(丁學淵)·정학유(丁學游)와 딸 한 명이 있다.

다산의 가족은 한때는 영광스럽고 행복한 시절을 보내기도 했으나, 당시의 그 어떤 집안보다 정치·사회적 풍파를 혹독하게 경험하는 고난을 겪기도 했다. 다산의 시문 곳곳에는 이러한 시간을 공유하고 감내한 가족들에 대한 다채로운 감정들이 오롯이 드러나 있다. 이제 다산의 시를 통해 그의 가족을 만나는 여정을 시작해 보자. 다산의 가족을 만나러 가는 길에서 화려한 수사를 걷어낸, 정약용의 담박하고 진솔한 면모와 조우할 수 있을 것이다.

길 위에서 길을 보여주다

다산시(茶山詩)에 드러난 정약용과 부친 정재원의 자취를 따라가 보면 유난히 눈에 띄는 점이 있다. 바로 이들 부자가 함께 여러 곳을 여행했다는 점이다. 부친의 임지에 동행하거나 방문해서 주변의 명소를 유람하기도 하고, 종종 친족과 지인들의 누대에서 여흥을 즐기는 등 다산과 정재원은 다양한 곳을 두루 찾으며 함께하는 시간을 자주 가졌다.

집의 경계를 벗어나 낯선 곳으로의 여행은 사람을 유연하게 이완시키거나, 일상에서 잘 드러나지 않는 감정을 끌어내기도 한다. 이 때문에 여행을 마칠 즈음이면 동행했던 사람과 정서적 유대가 깊어지거나, 서로에 대한 이해의 폭이 확장되는 경우가 많다. 다산과 정재원도 여러 여행에 동행하면서 다양한 체험과 정서를 공유함으로써 더욱 친밀한 관계가 되었을 것이다.

다음 시는 <화순으로 가게 되어 부친을 모시고 소내로 와 여러 숙부·형들과 작별하다>라는 작품이다. 정재원은 1777년(정조 2) 10월에 전라도 화순의 현감으로 부임하였는데, 이때 정약용과 정약전 두 형제를 동반하였다. 이 시는 다산과 부친의 동행을 소재로 한 시 중에서 가장 첫 번째로 지어진 작품이다.

남쪽 고을로 향하는 수레를 따라가는 날	南縣隨車日
동산에서 이별 술잔 기울이는 때	東岡飮餞時
머언 여행 즐겁지 않을까마는	遠游非不快
오랜 이별 그리움 어찌 견딜꼬	久別奈相思
책을 열면 일찍이 보던 서책이 어른거리고	書憶曾抽卷
소나무 보면 예전 기대던 나무들 생각나겠지	松憐舊倚枝
호시의 뜻을 따라 길을 떠나세	行哉弧矢志
민간의 풍속 또한 두루 알아야 하리니	謠俗合周知[1)]

다산은 경기도 광주군 초부면 마현(馬峴: 지금의 양주군 와부면 능내리)에서 태어났다. 마현은 '마재'라고도 하는데, 그의 집안은 5대조 때부터 이곳에 터를 잡았다. 마을 앞으로 '소내[苕川]'라는 개천이 흐르고 있어 '소내'라 부르기도 한다. 정재원이 남쪽의 임지로 먼 길을 떠나는 것을 송별하기 위해 숙부들을 비롯하여 여러 형제들까지, 소내에 살고 있는 온 친족이 다 모인 듯하다. 다산의 가족과 그 친족들이 평소에도 우애가 깊고 화목한 관계였음을 짐작할 수 있다.

이때 다산의 나이가 열여섯이었으니 피 끓는 질풍노도의 시기에 낯선 곳으로의 여행은 마냥 신이 났을 법하다. 그런데 함련과 경련을 보면 꼭 그렇지만도 않은 것인지, 자꾸 이유를 대며 미적대는 것이 마치 길을 나서기 싫은 모양새다. 무슨 이유 때문일까?

당시 다산은 풍산홍씨 홍화보(洪和輔)의 딸과 혼인한 지 채 1년이 안 된 풋풋한 새신랑이었다. 신혼임에도 어여쁜 아내와 헤어져 오랫동안 보지 못하는 것이 못내 아쉬웠던 모양이다. 그러나 이런 마음도 잠깐이고, 미련에서 이 여행의 목적인 '호시(弧矢)'의 뜻을 헤아리며 마음을 다잡고 있다. '호시'는 '상호봉시(桑弧蓬矢)'의 줄임말로, 뽕나무 활과 쑥대 화살을 이른다. 『예기』에서 유래한 말로, 사내아이가 태어나면 장차 사방을

1) 정약용, <將赴和順 陪家君至苕川 留別諸父諸兄>, 『다산시문집(茶山詩文集)』 권1(이 글에서 인용하는 다산시 원문과 번역문은 한국고전번역원 <한국고전종합DB>의 『다산시문집』을 참고하였으며, 시의 내용에 따라 일부 시구를 윤문하였음. 이후 다산시의 출처 표기는 시의 제목과 소재한 권수만 밝힘.).

경영하는 데 뜻을 두게 한다는 의미에서 뽕나무 활과 쑥대 화살 여섯 개로 천지와 사방을 향해 한 개씩 쏘게 했다고 한다. 따라서 '호시'는 남자의 큰 포부를 이른다. 정재원이 출사 전의 두 아들을 화순의 임지에 동행시킨 것은 다양한 경험을 통해 이들이 미래에 대해 큰 포부를 가질 수 있기를 바랐기 때문일 것이다. 다산 또한 이러한 부친의 깊은 뜻을 헤아렸기에 마음을 정돈하고 함께 길을 나설 수 있었을 것이다.

다음 시는 <부친을 모시고 소내로 돌아오며>라는 시이다. 정약용은 28세(1789, 정조 13) 때 문과에 급제를 하고 초계문신으로 뽑혔는데, 마침 그의 부친 또한 울산부사를 제수 받았다. 모친의 묘소가 있는 충주를 방문할 참이었던 다산이 남쪽의 임지로 떠나는 부친의 여정에 함께 하기 위해 잠시 고향에 들른 것이다.

청문 밖 안개 낀 버드나무 산뜻하여 고운데	青門煙柳媚新晴
화려한 일산 나란히 날리며 한성을 나섰네	華蓋聯翩出漢城
검은 인끈 먼 곳에서 삼품 녹을 받으시고	墨綬遙承三品俸
푸른 도포 이제 막 갑과 영광 띠었다네	藍袍初帶甲科榮
뽕나무며 가래나무 백 년 마을 유서 깊고	百年桑梓村墟古
꾀꼬리 울고 꽃 피어 천릿길이 평탄하네	千里鶯花客路平
반평생을 우선 떼어 성상의 은혜 보답한 뒤	且放半生酬聖眷
늘그막엔 돌아와 백구의 언약 지키리	晩來還守白鷗盟2)

수련의 '청문(青門)'은 본래 중국 한나라 장안(長安)의 동남

2) <陪家君還苕川>, 『다산시문집』 권1.

방 문을 이르는 말인데 여기서는 한성의 도성문을 비유한 것이다. 시는 새로운 벼슬을 제수 받은 아버지와 우수한 성적으로 과거에 급제한 아들이 함께 성문을 나서는 것으로 시작되고 있다. 정재원은 지방의 임지에 다산을 데리고 다니며 학문을 연마시키고, 다양한 향정(鄕政)을 체험시키며 아들의 성장을 세심하게 도왔다. 그러한 아버지의 눈에 젊은 관료의 상징인 푸른 도포 입은 아들의 모습은 여간 대견하고 자랑스러운 게 아니었을 것이다. 다산 또한 이러한 부친의 마음을 짐작하기에 임금에게 충성하며 태평성대를 만드는 데 전력할 것임을 다짐해 보이고 있다.

고향집에서 가족들과 작별한 후 아들과 함께 남쪽으로 길을 나선 정재원은 아들의 수고를 칭찬하기도 하고, 신하의 도리와 관료의 자세에 대해서도 자상한 충고를 해주었을 것이다. 말머리를 나란히 하고서 두런두런 이야기를 나누고 갈 살가운 부자의 모습이 그려진다.

이후 다산은 울산의 임지로 부친을 직접 찾아가 며칠 동안 머물다 서울로 올라오기도 했다. 이때 다산은 부친과 함께 경상도 영천(永川)의 은해사(銀海寺)를 방문하고 <부친을 모시고 은해사에서 노닐며>라는 시를 남겼다.

절이 역로 가까이 있어　　招提近驛路
두루 둘러보니 맑은 가을날이 참으로 좋네　　游歷愛淸秋
붉은 단풍 산문은 고요하고　　紅葉山門靜
푸른 덩굴 시냇길 그윽하여라　　蒼藤澗徑幽
누대는 통도사 따라 세워졌고　　樓依通度設

절 방은 도선이 머물 때 생각나게 하네　　房憶道詵留
오고간 관리들 많이 있지만　　來往多冠蓋
임천에 은거할 생각을 않네　　林泉不自謀[3]

첫 구에 나오는 '초제(招提)'는 절의 별칭으로 은해사를 가리킨다. 다산도 출사를 해서 지방에 오래 머물 수 없는 사정이라 역참에서 가까운 은해사를 유람 장소로 선택한 듯하다. 단풍이 들기 시작한 고즈넉한 산사라 두 사람도 목소리를 높이지 않고 조용한 대화를 나눴을 것이다. 한가로이 경내를 거닐며 서로의 안부를 챙겼을 것이고, 아들은 고향의 가족들 소식을 전하기도 했을 것이다. 두 부자는 은해사를 방문하기 전에 경주나 영천의 풍치 좋은 곳에 자리한 지인의 누정을 들러서 승경을 유람하기도 하고 흥취를 나누기도 했다.

이와 같이 다산과 그의 부친이 함께 있는 모습이 가장 많이 포착되는 곳은 바로 '길 위'이다. 함께 길을 나서서 여기저기를 찾아가기도 하고, 누군가를 만나기도 하는 두 사람의 모습을 쉽게 발견할 수 있다. 이 때문에 두 부자가 등장하는 시는 대체로 전통시대 부자 관계에서 보이는 단호함이나 엄격함보다는 여유와 따스함이 흐른다.

다음에 이어지는 시는 1792년(정조 16) 정월에 동작 나루터에서 진주로 돌아가는 정재원을 전송하며 지은 시이다. 시의 제목은 <동작나루에서 도로 진주로 가시는 부친을 송별하며>이다. 당시 정재원은 진주목사였는데 공삼 차사원(貢蔘 差使員)

3) <陪家君游银海寺>, 『다산시문집』 권1.

이 되어 잠깐 상경했던 것이다. '공삼 차사원'이란 공물로 바치는 인삼을 관리하는 임시직 관원을 말한다.

나루터에서 배가 멀리 떠나가니　渡口移舟遠
모랫가에 말 세우고 바라본다네　沙頭立馬看
흰머리 늙으신 모습 가슴에 품고　鬢凋懷暮景
얇은 갖옷 봄 추위 염려스럽네　裘薄念春寒
어슴푸레 화개는 깜박이는데　杳杳飜華蓋
아스라이 푸른산에 가로막혔네　迢迢對碧巒
가마 앞에서 한 잔 술 마시는 것은　轎前一杯酒
그야 물론 이별이 어렵기 때문이라네　應爲別離難[4]

봄이 채 오지 않은 늦겨울의 추위가 만만찮을 때 강나루에 부는 바람은 여간 매서운 게 아니다. 부친을 실은 배가 아스라이 멀어지고 산에 가려져 보이지 않을 때까지도 다산은 쉽게 자리를 뜨지 못하고 있다. 제법 먼 행로임에도 함께 하지 못했기 때문인지 부친의 하얗게 센 머리와 얇은 차림새가 유독 눈에 띈다. 그럴 만도 한 것이 당시 정재원은 자식들의 천주교 신앙 문제 때문에 걱정이 많았다. 부친의 마음을 어지럽히는 문제의 당사자 중 한 사람이었던 다산의 마음 또한 몹시 무거웠을 것이다. 그래서 이날의 이별이 유난히 더 어렵고 힘들었던 모양이다.

그런데 동작나루에서 바라보던 이날 부친의 모습은 다산에게 두고두고 회한으로 남았을 것 같다. 왜냐하면 이해 4월 진주에

4) <銅雀渡送別家君還晉州>, 『다산시문집』 권2.

서 부친의 갑작스러운 부음이 들려왔기 때문이다. 이때의 이별이 부친과의 마지막 되고 만 것이다. 함께 길을 나선 다산과 정재원의 아름다운 동행 또한 더 이상 이어질 수 없게 되었다. 정재원의 죽음은 아버지라는 존재를 잃었다는 점에서 슬픈 일이 아닐 수 없다. 또한 한편으로 길 위에서 다채로운 길들의 삶을 들려준, 지혜로운 여행의 벗을 상실했다는 의미에서도 안타까움이 크다.

부재하나 늘 함께하다

다산과 부친이 길을 나서거나 여행을 할 때 모친은 어디에 있었을까? 그런데 다산의 시에서 모친의 모습을 찾기가 쉽지 않다. 모친 해남윤씨는 다산이 아홉 살 때 일찍 세상을 떠났기 때문이다. 정재원이 지방의 임지로 다산을 데리고 다닌 까닭도 아들의 일상을 챙겨줄 수 있는 어머니가 부재한 것도 한 이유였을 것이다. 다산이 어린아이에서 청년을 거쳐 의젓한 성년이 되는 과정을 지켜보는 것은 오로지 아버지의 몫이었던 것이다. 이런 이유로 다산과 그의 부친은 언제든 길을 나서 함께 여행해도 좋은 살가운 부자 사이가 되었는지도 모른다. 그러나 한편으로 열 살도 채 되지 않은 어린 나이에 모친의 죽음을 경험한 다산에게 어머니는 한없는 그리움의 대상이 될 수밖에 없었을 것이다. 다산의 시에서 모친은 '하담(荷潭)'이라는 공간에 항상 자리하고 있다.

'하담'은 현재 충청북도 충주시 금가면 하담리에 해당되는 지역이다. 하담은 조모인 풍산홍씨 집안의 세거지로서 다산 집안의 선영이 있는 곳이다. 하담의 선영에는 조부모와 모친의 묘소가 있으며, 부친 또한 이곳에 장사지냈다. 따라서 다산이 하담을 호명하는 것은 그 어머니를 부르고 아버지를 찾는 것이다. 다산은 개인적으로 중요하거나 의미 있는 일이 있을 때마다 매번 하담을 찾곤 했다. <하담에 이르러>라는 다음 시를 보자.

남녘의 고운 산천 즐기다 보니	南郡山川美
동녘 땅에 세월이 변하였구나	東阡歲月移
홀연히 신부 데리고 고향에 오니	却將新婦至
공연히 마을 사람들 슬픔 자아낼 따름이네	空惹里人悲
솔 밑에 찾아온 자 누군지 물어보고	松下來誰問
잔디 위에 한참 동안 함께 앉았네	莎邊坐共遲
흩날리는 눈송이 옷에 떨어지니	飛飛點衣雪
처량함이 경인년과 비슷하네	悽愴似庚寅[5]

다산이 예천군수로 있던 부친을 뵙고 서울로 올라가는 길에 아내와 함께 하담의 선영을 찾았다. 모친을 기억하는 마을 사람들은 어여쁜 신부를 데리고 온 장성한 다산을 보며 눈물을 짓는다. 아마도 그 옛날 어린 나이에 모친의 장사를 지내러 왔던 앳된 다산이 생각났을 터였다. 어떤 이가 이들 부부가 낯설어 누구인지 물어보자, 다산은 그에게 하담과의 인연을 한참 동안 이

5) <到荷潭>, 『다산시문집』 권1.

야기해 준 모양이다. 응석받이였던 어린아이가 어엿한 성년이 되어 신부와 함께 문안 인사를 왔는데, 정작 반갑게 맞아줄 어머니가 없다. 어머니의 자애로운 웃음과 덕담이 있었다면 눈발이 흩날리는 겨울 추위도 그리 춥지 않았을 것이다. 하담의 묘소 앞에 선 다산은 여전히 어머니를 잃은 그 경인년(1770, 영조 46) 겨울의 서럽던 아홉 살 어린아이인 것만 같다.

다음은 <하담에 당도하여>라는 시이다. 다산이 문과에 급제한 뒤에 자신의 출사를 알리기 위해 모친의 묘소에 성묘를 온 것이다.

말머리 검은 망사 일산 씌우고	馬頭玄縠蓋
머리에는 아름다운 꽃비녀로세	頭上綵花簪
내 어머니 당년에 축원하신 건	慈母當年祝
어린 자식 이날의 마음이었네	嬰孩此日心
아련할사 꿈도 드문드문해서	邈焉稀夢寐
얼굴이며 목소리 다시 생각나지 않네	無復憶容音
꾀꼬리 봄바람 불어오자	黃鳥春風至
울어대며 숲 속을 날아다니네	飛鳴自繞林[6]

화려하고 늠름한 차림새로 모친의 묘소 앞에 서니 여러 생각이 떠오른다. 아마 다산의 어머니 또한 그가 기억할 수 없는 오래 전 어느 날, 하담의 선영에 성묘를 왔을 것이다. 고향인 마재 마을에서 하담까지는 꽤 먼 거리인데, 어렵고 힘든 여정을 감내

6) <次荷潭>, 『다산시문집』 권1.

하고 찾은 선영에서 그의 어머니는 무엇을 기원했을까. 함련을 보면, 모친은 아마 막내아들 약용이 과거에 급제해서 명철한 신하가 되기를 축원했을 것이라고 한다. 너무 어린 나이에 모친이 세상을 떠나 꿈속에서마저 생전의 모습이 잘 떠오르지 않지만, 만약 살아계셨다면 어느 누구보다 다산의 출사를 기뻐했을 것이라고 믿고 있기 때문이다. 봄바람을 타고 들려오는 꾀꼬리의 맑은 울음소리가 마치 다산의 급제를 마냥 기꺼워하는 어머니의 웃음소리인 것만 같다.

하담은 이렇게 다산에게 어머니의 품과 같은 곳이다. 이곳에 부친이 함께 묻히면서 더욱 따뜻하고 그리운 곳이 되었다. 이렇게 양친이 함께 있는 공간에서는 무엇을 토로해도 다 들어줄 것만 같다. 다음은 <하담의 이별>이라는 시이다.

아버지 아신지요 모르신지요　　父兮知不知
어머니 아신지요 모르신지요　　母兮知不知
가문이 금방 다 무너지고　　家門欻傾覆
죽느냐 사느냐 지금 이렇게 되었어요　　死生今如斯
남은 목숨 비록 보전한다 해도　　殘喘雖得保
큰 바탕은 이미 틀렸어요　　大質嗟已虧
아들 낳고 부모님 기뻐하시고　　兒生父母悅
쉴 새 없이 어루만지시고 기르셨지요　　育鞠勤携持
마땅히 하늘같은 은혜 갚으렸더니　　謂當報天顯
어찌 이렇게 고꾸라지는 것을 뜻했을까요　　豈意招芟夷
세상 사람들 거의가　　幾令世間人
아들 낳고 축하하지 못하게 만들고 말았네　　不復賀生兒[7]

이 시는 1801년(순조 1)에 이른바 '신유박해'라 불리는 옥사에 연루된 정약용이 유배를 가는 길에 하담에 있는 양친의 묘소를 성묘하고 지은 것이다. 신유박해는 정조의 갑작스러운 승하로 어린 순조를 대신해 수렴청정을 하게 된 정순대비(貞純大妃)가 천주교를 금지하고 그 신자들을 체포하여 배교를 강요하는 한편, 주요 신자들을 처형하고 박해한 사건이다. 그런데 일찍이 천주교를 접했던 다산의 집안이 여기에 크게 휩쓸리게 된 것이다.

이 사건으로 인해 다산의 셋째 형인 정약종과 자형(姊兄)인 이승훈(李承薰)이 참수되었으며, 다산은 경상도 장기현(長鬐縣)으로, 둘째 형 정약전은 전라도 신지도(薪智島)로 유배가 결정되었다. 다산의 집안이 그야말로 멸문에 가까운 화를 입게 되었고, 목숨을 보존한 것 자체가 기적에 가까운 급박한 상황이었다. <하담의 이별>은 이때 다산이 느낀 절망이 고스란히 드러나 있는 시이다.

의지할 데 하나 없는 다산은 양친의 묘소 앞에서 이미 세상에 없는 부모를 목메어 불러 본다. 생과 사의 경계에서 겨우 목숨만을 건지고 보니 당시의 두려움과 공포가 떠올랐을 것이다. 자신을 낳고 기뻐하고 사랑으로 길러준 부모의 은혜를 갚기는커녕, 한 치 앞도 모를 상황에 이른 처량한 신세에 크게 한탄하고 있다. 정조의 비호와 신뢰 속에서 탄탄대로를 걸을 때는 세간의 칭송이 자자했는데, 화를 당하고 나니 이런 집안의 남자로

---

7) <荷潭別>, 『다산시문집』 권4.

태어나지 않은 것이 오히려 다행이라고 비웃고 수군댄다.

독한 고문과 심문이 이루어진 추국장에서도 의연했던 다산은 부모의 선영 앞에서 너무나 유약한 모습을 가감 없이 보이고 있다. 아버지와 어머니를 불러 자신이 겪은 엄청난 일을 일러바치고, 그들의 품속으로 달아나 불행한 현실을 잊고 싶기도 했을 것이다. 모든 자식이 그러하듯이 다산 또한 부모 앞에서는 한 어린아이가 되고 만다. 다산에게 하담은 이렇게 부모의 품속 같은 공간이자, 여리고 약한 내면을 드러낼 수 있는 가장 안전한 공간이라 할 수 있다.

학문과 삶의 동반이 되다

다산의 형제는 모두 네 명으로, 세 형과 서제(庶弟)인 동생 한 명이 있다. 다산의 많은 시문 곳곳에는 이들 형제와 보낸 다양한 경험과 추억들이 펼쳐져 있다. 특히 둘째 형 손암(巽庵) 정약전과는 친밀함이 남달랐다. 두 사람은 학문을 연마할 때나 벼슬길에 올랐을 때, 심지어 머나먼 남쪽으로 오랜 유배를 떠나올 때도 항상 '함께한[同伴]' 지우(知友)였다. 요즘말로 서로에게 '찐친', 곧 평생을 함께 할 수 있는 진짜 친한 관계였다.

다음은 <초가을에 중형을 모시고 봉은사에서 노닐며>라는 시이다. 다산은 21세(1782, 정조 6) 때 서울 창동(倉洞)에 거처를 마련하고 과거 준비를 하고 있었다.

소란함 피해 성 밖으로 나가볼까 하고	避喧思出郭
흥이 난 김에 다시금 배를 옮겼네	乘興復移舟
해 저문 삼산에서 돛을 내리니	帆落三山暮
그윽한 한 가닥 길 강변을 둘렀네	沙廻一徑幽
객지 생활에 지쳐 평소의 학문 등지고	倦游欺素學
절에서 맑은 가을을 만났네	初地見淸秋
세상에 아부했던 공손자는	阿世公孫子
명리에 깊이 빠져 부끄럼 몰라	滔滔未解羞8)

정약전이 서울에서 공부 중인 다산을 찾아와 함께 한강에 배를 띄운 모양이다. 익숙한 고향을 떠나 낯설고 떠들썩한 서울 생활과 홀로 하는 공부에 지쳐 있는 중이라 여간 반가운 방문이 아니다. 한적한 강변에 돛을 내리고 마음 편한 형과 함께 고요한 절에서 청명한 가을을 만끽하는 재미가 쏠쏠하다. 6구의 '初地(초지)'는 불교 용어로, 보살이 수행할 때 거쳐야 하는 단계 중 첫 번째 단계를 말하는데, 사찰의 별칭으로도 쓰인다. 잠시 휴식을 취하려고 나선 길이지만 한창 공부에 열중하고 있는 형제의 이야기의 끝은 결국 학문하는 자세에 관한 것인가 보다.

공손자(公孫子)는 한나라 무제(武帝) 때 재상에 오른 공손홍(公孫弘)을 말한다. 사마천의 『사기』, '열전'에 따르면 공손홍은 『춘추』와 같은 경전에 해박하였으나 행실은 그에 못 미쳤는지, 다른 사람을 시기하거나 자신과 뜻이 맞지 않는 이들에게는 보복하기도 했다고 한다. 다산이 정약전과 당시 읽고 있던

8) <早秋陪仲氏遊奉恩寺>, 『다산시문집』 권1.

경전에 관한 이야기를 나누던 중 공손홍의 학문과 언행에 대한 말이 나왔나 보다. 두 형제가 깊은 학문과 높은 지위에도 행실이 이를 따르지 못 하는 관료나 선비들의 행태에 비판적이었음을 알 수 있다.

이와 같이 다산과 정약전은 수학기에 부친의 임지에 동행해서 주변 사찰 등에서 함께 공부하기도 하고, 고향에 돌아가거나 서울에 올라와서는 수시로 만나 학문에 대해 토론하며 과거를 함께 준비하기도 했다. 두 사람은 출사 과정도 비슷해서 1783년(정조 7)에 나란히 진사가 되었고, 문과 급제는 다산이 먼저 한 다음, 정약전은 그보다 한 해 늦은 1790년(정조 14)에 관직에 진출했다. 다음 시는 정약전이 과거에 급제한 해에 다산이 지은 시이다.

남궁에서 과거 급제 이름이 멀리까지 드날리고	南宮射策遠馳名
동군으로 부친 뵈러 가니 세상이 다 부러워해	東郡趨庭世共榮
세상의 여론 재상 그릇으로 크게 추앙하는데	物論盛推公輔器
길손의 걸음 멀리 옛 도성을 지나네	客游遙歷故都城
한 마리 붉은 말로 가을 풀길 헤쳐가면	棗騮一點衝寒草
어여쁜 기생이 부축해 그림 같은 누대 오르리	花妓雙扶上畫楹
나라의 일 오늘에는 백부를 기대하는데	袞職如今須柏府
도성문에서 서글프게 홀로 정을 보낸다네	青門惆悵獨馳情[9]

<중씨께서 과거에 급제하여 울산으로 가기에 삼가 시 한 수를 바치다>라는 긴 제목을 가진 시이다. 당시 부친 정재원이 울

9) <仲氏登第赴蔚山 奉贈一詩>, 『다산시문집』 권1.

산부사로 있었는데 정약전이 과거 급제 소식을 알리기 위해 길을 나선 것이다. 제2구의 '동군(東郡)'은 울산을 가리키며, '추정(趨庭)'은 자식이 부친을 뵙고 가르침을 받는 것을 의미한다. 한 해 전에 다산이 급제하고, 연이어 정약전이 급제하여 부친을 뵈러가니 사람들의 칭송이 높을 만하다. 벌써부터 재상감이라 이름이 높아 다산도 형제의 입장에서 흐뭇하지만, 한편으로 가장 믿을 수 있는 정치적 동반자를 얻은 셈이니 관료로서도 환영할 만한 일이었을 것이다. 정약전이 '백부(柏府)', 곧 조정의 관리를 규찰하는 사헌부에서 일할 것을 기대하는 다산의 바람에서 이러한 마음을 짐작할 수 있다.

그러나 이러한 영광의 시절은 10여 년 정도밖에 이어지지 못하고, 두 사람에게 혹독한 시련이 찾아온다. 정조가 승하한 이후 벌어진 신유년 천주교 박해 사건에 두 사람과 그의 집안이 크게 연루되면서, 다산은 장기현으로 정약전은 강진 신지도로 유배를 가게 된 것이다.

두 형제의 고난은 여기서 끝난 것이 아니었다. 신유박해가 일어난 그해 10월에 '황사영 백서 사건'이 일어나서 다시 서울로 압송되어 매서운 추국을 당한 것이다. '황사영 백서 사건'은 천주교 신자 황사영(黃嗣永)이 신유박해의 전말과 종교 활동에 대한 대응책을 적은 밀서를 청나라에 보내 조선의 천주교인들의 구명을 요청한 사건이다. 그런데 황사영은 정약용의 맏형인 정약현의 사위로서, 두 형제는 그의 처숙(妻叔)이 되는 셈이다. 신유박해 때 정약종과 이승훈이 이미 참수됐는데, 다산의 집안에서 또 다시 사건의 주모자가 나온 것이다. 절체절명의 위급한 상황에서 겨우 목숨을 보전한 두 사람에게 좀 더 험한 곳으로 이배가 결정되었다.

다음 시는 <율정에서의 이별>이라는 작품이다. 이배의 길에 오른 두 형제의 심정을 잘 느낄 수 있는 시이다.

초가 주점 새벽 등불 깜박깜박 꺼지려 하는데　茅店曉燈青欲滅
일어나서 샛별을 보니 장차의 이별이 참담하다　起視明星慘將別
이어지는 묵묵함에 두 사람 다 말이 없고　脉脉嘿嘿兩無言
억지로 목청을 가다듬다 오열이 되고 마네　强欲轉喉成嗚咽
흑산도 머나먼 곳 바다와 하늘뿐인데　黑山超超海連空
그대는 어찌하여 이 속에 들어간다는 것인가　君胡爲乎入此中
고래는 이빨이 산과 같아　鯨鯢齒如山
배를 삼켰다 뿜어냈다 하고　呑舟還復噀
지네의 크기 쥐엄나무만큼 하며　蜈蚣之大如皁莢
독사가 다래덩굴처럼 엉켜 있다네　蝮蛇之糾如藤蔓
내가 장기에 있을 때를 생각해보니　憶我在鬐邑
낮이나 밤이나 강진을 바라보았지　日夜望康津
생각을 활짝 펼치다 창해에서 뚝 끊기면　思張六翮截青海
바다 한 중앙에서 그 사람을 떠올렸지　于水中央見伊人
지금은 내 높이높이 교목으로 옮겨가도　今我高遷就喬木
진주는 빼버리고 빈 상자만 산 격이네　如脫明珠買空櫝
또 마치 바보스러운 아이가　又如癡獃兒
어리석게 무지개를 잡으려 한 것 같네　妄欲捉虹蜺
서쪽 언덕 바로 코앞에서　西陂一弓地
분명 아침에 떠오른 무지개를 보았는데　分明見朝隮
아이가 좇아가자 무지개는 더더욱 멀어져　兒來逐虹虹益遠
또 서쪽 언덕의 서쪽에 다시 서쪽에 떠 있네　又在西陂西復西[10]

율정은 전라도 나주의 북쪽에 위치한 마을이다. 의금부에서 옥고를 치른 후 새로운 유배지로 향하던 다산과 정약전은 신유년 11월 22일 율정마을에서 이별을 나눈다. 헤어짐을 목전에 둔 형제는 참담한 마음을 추슬러 보지만, 작별의 말을 나누기 위해 입을 떼려 하니 치밀어 오는 서러움에 목이 멘다. 게다가 정약전의 유배지가 사나운 고래나 지네 같은 위험이 도사린 섬 지역이어서 더 걱정스럽기만 하다. 다산이 장기현에 유배 됐을 때는 정약전이 있는 강진 땅을 보며 그리움을 달랬었는데, 막상 자신이 강진으로 유배를 오자 형님은 하늘에 뜬 무지개마냥 다시 멀어져 버렸다고 탄식한다. 이때의 이별이 생전의 마지막 만남일 줄 예상이라도 했던지, 다산은 당시 가장 원망스러운 것이 두 사람의 헤어짐을 기정사실화 하는 율정 주점 앞의 두 갈래 길이었노라고 읊기도 했다.[11]

유배 중 두 사람은 단 한 차례도 만나지 못했으나, 강진 유배 생활에서 정약전은 다산의 큰 의지처가 되었다. 특히 학문과 저술에 대해 논할 수 있는 이가 없는 궁벽한 시골에서 정약전의 해박하고 심오한 지식은 다산의 학문 활동에 큰 도움이 되었다. 『다산시문집』에는 다산과 정약전이 전라도 유배 중에 주고받은 편지 17편이 남아 있다.[12] 이렇게 오고간 편지를 통해 유학 경서의 해석 문제, 새롭게 관심을 두고 있는 분야, 저술에 대한 질정 등 다양한 학문적 주제에 대해 자유롭고 거침없는 의견을 나

10) <栗亭別>, 『다산시문집』 권4.

11) 生憎栗亭店 門前岐路叉(<奉簡巽菴>, 『다산시문집』 권5.).

12) 『다산시문집』 권20, 「서(書)」 참조.

누었다. 일찍이 정조가 두 사람의 학문적 자질을 인정할 만큼 준수한 인재들이었기에 이와 같은 학문적 왕래가 가능했을 것이다.

이 밖에도 정치적 폐단이나 풍속에 대한 견해, 가족들의 근황과 집안 아이들의 학습에 대한 이야기, 몸이 쇠약해진 정약전의 건강을 염려해 상세하게 알려준 개고기를 잡아 삶는 방법 등 일상의 소소한 것까지도 함께 나누었다. 다산에게 정약전은 누구보다 가까운 혈육이면서 학문을 나누는 선배이기도 하고, 일상의 희노애락을 사심 없이 공유할 수 있는 막역지우(莫逆之友)였던 것이다. 정약전이 없었다면 다산의 강진 유배는 그저 외롭고 쓸쓸하기만 했을 것이다. 따라서 정약전을 잃는 것은 이 모든 것을 함께 나눈 삶의 동반자를 상실한 것과 같다. 다산의 정약전에 대한 마음이 어떠했는지는 다음 글에 잘 드러난다.

> 아! 어질면서도 곤궁함이 이와 같을 수 있는가. 원통하여 이 무너지는 마음을 호소하니 목석도 눈물을 흘리는데 다시 무슨 말을 하겠느냐. 외로운 천지 사이에 우리 손암(巽菴) 선생만이 나의 지기였는데, 이제는 잃어버렸으니, 앞으로는 비록 터득하는 바가 있더라도 어느 곳에 입을 열어 함께 말할 사람이 있겠느냐. 나를 알아주는 이가 없다면 차라리 진작에 죽는 것만 못하다. 아내도 나를 알아주지 못하고 자식도 나를 알아주지 못하고, 형제 종족들이 모두 나를 알아주지 못하는 처지에 나를 알아주던 우리 형님이 돌아가셨으니, 슬프지 않으랴.
>
> 경집(經集) 2백 40책을 새로이 장정하여 책상 위에 놓아두었는데, 내가 장차 그것을 불살라 버려야 한단 말이냐. 율정의 이별이 천고에 견디기 어려운 애절한 슬픔이 되었구나. 그처럼 큰 덕

과 큰 그릇, 깊은 학문과 정밀한 지식을 너희들은 모두 알지 못하고, 다만 그 오활한 것만 보고서 고박(古朴)하다고 지목하여 조금도 흠모하지 않았다. 자식이나 조카들도 이와 같은데, 다른 사람들이야 말해서 무엇하랴. 이것이 지극히 애통하고 다른 것은 애통할 것이 없다.[13)]

1816년(순조 16) 정약전의 부음을 들은 후, 다산이 자신의 두 아들에게 부친 편지 중 일부이다. 이 편지에서 다산은 정약전에 대해 자신을 가장 잘 알아주고 이해해주는 지기(知己)라고 말하고 있다. 정약전처럼 자신의 글을 제대로 읽고 알아줄 이가 없으니 새로 이루어진 저술도 다 소용이 없다고도 한다. 더욱 애통하고 안타까운 것은 이토록 고매한 인품과 심오한 학문을 세상 사람들에게 인정받지 못한 점이다. 다산이 정약전을 얼마나 신뢰하고 의지했는지, 또한 삶의 소중하고 귀한 존재를 잃은 그의 상실감과 아픔이 얼마나 컸을지 가히 짐작할 수 있다.

다시 가족에게 돌아가다

다산은 강진에서 18년 동안 유배생활을 했다. 가족과 함께 지낸 것에 비할 바는 아니겠으나, 그는 유배의 시간을 비교적 잘 보낸 편이다. 적소(適所) 주변에 원림을 조성해서 정원을 가꾸기도 하고, 새로운 인사들과 다양한 교유를 하는가 하면, 많

13) <寄二兒>, 「서(書)」, 『다산시문집』 권21.

은 제자를 두고 강학과 저술 활동을 역동적으로 펼치는 등 여느 유학자들과 다르지 않은 일상을 이어나갔다. 방대하고 빼어난 다산의 저작 대부분이 강진 유배시기에 이루어진 것을 보더라도 그의 삶에서 강진 생활이 매우 의미 있는 시간이었음을 알 수 있다.

이렇게 다채롭고 뜻깊은 일상을 보내면서도 다산의 마음 한 켠에서 사라지지 않은 것이 있었으니 바로 가족에 대한 그리움과 애틋함이었다. 다산은 고향 마재에 남아 있는 가족에 대한 그리움을 연작시 <일곱 그리움>을 통해 절실히 표현하고 있다. 다음 시는 그 중에서도 맏형 정약형을 생각하며 지은 시이다.

적막하고 쓸쓸한 강산의 집에	寥落江山屋
외롭게 홀로 늙는 몸이구려	煢孤獨老身
인간에 아우는 있다지만	人間猶有弟
한마을에 가까운 사람 없네	村裏更無親
제사에도 많은 의식 소략할 텐데	祭祀儀文略
지대의 기색은 새로워라	池臺氣色新
다만 오래오래 수를 누려	但教年壽永
이생에 인연을 다시 맺읍시다	重結此生因[14]

부친 정재원이 세상을 떠난 이후 정약현은 다산 집안의 가장 큰 어른이 됐다. 집안의 중요한 문제를 조정하거나 결정하고, 가족들을 안전하게 보호하는 책임이 부여된 것이다. 따라서 신유박해, 황사영 백서 사건 등으로 집안이 입은 피화는 그에게

---

14) <七懷> 중 '憶伯氏', 『다산시문집』 권4.

말할 수 없는 충격과 고통을 주었을 것이다.

이들 사건으로 인해 한 동생은 목숨을 잃었고, 두 명의 동생은 머나먼 남쪽에서 언제 끝날지 모르는 유배 생활을 하고 있다. 이뿐만이 아니다. 황사영 백서 사건의 주모자로 사위 황사영이 사형을 당했으며, 그의 딸은 제주도의 관비가 되어 생사조차 기약할 수 없게 되었다. 한 사람이 감내하기에는 너무나 큰 시련과 아픔이 아닐 수 없다. 그러나 이러한 현실을 외면할 수도, 도망칠 수도 없다. 고향 마재에는 아직 그가 지켜야할 남은 가족들이 있으며, 좋은 날이 와서 유배가 끝나면 돌아올 동생들을 기다려야 하기 때문이다.

'형님을 생각하며'라는 제목의 이 시에서 다산은 이러한 정약현의 처지와 심정을 잘 헤아리고 있다. 시는 여러 아우가 있음에도 정작 고난의 순간에 어깨를 기댈 만한 형제 하나 없는, 그야말로 '적막하고 쓸쓸한 강산의 집'을 홀로 지키게 한 것에 대한 미안함으로 시작되고 있다.

집안의 불행과 여러 죽음을 목도하고 자신은 위로조차 받지 못한 채, 선영의 제사를 챙기고 고향의 가족을 추스르며 의연하게 가문을 지키고 있는 늙은 형님이 안타깝고 애처롭다. 무력한 다산이 할 수 있는 말이라고는 유일하게 남은 형의 장수를 빌어보는 것일 뿐이다. 자신이 해배되고 고향을 찾아 '형제의 인연을 다시 이을[重結此生因]' 때까지 형님의 건강을 기원하고 또 기원하고 있다. 다산의 애닯고 간절한 목소리가 들리는 것만 같다.

다산의 삶에서 가장 아름답고 완벽한 공간은, 소내[苕溪]·소계·초계라고도 불리는 개울이 마을을 가로지르고 있는 마재마을이다. 마재는 다산이 태어난 곳이자, 다섯 형제들이 걱정 없이 노닐고 성장한 곳이며, 그의 가족들이 뿌리를 내리고 살고 있는 곳이다. 그야말로 다산의 근원이 시작되는 곳이자, 그의 삶을 지탱해주는 영혼의 마지막 보루인 셈이다. 다음의 <장난 삼아 그려본 소계도> 시는 유배 중인 다산의 고향에 대한 깊은 그리움을 오롯이 담고 있다.

소자첨은 남해에서 귀양살이하면서　　子瞻謫南海
아미산 그림 때문에 병이 나았다지　　愈疾峨嵋圖
나도 지금 소내를 그려서 보고픈데　　我今欲畫苕溪看
세상에 화공 없으니 누구에게 부탁하랴　　世無畫工將誰摸
시험 삼아 수묵으로 밑그림을 그려보니　　試點水墨作粉本
먹 자국 낭자하여 먹탕이 되어버렸네　　墨痕狼藉如鴉塗
밑그림 몇 번 고치니 손은 점점 익숙해도　　粉本屢更手漸熟
산 모양과 물빛이 그래도 흐릿하네　　山形水色猶模糊
당돌하게 비단 위에 옮겨 그려　　唐突移描上綃面
객당의 서북쪽에다 걸어두었더니　　掛之客堂西北隅
… <중략> …
소나무 전나무가 덮고 있는 문 우리 정자이고　　松檜蔭門吾亭也
배꽃 가득한 뜰은 우리 집이로세　　梨花滿庭吾廬乎
우리 집이 저기 있어도 갈 수가 없어　　吾廬在彼不得往
나로 하여 이걸 보고 서성대게 하네　　使我對此空踟躕[15]

첫 구의 '자첨(子瞻)'은 북송(北宋)의 이름난 문인 소식(蘇

15) <戱作苕溪圖>, 『다산시문집』 권4.

軾)의 자(字)로서, 소식은 '동파(東坡)'라는 호로 더 잘 알려져 있다. 소식은 사천성(四川省) 출신이었는데, 말년에 중국 남쪽의 해남도(海南島)로 유배를 가게 되었다. 그는 유배 중에 고향의 상징으로 이름난 아미산(峨眉山)을 그려 벽에 걸어 두고, 고향과 가족이 그리울 때마다 아미산 그림을 들여다보곤 했다고 한다.[16)]

다산도 고향 마재마을, 그리고 그곳의 가족들이 무척 그리웠다. 여러 친지들의 편지를 통해 고향의 소식을 전해 듣기도 하지만, 눈으로 보는 데는 미치지 못한다. 그러나 기한 없는 유배객에게 귀향의 꿈은 너무 큰 바람이다. 이때 다산의 생각이 미친 곳이 소식의 <아미산도>였다.

다산은 비록 서툴기는 해도 자신이 직접 고향 정경을 그려보기로 한다. 그에게 고향을 그려 줄 화공도 없었지만, 자신보다 마재에 대해 잘 아는 이도 없을 것이기 때문이다. 눈을 감으니 마치 어제 다녀온 것처럼 고향 마을과 가족들이 살고 있는 집이 떠오른다. 화폭에 먼저 소내를 그리고 주변 풍경을 하나씩 채우고 보니 제법 고향과 비슷해졌다. 눈앞에 그리운 집이 있는데, 그 안에 가족들이 있는데, 그림 속으로 걸어 들어가면 금방이라도 가족들을 만날 수 있을 듯한데 들어갈 수가 없다. 유배객의 냉정한 현실이 더욱 극명해지는 순간이다. 다산은 아쉬움과 서글픔에 그림에서 눈을 떼지 못한 채 한참을 서성대고만 있다.

끝날 것 같지 않은 기나긴 유배가 마침내 끝나고, 1818년(순

16) 정성희, <열수(洌水)에서 정약용 선생을 만나다>, 남양주시블로그, https://blog.naver.com/nyjloving(검색일: 2020. 1. 30.).

조 18) 8월 다산은 그토록 그리던 마재로, 가족의 곁으로 돌아왔다. 다산의 간절한 바람대로 정약현은 고향에서 동생을 맞이함으로써 두 사람은 형제의 인연을 지킬 수 있었다. 비록 마흔의 장부로 떠났던 동생이 육십을 바라보는 흰 머리 노인이 되어 돌아왔으나, 다산의 귀향으로 정약현이 외롭게 지켜오던 가족의 울타리는 더 단단해졌으리라. 그림 속에 박제되어 있던 고향과 가족이 비로소 생기를 얻어 다산과 다시 조우하게 된 것이다. 상처받고 외로운 다산의 영혼 또한 마침내 안식을 찾았을 것이다.

<무흘정사武屹精舍>
한강寒岡 학파의 은둔과 연대 그리고 소통의 공간*

한 의 숭

퇴계학파退溪學派와 한강寒岡 정구鄭逑

퇴계 학파에 대한 연구는 영남 문화의 학적 전파에 대한 인문지리적 관점이 투영될 필요가 있다. 이점에 대해서는 '강안학(江岸學)', '낙중학(洛中學)'이라는 개념을 통해 표명된 바 있듯이 퇴계의 청량산과 남명의 지리산 그리고 낙동강으로 대변되는 인문지리적 환경과 이를 적극 반영한 학맥의 활동 양상을 통해 확인되는 사안이다.

한강(寒岡) 정구(鄭逑, 1543-1620)는 이러한 관점이 전일하고 적실하게 반영될 수 있는 인물이라는 점에서 주목된다. 한강의 경우 퇴계와 남명의 문하를 드나들었고, 낙동강이라는 물을

---

*이 글은 『영남학』 67호에 실린 「<武屹精舍> 題詠詩를 통해 본 空間과 학적 家族의 관계와 그 의미」를 일부 수정한 것이다.

중심으로 소통과 연대의 학문적 경향을 대표적으로 표상하는 인물에 해당된다. 때문에 한강은 퇴계학파와 남명학파 및 근기 남인학맥으로 연결되는 정점에 위치한 독보적 위상을 지닌 인물로 평가되었다.

한강 학문의 핵심은 '심학(心學)'과 '예설(禮說)'로 집약되며, 『심경발휘(心經發揮)』와 『오선생예설분류(五先生禮說分類)』가 대표적인 저작에 해당된다. 이점은 한강의 위상이 학자로 자리매김되어 있음을 의미한다. 달리 말하면 문학가로서의 특장이 두드러지지 않음을 뜻하는 것이기도 하다. 물론 한강의 저작은 나이 70에 노곡정사(蘆谷精舍)에 보관되어 있던 장서가 화마로 소실됨으로 인해 그 전모를 다 파악하기 힘들다는 점에서 일면만을 지적한 것이긴 하다.

하지만 남아있는 한강의 저술을 통해 짐작해 보건데, 한강은 문학가이기 보다는 문인학자로서의 성향이 강함은 부정할 수 없다.

그렇다면 과연 한강의 문학가로서의 성향은 어떻게 추단해 볼 수 있을까? 전통시대 선비는 문사철이 통합된 학문관을 추구하고 있었기 때문에 특장을 지닌 분야가 두드러졌다는 것이지 어느 한 분야에 소홀하거나 능력이 떨어졌다고 보기는 어렵다. 다만 본인의 지향이 상대적으로 특정 분야에 더 집중되었다고 보는 게 온당할 것이다.

이는 연암(燕巖) 박지원(朴趾源, 1737-1805)이 산문가로 잘 알려져 있지만, 그렇다고 시에 대해서 무관심했다거나 특징이 없었다고 이야기 할 수는 없는 것과 마찬가지이다. 그리고 연암 역시 근래 들어 한시 작품이 발굴 소개되면서 시인으로서의 특장 또한 발견되고 있기 때문에, 현존 자료의 존재 유무로 인해 특정 성향을 아예 무시하거나 도외시할 수는 없을 것이다.

이러한 정황을 통해 본다면 한강 역시 문학가로서의 특징 또한 충분히 밝혀볼 여지가 생긴다. 그리고 문학가로서의 부면은 한강이 창작한 한시와 유람록을 통해 일정부분 엿보이기도 한다. 한강 문학의 특질에 대해 정우락은 “선비들이 남긴 무흘 관련 시문을 수집·정리하여 이들이 무흘을 통해 말하고자 했던 것이 무엇인지를 체계적으로 연구할 필요가 있다.”[1]고 시문을 비롯한 한강 문학의 연구 방향을 제시하기도 하였다.

따라서 한강의 문학과 관련된 연구를 구체적으로 수행할 필요가 있는데, 이와 관련하여 무흘정사(武屹精舍)라는 특정한 공간을 중심으로 창작된 한시가 주목된다. 그 이유는 학파의 스승이 창건한 특정 공간을 오고간 수많은 후손과 사승들이 공간을 중심으로 읊은 시를 통해 시대를 초월한 교유와 사승 관계를 형성해 나간 의미를 면밀하게 분석할 수 있기 때문이다.

특히 한강의 생애에 있어서 무흘정사라는 공간은 특별한 의미로 존재했다. 조선 시대 선비에게 내적 공간이자 친인척으로 얽힌 혈연적 관계의 공간으로 ‘가(家)’가 존재했다면, ‘누정(樓亭)’, ‘서당(書堂)’, ‘정사(精舍)’ 등은 외적 공간이자 사승관계로 연결된 비혈연적 관계의 공간이라 할 수 있다. 비록 안과 밖이라는 공간의 구분이 있긴 하나, 이는 물리적 구분일 뿐 심리적

1) 정우락, 「寒岡 鄭逑의 武屹精舍 建立과 著述活動」, 『한강 정구』, 예문서원, 2011, 434쪽 참조.

제3부 기억의 서사 더불어 삶의 이름

관계에서 두 공간 사이의 관계는 밀접하게 연맥된다.

한강에게 있어서 무흘정사란 바로 가문과 사승이 통합적이고 통시대적으로 연결된 특별한 공간이었다. 그리고 그것을 연결시킬 수 있었던 중요한 도구가 바로 무흘정사 제영시였던 것이다. 그렇다면 무흘정사란 공간과 제영시라는 문학을 중심으로 한강과 그의 가문, 그리고 학맥의 심리적 관계망의 양상을 들여다 보도록 하자.

한강寒岡 정구鄭逑와 <무흘정사武屹精舍>

한강이 무흘정사에 우거하던 시기는 같은 조식 문하에서 절친한 지우였던 정인홍(鄭仁弘, 1535-1623)과 수년간에 걸친 논쟁으로 인해 심신의 안정을 모색하던 때였다. 원인이 된 사건은 1603년(선조 36)에 일어난 '동강만사(東岡輓詞)' 논쟁과 그 해 겨울 『남명집(南冥集)』 편찬과 관련된 문제였다.

이로 인해 한강은 1604년 수도산 산중에 무흘정사를 세운다. 기본적으로 한강에게 무흘정사란 피세(避世)와 구도(求道)의 의미를 띈 공간으로 존재했다. 이러한 인식은 『한강집(寒岡集)』 소재 「연보(年譜)」와 「한강언행록(寒岡言行錄)」에 기록된 제자들의 언급을 통해 여러차례 드러난다.

> ㉮ 무흘은 골짝이 깊고 천석이 아름다울 뿐만 아니라 찾아오는 빈객이 드물어 사람을 응대하는 일이 다소 뜸했으므로, 서적을

열람하며 학문에 전념할 수 있었다. 이리하여 신해년(1611, 광해군3) 이전 7, 8년 동안은 무흘에 머물러 있는 때가 많았다.[2]

㉯ 선생은 산수의 경치를 매우 좋아하였다. 처음에는 한강정사를 지었는데, 한강뒤편에는 천상정·어시헌·유정당·세심대가 있었다. 중년에는 회연초당을 지었는데, 그곳에 백매원·망운암이 있었다. 만년에는 무흘산 산중으로 깊이 숨었는데, 그곳에는 와룡암·산천재·만월담 등의 뛰어난 경치가 있었다.[3]

㉰ 선생은 일찍이 말하기를, “출처와 행장은 군자가 지켜야 할 큰 절개이니 이에 대해 분명히 살펴보고 과감히 결단하지 않으면 안 된다.” 하였다. 만년에 차자를 올려 물러갈 것을 청한 뒤에 곧장 고향으로 돌아와 수도산 산중에 무흘정사를 지었는데, 마을 민가와는 100여 리나 떨어진 곳이었다. 구름낀 첩첩산중에 골짝이 깊고 숲이 우거졌는데, 그 속에 서책을 간직해 두고 산승 두세 사람과 함께 생활하였다.[4]

위의 글 ㉮, ㉯, ㉰는 「한강언행록」에 기록된 제자들의 언술이다. 위의 언술 가운데 밑줄 친 부분을 중심으로 살펴보면 무흘정사는 깊은 산속에 위치해 있었음을 알 수 있다. 기본적으로 마을 민가와 100여리나 떨어진 수도산 깊은 산중에 위치한 둔세의 공간을 목적으로 조성된 것이 핵심이었던 것이다. 이는 세속과의 의도적인 절연을 위해 마련된 공간이었음을 의미하는데,

2) 鄭逑, <類編>, 「寒岡言行錄」 1권, 『寒岡集』, 『한국문집총간』 53, 배상룡
3) 鄭逑, <類編>, 「寒岡言行錄」 3권, 『寒岡集』, 『한국문집총간』 53, 이천봉.
4) 鄭逑, <附錄>, 「寒岡言行錄」 4권, 『寒岡集』, 『한국문집총간』 53.

이점은 한강의 연보를 통해서도 공통적으로 확인된다.

> 무흘정사가 완성되었다. - 무흘은 성주의 서쪽 수도산 속에 있는데, 천석이 정갈하고 인가가 멀리 떨어져 있다. 선생이 이곳에 초가삼간을 세워 서책을 보관하고 편히 쉬는 장소로 삼았으나 그 깊은 뜻은 사람들을 피해 있고 싶어서였다. 편액을 서운암이라 하였다. 서운암 밑에는 비설교와 만월담이 있고, 만월담 위쪽에 자이헌이 있는데 나무를 얽어 만들었다. 서운암 동쪽에는 산천암이 있다. 바위틈에서 샘물이 쏟아져 나오는데 그 소리가 마치 옥을 굴리는 것처럼 맑다. 주자가 지은 '깊은 밤 베갯머리 산골 샘소리〔夜枕山泉響〕'의 뜻을 취해 이름하였다. 그 위쪽에는 와룡암이 있고 그 위에 장암이 있는데, 바위 비탈이 깎아지른 듯 서 있고 반석이 평평하게 깔려 있다. 그 위에는 폭포가 흐르고 높이가 100여 척이나 된다. 그 왼쪽 곁으로 가서 말라죽은 고목을 태우고 터를 고른 뒤에 정자를 짓고 완폭정이라 이름하였다.[5]

위의 글은 한강의 연보로, 밑줄 친 부분에서 명확하게 확인할 수 있듯이 무흘정사의 공간 용도는 장서와 휴식, 그리고 둔세에 있었다. 시작점은 둔세에서 비롯되었으나 휴식 뒤에는 곧 장서를 활용한 강학과 편찬저술 등의 학문활동이 뒤따르기 마련이었다. 무흘정사는 기본적으로 장서의 기능이 계획되어 있었기에 학문활동의 공간으로 제격이었다. 이점은 한강이 무흘산신령에게 올린 제문을 통해 아래와 같이 피력하기도 하였다.

> 삼가 고합니다. 구는 무디고 용렬하며 어둡고 태만한데 세속의

---

5) 朴而章, <年譜>, 「附錄」, 『龍潭集』 권5.

> 잡다한 일이 많으므로, 깊숙하고 외진 곳에서 학업에 종사하여 글을 읽고 품성을 수양하며 천신의 도움을 받아 다소 진보되기를 바랐습니다. (중략) 무엇보다도 세속 일의 속박을 받지 않고 곤궁한 처지를 달게 여겨 꿋꿋이 앉아서 학업에 더욱 힘써 미묘한 의리에 밝고 인에 친숙해지며 선왕의 정풍을 노래하고 읊조림으로써 옛사람이 했던 것처럼 도를 즐겨 죽음조차 잊어버리고픈 소원을 이루도록 해 주십시오. 진정으로 바라는 것은 여기에서 벗어나지 않습니다.[6]

위의 밑줄 친 부분에서 볼 수 있듯이 한강은 제문 속에서 학문의 진보에 대한 의지를 지속적으로 천명하고 있다. 이는 당대 학자에게는 당연한 현상으로 일면 특이한 것에 해당되지는 않는다. 하지만 한강은 둔세 하고자 찾은 무흘에서 심신의 휴식을 취하는데 그치지 않고, 이를 자양분으로 삼아 학문 도약의 전기처(轉機處)로 무흘정사를 정립시키고자 했음을 주목할 필요가 있다. 이는 이후 무흘정사를 찾는 후학들에게 있어서 여타 정사들에 비해 무흘정사만이 가지는 의미를 자각하게 만드는 중요한 지점으로 작용했다.

때문에 한강은 무흘정사 재세시에 저술을 편찬하고 정리하는 활동에 더 큰 의미를 두었다. 이 시기에 정리된 『염락갱장록(濂洛羹墻錄)』, 『수사언인록(洙泗言仁錄)』, 『경현속록(景賢續錄)』, 『와룡암지(臥龍巖志)』, 『곡산동암지(谷山洞庵志)』, 『무이지(武夷志)』, 『치란제요(治亂提要)』, 『고금인물지(古今人物志)』, 『선

6) 鄭逑, <祭武屹山文>, 『寒岡集』 속집 제9권, 『한국문집총간』 53, 483쪽.

유속록(儒先續錄)』, 『독서요어속선(讀書要語續選)』 등의 저작물이 이를 잘 대변해 준다.

이들 저작물은 1604년에 건립하여 1612년에 노곡으로 이거하기 전까지 기간동안 편찬된 것으로 무흘정사의 기능이 둔세의 도피처로만 기억된 것이 아니었음을 보여준다. 오히려 위와 같은 저작물을 편찬, 보관한 무흘정사의 장서 기능은 후학과 시간을 뛰어넘는 연대를 가능케 하는 계기로 작용했다는 점이 중요하다. 이는 훗날 무흘정사가 이건과 중창을 거듭하면서 지속될 수밖에 없었던 맥락에 핵심으로 작용하였다.

<무흘정사武屹精舍> 관련 제영시題詠詩 창작을 통한 스승과 제자의 소통

한강이 무흘정사 우거 시에 창작한 무흘정사 관련 시는 그 양이 많지가 않다. 무흘구곡(武屹九曲)[7]에 대한 시는 상대적으로 한강 문인의 문집 속에서 드문드문 찾을 수 있다.[8] 그러나 무흘정사만을 소재로 하여 창작한 시는 찾아보기 쉽지 않다. 이는 무흘정사라는 공간을 무흘구곡 가운데 일부로 인식한 것에서 비롯된 것이라 할 수 있다.

뿐만 아니라 이러한 공간에 은거하면서 창작한 한시는 그 양상이 둔세적이며 소극적, 회의적 경향을 자연스레 띠기 마련이

7) 한강의 武屹九曲은 1곡 鳳飛巖, 2곡 寒岡臺, 3곡 舞鶴亭, 4곡 立巖, 5곡 捨印巖, 6곡 玉流洞, 7곡 滿月潭, 8곡 臥龍巖, 9곡 龍湫로 구성되어 있다.

8) 徐思遠의 『樂齋集』 소재 <山泉庵>이 대표적이다.

다. 게다가 세상과의 단절을 위해 찾았던 공간에서 작품 창작을 활발히 한다는 게 그의 현재적 처지와는 일면 잘 어울리지 않는 것이기도 했다.

하지만 무흘정사만을 소재로 하여 창작한 시가 전혀 없는 것은 아니다. 한강의 <무흘야영(武屹夜詠)>과 최흥벽의 <무흘잡영(武屹雜詠)>, 최린의 <무흘정사팔영(武屹精舍八詠)>[9]등이 대표적으로 문집에 수록된 무흘구곡 관련 시를 찾아 표로 제시해 보면 아래와 같다.

표 1. 무흘구곡(武屹九曲) 관련 시[10]

연번	작가	생몰연대	문집	작품명	비고
1	鄭　逑	1543-1620	『寒岡集』 卷1	<仰和朱夫子武夷九曲詩韻十首>, <武屹夜詠>	
2	徐思遠	1550-1615	『樂齋集』 卷1-2	<山泉庵>, <武屹上寒岡先生>, <臥龍巖>	
3	裵尙龍	1574-1655	『藤庵集』 卷1	<武屹齋有感。示同來諸君子>	
4	崔　轔	1594-1644	『梅窩集』 卷1	<武屹精舍八詠>	棲雲庵, 飛雪橋, 滿月潭, 自怡軒, 石泉庵, 臥龍巖, 場巖, 翫瀑亭

9) 崔轔, <武屹精舍八詠>, 『梅窩集』권1

10) 표는 기본적으로 『회연급문제현록』에 수록된 한강 문인 324명의 문집을 일별한 뒤에 작성되어야 하는 것이 순서이다. 그러나 필자가 과문한 탓으로 그런 과정으로 진행되지 않은 상태에서 작성된 것이다. 그러므로 누락된 작품이 많을 것으로 예상된다. 이에 대해서는 추후 지속적으로 발굴 작업을 진행하여 보충하고자 한다.

연번	작가	생몰연대	문집	작품명	비고
5	金聖鐸	1684-1747	『霽山集』 卷2	<次紅流洞韻>	
6	崔興璧	1739-1812	『蠹窩文集』 卷之二	<武屹雜詠>	入峽, 舞鶴亭, 立巖, 愁送臺, 武屹精舍 二首, 場巖, 武屹, 臥龍岩
7	鄭 煒	1740-1811	『芝厓集』 卷1	<武屹看役時-甲辰移建時>	
8	鄭 墧	1799-1879	『進菴文集』 卷之一	<敬次先祖文穆公武屹九曲韻十絕>	鳳飛巖, 寒岡臺, 舞鶴亭, 立巖, 捨印巖, 玉流洞, 滿月潭, 臥龍巖, 龍湫

위의 표를 통해 볼 수 있듯이 한강을 비롯한 한강 문인들은 무흘정사를 중심으로 한 무흘구곡을 시로 표현한 작품들을 남겼다. 한강 자신부터 무흘정사 창건 당시 상당한 애정을 쏟아부었을 정도[11]였으며, 후대 문인 또한 무흘정사의 공간적 상징성에 대해서는 부정한 이가 없을 정도였다.

하지만 무흘구곡을 중심으로 한 제영시의 경우 주자(朱子)의 무이구곡(武夷九曲)을 중심에 둔 것이었기에 구곡 전체를 개념화하여 의미를 부여하는 것에 중심을 둔 경향이 짙다. 물론 구곡 가운데 특정한 장소를 중심으로 창작된 시 또한 없진 않으나

11) 한강이 무흘정사 창건시에 감독에 온통 신경을 기울인 나머지 말이 놀라 가파른 산길에 떨어져 매우 심하게 다친 일이 있었다. 이를 통해서도 무흘정사에 대한 애정의 정도를 충분히 짐작할 수 있다. 이에 대해서는 鄭逑, <答朴德凝>, 『寒岡集』 권3, 『한국문집총간』 53, 민족문화추진회, 1990, 158-159쪽 참조.

핵심 지향은 구곡에 있었다. 위의 표에서도 확인되듯이 무흘구곡 전체를 대상으로 한 시가 주를 이루며, 무흘정사만을 대상으로 창작한 시는 많이 확인되지 않는 편이다.

그렇다면 무흘정사라는 특정 공간을 대상으로 창작한 시를 통해 발현되는 의미는 무엇인지 집약화해서 살펴볼 필요가 있다. 그 이유는 무흘정사는 한강에게 있어서 은둔과 온축의 공간으로 설정하고자 했음을 볼 수 있기 때문이다. 즉, 속세와의 절연을 위해 마련된 공간이었으나 단순히 둔세에서 그치고자 하지는 않았고, 그 공간에 거처하면서 보내는 시간을 생산적으로 전환시키기를 염원하였다. 그렇다면 작품을 통해 의미 부여의 양상이 어떻게 심화, 확장되고 있는지 확인해 보기로 하자.

산봉우리 지는 달 시냇물에 어리는데	峯頭殘月點寒溪
나 홀로 앉았을 제 밤기운 싸늘하다	獨坐無人夜氣凄
여보게 벗님네들 찾아올 생각 마소	爲謝親朋休理展
짙은 구름 쌓인 눈에 오솔길 묻혔거니	亂雲層雪逕全迷[12]

성주의 서쪽에 수도산이 있었는바, 산의 동쪽에는 샘물과 돌이 맑고 깨끗하며 마을과 멀리 떨어져 있었다. 선생은 궁벽하고 조용함을 좋아하여 다시 작은 서재를 지어 책을 보관하고 놀며 휴식하는 장소로 삼고는 이름을 무흘이라 하였다. 손님을 사절한 시에 "친한 벗들에게 말하노니 부디 신을 신고 오려고 하지 마소. 어지러운 구름과 쌓인 눈에 길이 완전히 혼미하다오.[寄語親朋休理展, 亂雲層雪逕全迷]"라고 하였으니, 바로 그 한 구이다.[13]

---

12) 鄭逑, <武屹夜詠>, 『寒岡集』 卷1, 『한국문집총간』 53.

위의 두 예문은 한강의 <무흘야영>이란 시와 여헌(旅軒) 장현광(張顯光, 1554-1637)이 쓴 <황명조선국, 고가선대부사헌부대사헌겸세자보양관, 증자헌대부이조판서겸지의금부사한강정선생행장(皇明朝鮮國, 故嘉善大夫司憲府大司憲兼世子輔養官, 贈資憲大夫吏曹判書兼知義禁府事寒岡鄭先生行狀)>의 일부분이다.[14]

위의 예문은 한강 선생이 무흘정사 재세시에 쓴 시로 본인에게 무흘정사란 은둔의 공간으로 인식되어 있었다. 은둔의 계기는 앞서 살펴본 내암과의 마찰이 주원인이었다. 때문에 속세와의 대결을 피해 들어온 은거의 공간에서 '독좌(獨坐)'하면서 침잠에 빠질 수밖에 없었다.

위의 시는 한강의 고독한 내면 풍경을 절절하게 표출하고 있다. 한강이 느낀 속세에 대한 자괴감이 노출된 것으로 보이는데, 이러한 지향은 한강 내면의 심(心)이 외부의 시로 표출된 적극적 반응으로 감지된다. 물론 그 이유는 자신이 감내해야만 했던 인간관계의 오해와 부당함에서 비롯된 것이었기에 시적 토로의 정조는 회환과 비감의 정조가 전반을 관통하고 있다. 이점은 한강이 지은 잠에서도 아울러 확인되는 사안이다.

13) 張顯光, <行狀>, 『旅軒集』, "州西有修道山, 山之東畔, 泉石明潔, 廻隔人煙. 先生樂其僻靜, 又構小齋, 以爲藏書遊息之所, 名之曰武屹. 有謝賓詩, 曰寄語親朋休理屐, 亂雲層雪逕全迷. 卽其一句也."

14) 한강이 쓴 시와 여헌이 쓴 행장에 기록된 시는 <야영>이라는 동일한 시임에도 불구하고 3구의 시어가 '爲謝'와 '寄語'로 다르게 기술되어 있다. 이러한 차이에 대해서는 추후 고찰이 필요하다.

내 스스로 궁벽한 산속에 숨어 自竄窮山
세상과 길이길이 하직하였네 與世長辭
그림자를 지우고 자취도 끊고 滅影絶迹
남은 세월 여기서 보내 볼까나 以盡餘年[15]

한강에게 무흘정사란 정인홍과의 시비 문제로 인해 곤욕을 겪고 난 뒤 은둔의 시간을 함께한 공간이었다. 때문에 무흘정사와 관련된 시의 경우 공통적으로 속세와의 연을 끊고자 하는 마음이 일정부분 토로된 경향이 나타난다. 이러한 측면은 위의 잠을 통해 짐작되는 지점이기도 하다.

한강은 젊은 시절 박학의 학문 태도를 견지하면서 이단으로 취급되던 노장의 서적에 이르기까지 폭넓게 섭렵한 바 있었다.[16] 이점은 장흥효(張興孝)가 "이단의 서적 또한 섭렵하지 않은 적이 없었으나 이단이 되는 까닭을 궁구히 안 다음에는 곧 다시 보시지 않았다."[17]라고 언급한 것에서도 간취할 수 있다.

이렇게 박학한 한강이었음에도 세상에 대한 절연을 선언하는 것은 그만큼 세상에 대한 미련이 강렬했음을 반증하는 것으로 이해된다. 박학을 통한 경세 의지가 충만했음에도 불구하고 자신의 의지와는 달리 인간과의 관계로 인해 파탄에 이르렀기에 세상과의 단절은 그다지 순탄할 수 없었을 것이다. 게다가 평생

---

15) 鄭逑, <武屹題壁>, 「雜著」, 『寒岡集』卷2, 『한국문집총간 』53.

16) 鄭逑, <雜記>, 「寒岡言行錄」, 『寒岡全書』下, "先生於諸子百家及醫藥卜筮兵書風水之說, 無不歷略該通, 而晩年以業不精廢之."

17) 鄭逑, <讀書>, 「寒岡言行錄」, 『寒岡全書』下, "異端之書, 亦無不涉獵, 究知其所以爲異端之故, 然後輒不復看."

에 걸쳐 심학에 정진했던 삶의 자세를 견지했기 때문에 마음가짐을 주체하지 못하는 자신을 마주한다는 건 견디기 힘든 부분이었을 것이다. 이러한 정황들로 인해 위의 잠에서는 자신이 처한 현실에 대해 회한의 정조 또한 일정부분 감지되기도 한다.

하지만 위의 잠 3,4구를 통해 명징하게 드러나듯이 세상에 드리워졌던 자신의 그림자와 자취를 모두 다 끊고 남은 세월을 여기서 보내겠다는 다짐을 통해 속세에 대한 미련을 없애려는 의지를 피력하였다. 이는 속세와의 절연과 현실 속 이상 실천의 사이에서 갈등하던 심리에 대한 내면적 응시에 해당된다. 그 결과는 '전체대용(全體大用)'[18]으로 요약되는 학문 자세를 통해 전일하게 극복하려는 의지를 다지는 것으로 정리되었다.

그러나 후대 문인에게는 동일한 공간일지라도 체감하는 정조는 지향이 다를 수밖에 없었다.

지팡이 짚고 계시던 곳을 찾아오니	一策尋栖築
구름 낀 산이 좋은 모습 열어주네	雲山開好顔
돌에는 일찍이 지은 시 남아있고	石留曾題品
소나무는 예전 절개 띠고 있네	松帶舊淸寒
남기신 은택은 끝없이 흐르고	遺澤流無盡
학문 익히던 자취 지워지지 않네	藏修迹未刊
서로 전하며 애써오던 뜻을	相傳勤護意

18) 全體大用에 관해서 정우락은 "修己와 治人을 극대화한 용어로, 정구의 학문이 정밀하되 굉박하며, 투철한 학문적 인식과 사회적 실천을 담보하고 있다는 것을 보여준다."고 지적한 바 있다. 이에 대해서는 정우락, 「한강 정구의 사물인식 방법과 세계지향」, 『한강학의 성리학적 재발견』, 경북대 퇴계연구소, 역락, 2018, 32-33쪽 참조.

여러분들에게 힘쓰기를 부탁하오.	爲勉輩流間[19]

위의 시는 등암(藤庵) 배상룡(裵尙龍)이 무흘정사를 찾아가 느낀 바를 표현한 것에 해당되는 작품이다. 등암의 시에 나타난 정취는 둔세의 공간으로 포착하기 보다는 학문적 연대의 공간으로 인식한 측면이 우세하다. 이점은 '제품(題品)', '유택(遺澤)', '장수(藏修)', '상전(相傳)' 등의 시어를 통해 간취할 수 있다. 앞서 한강의 시에서는 둔세로 인해 밀려오는 회한이 작품과 밀착된 형태로 서술된 반면, 등암의 시는 한강의 학문적 자취를 권면하려는 자세에 방점을 찍고 있는 것에서 차이가 드러난다.

이러한 경향은 무흘정사의 장서각 기능을 포착한 후대 문인의 시에서도 아울러 확인할 수 있다. 아래 시가 이를 잘 보여준다.

홍류동 속은 천봉우리 절경을 둘렀는데	紅流洞裏匝千峯
유람인은 몇이나 이 속에 이르렀을까?	幾箇遊人到此中
만약 근원을 찾는 이로 무흘을 보게 한다면	若使尋源看武屹
장서가 해인사에만 있지는 않다네	藏書何啻梵王宮[20]

위의 시는 제산(霽山) 김성탁(金聖鐸)이 지은 <홍류동에 차운한 시>이다. 제산의 시각에 포착된 무흘정사는 장서각이라는 서책 보관의 장소였다. 실제 무흘정사는 한강의 서책과 유품들

19) 裵尙龍, <武屹齋有感。示同來諸君子>, 『藤庵先生文集』권1, 번역은 한국국학진흥원에서 발행한 『국역 등암선생문집』의 번역문을 참조하여 필자가 가감하였다.

20) 金聖鐸, <次紅流洞韻>, 『霽山集』 권2,

을 보관한 공간이었으며, 산중 도서관과 같은 역할을 하고 있었다.[21] 한강이 세상을 피해 들어와 마련한 곳이었으나, 단지 세상을 피하는 공간으로만 기능하지 않게끔 하려는 의도 또한 비쳤던 공간이기도 했다. 때문에 무흘정사에 수장된 장서는 규모가 컸으며, 이로 인해 한강의 문인들에게 독서와 강학의 공간으로 활용되었다. 제산이 위의 시에 대한 주석의 형태로 "세상에 유람객이 산에 들어와서 모두 해인사의 장경각을 본 것으로 기이한 승경이라 여기나 무흘에 들어가 한강선생이 읽은 장서를 모르기 때문에 그렇게 말한 것이다."[22]라고 기록한 것은 바로 도서관으로서의 무흘정사 역할을 포착한 것에 해당된다.

한강과 비슷하거나 한세대 뒤 연배의 문인들의 시에서 무흘정사는 둔세의 공간으로 인식되기 보다는 장서각의 기능을 십분활용한 학문적 연대의 강학공간으로 인식된 측면이 상대적으로 두드러지게 나타나는 것을 확인할 수 있다.

하지만 후대로 이어지면서 무흘정사라는 공간은 시간이란 물리적 속성이 부여되면서 그 의미가 이전 세대와는 다른 지점이 포착되기 시작한다. 아래 시에서 이러한 경향이 부각되는 것을 확인할 수 있다.

---

21) 무흘정사의 산중 도서관 기능에 대해서는 정우락의 전게 논문 및 전재동, 『한강학의 성리학적 재발견』, 7장 「정구의 저술·출판활동과 무흘정사 장서각의 장서 경향」, 역락, 2018, 211-238쪽 참조.

22) 金聖鐸, 『霽山集』 권2, "世之遊客入山, 率以觀海印之藏經閣爲奇勝, 而不知入武屹. 讀寒岡先生所藏書, 故云爾."

捿雲庵

발길이 닿는 곳으로 도착해보니　　行到湥湥處
산 속이라 모두 흰 구름 뿐이네　　山中都白雲
비가 되어 사라진 게 얼마나 많을까　　幾多爲雨去
밤에 일어나 나는 듯 샘소리 듣네　　夜起飛泉聞

飛雪橋

저물녘 다리에 홀로 서 있으니　　獨立夕陽橋
나는 듯 흘러 옥설을 내뿜네　　飛流噴玉雪
홀연히 돌연 사라져 버리니　　颯然轉消然
깊은 생각 누구 향해 말하나　　幽抱向誰說

滿月潭

찬 시내는 마치 마음이 있는 듯　　寒溪如有情
잠시 머무름에 시간만 흘러가네　　留點去年月.
용솟음치며 돌기를 재촉하지만　　欲捉溶溶輪
흘러도 못을 넘지 못하네.　　潭湥不可越

自怡軒

산 빛이 수면을 다듬으니　　山光磨水面
산에 앉아 정신이 기쁘네　　坐屼神精怡
동헌 밖은 모두 풍랑이라　　軒外皆風浪
계곡 길이 위험할까 근심치 마오　　莫憂谿路危

石泉庵

저 인간들 덮어버리는 빗소리　　捲彼人間雨
베개 아래에 감춰둔 샘소리　　藏諸枕下泉
쟁강거리는 금옥소리 만드니　　琮琤金玉作

여운은 다시 누구에게 전할꼬　　　　餘韻復誰傳

臥龍巖

너에게 창석암을 물으니　　　　問爾蒼巖石
무슨 연유로 와룡이라 이름했나　　　　緣何名臥龍
큰 못에 바람과 구름이 쉬어가나　　　　大澤風雲歇
어디를 따를지 처연히 바라볼 뿐　　　　悵望我安從

場巖

옛적엔 스님의 수도처요,　　　　昔時僧仙窟
접때엔 현송을 짓던 장소네.　　　　向作絃誦場
돌길은 아직 바뀌지 않았으나　　　　石逕猶不改
지금 온즉 홀로 상심하여 슬프네　　　　今來獨悲傷

翫瀑亭

부자의 도는 높고 심원해　　　　夫子道高深
천척 폭포와 견주어 본다네.　　　　較看千尺瀑
흘러내려 깊은 못을 만드니　　　　流行泓作淵
나로 하여금 눈과 마음을 열게 하네　　　　使我開心目

위의 시는 최린의 <무흘정사팔영>으로 무흘정사 주변에 마련되었던 서운암(捿雲庵), 비설교(飛雪橋), 만월담(滿月潭), 자이헌(自怡軒), 석천암(石泉庵), 와룡암(臥龍巖), 장암(場巖), 완폭정(翫瀑亭) 등을 읊은 것이다. 최린의 시는 무흘정사 주변에 조성된 다리, 암자, 못, 폭포 등의 자연경관을 중심으로 공간, 사물에 대한 흥취를 표현한 것에 해당된다.

그 가운데 주목할 측면은 시간적 거리에 따른 추억의 방식이다. <비설교>의 4구 '깊은 생각 누구에게 말하나', <석천암>의 4구 '여운을 다시 누구에게 전할꼬', <와룡암>의 4구 '어디를 따를지 처연히 바라볼 뿐', <장암>의 4구 '지금 온즉 홀로 상심하여 슬프네' 등에서 볼 수 있듯이 결구의 정조는 슬픔과 아쉬움이 주조를 이룬다. 이는 스승이 계시던 옛 현장을 방문하였으나 스승의 자취는 찾을 수 없고 무흘정사를 중심으로 한 주변 경관만이 남아있는 것에 대한 아쉬움의 정한을 토로한 것이다.

즉, 동일한 공간에서도 시간적 거리에 따라 느끼게 되는 회한적 감정이 인출되는 양상을 표현한 것으로 물리적 시간의 제약이 야기하는 연대적 공감의 제한을 보여준다. 물론 마지막 8영에 해당되는 <완폭정>에서 '부자의 도는 천척의 폭포와 비견되어 나로 하여금 눈과 마음을 열게 하는' 심원한 경지로 표현하면서 전체를 마무리 짓고 있다. 이를 통해 무흘정사라는 공간의 심원한 개방성을 일정부분 엿볼 수 있기도 하다. 하지만 최린의 작품은 무흘정사라는 공간의 심방(尋訪)을 통해 선생의 자취를 체험하고자 하기엔 시간적 제약의 아쉬움이 유로되고 있는 점이 특징이라 할 수 있다.

이러한 측면은 후대로 내려갈수록 옛 자취의 인식을 통해 후대 문인의 정서가 내적으로 심화되는 양상으로 전개된다.

명승지는 전면이 장수지처로 좋은 곳이라	名區全面好藏修
그윽한 자취와 남은 향기 여기서 구하네	幽躅遺芬此可求
태극당 안에 지팡이와 신을 달아놓고	太極堂中懸杖屨
자양산 아래에다 서루를 세웠다네	紫陽山下起書樓
울타리는 완연히 바람과 연기로 보호하는 듯	胥儲宛似風烟護

기침소리 놀라나 물과 달은 의연히 머무를 뿐　警咳依然水月留
평생토록 흠모하다 지금에야 이르니　景仰平生今始到
종일토록 배회하다 백사장에 기대네　徘徊終日倚汀洲

선현의 남은 자취 임천에 빛나고　先賢遺躅賁林泉
지은 시 지금처럼 여전히 전하네　題品如今尚有傳
비설교 위 천점이 흩어지고　石面雪飛千點散
만월담 속 달하나 둥그렇네　潭心月滿一輪圓
서운암의 한취를 스님 만나 이야기하고　棲雲閑趣逢僧話
관수를 약속하며 손님과 함께 잠드네　觀水幽期共客眠
고통이 더디 생겨 평생토록 부끄럽더니　自愧平生生苦晩
강연장 앞에 옷자락 걷고 이르지 못했네　摳衣未及講筵前23)

위의 시는 무흘구곡을 중심으로 창작된 최흥벽(崔興璧)의 「무흘잡영」 가운데 <무흘정사>를 읊은 시 두수이다. 위의 시는 무흘구곡 가운데 무흘정사를 중심으로 주변에 설계된 비설교, 만월담, 서운암 등의 장소를 중심으로 선현과의 시간을 뛰어넘는 추체험과 연대의 바람을 투영하고자 한 것으로 보인다.

이는 첫 번째 수의 미련에서 '경앙평생(景仰平生)'과 '배회종일(徘徊終日)'을 통해 표현되듯이 존숭의 마음으로 고대하던 장소를 뒤늦게나마 찾은데 대한 죄송함이 저변에 깔려있는 것에서 간취된다. 이점은 두 번째 수에서도 전일하게 공유되는 정서로 선현이 남긴 구체적 장소들을 목견하면서 후학으로서 지녀야 될 지향을 되새기는 경험적 정서로 표현되었다.

---

23) 崔興璧, <武屹精舍>二首, 「武屹雜詠」, 『蠹窩先生文集』卷之二

남긴 암자 짓기 위해 다시 산에 들어오니	爲築遺菴再入山
부평초 같은 생 약간의 한가함을 얻었네	浮生儘得片時閒
와룡암 아래 구름은 아직 남아있고	臥龍巖底雲猶在
만월담 앞 물은 저절로 굽어 흐르네	滿月潭前水自彎
꽃은 옛 친구같아 와서 소식 전하고	花似故人來有信
새는 과객같아 가서 돌아오지 않네	鳥如過客去無還
백년 뒤에 오는 이 오늘과 같다면	後來百歲如今日
다시 어떤 사람이 옛 자취를 찾으려나	更有何人古蹟攀[24]

위의 시는 한강의 8대손인 지애(芝厓) 정위(鄭煒)[25]가 1784년 무흘정사를 재창건하고 무흘구곡에 대한 정비작업을 하면서 느낀 감회를 읊은 것이다. 지애는 여전히 옛 자취를 보존하고 있는 와룡암, 만월담과 비교되는 쇠락한 무흘정사를 대비시키면서 정사 재창건의 의지를 드러내고자 하였다. 이러한 의식 속에는 무흘정사라는 특정 공간을 통시대적인 연대의 공간으로 인식한 지점이 고스란히 드러나 있다. 이는 마지막 미련에서 '백년 뒤에 오는 이 오늘과 같다면, 다시 어떤 사람이 옛 자취를 찾으려나'와 같이 결구한 것에서 확인된다.

이처럼 무흘정사를 중심으로 읊은 시편을 통해 한강에서부터 시작된 공간의 인식과 그 의미가 어떠한 변천 과정을 거치게 되

---

24) 鄭煒, <武屹看役時>, 『芝厓集』권1, 번역은 정우락, 「18세기 후반 영남문단의 일 경향」, 『18세기 영남한문학의 전개』, 계명대 출판부, 2011, 314쪽에 제시된 번역문을 참조하여 필자가 가감을 하였다. 아울러 위의 시를 이어 "高低山水自成林, 三日來遊露素襟. 欲拾遺芬深峽至, 却乘春興小溪尋. 花光焯灼羞華髮, 潭影虛明照道心. 時已暮春誰與浴, 千年沂水一般淸." 한 수가 더 있다.

25) 鄭煒에 대해서는 정우락, 전게 논문, 294-344쪽 참조.

었는지 확인할 수 있다. 그렇다면 무흘정사라는 공간과 학맥을 중심으로 한 학인들의 제영시를 통해 관계 맺기의 양상이 어떠한 의미를 지니는지 정리해 보기로 하자.

사상의 공유와 통시적 관계 맺음의 공간으로 기억된 <무흘정사武屹精舍>

무흘정사 제영시의 경우 정구에서 비롯되어 후학인 최흥벽과 8대손인 정위의 시에 이르기까지 여러 수가 창작되었다. 정구와 최흥벽은 스승과 사숙 제자의 관계라 할 수 있는데, 한강 문인록인 『회연급문제현록』에 의하면 한강의 문인은 324명으로 한강의 생몰연대(1543-1620)와 최흥벽의 생몰연대(1739-1812)를 감안하면 시간적 상거는 약 200년 정도가 된다. 즉, 200년의 시간적 거리를 뛰어넘을 수 있게 만든 게 바로 무흘정사라는 공간 장소인 것이다. 동일한 물리적 공간을 공유하면서 200년의 시간을 뛰어넘는 스승과 제자 사이의 정서적 연대와 교유가 이루어졌음을 알 수 있다.

이러한 의미에서 무흘정사는 공간을 중심으로 선학과 후학 사이의 사상 공유 및 이해와 소통이 맞물린 관계 맺음의 장으로 기억된다. 여기서 관계 맺음에 대해 이야기하는 것은 나름의 의도가 있다. 전통시대 문인은 가족 구성의 방식에 있어 학문적 공동체의 결성과 밀접하게 연맥되어 있었다. 『논어(論語)』에서 공자가 공야장에게 자신의 딸을 시집보내고 형의 딸을 남용에게 시집보냈던 것[26]에서 볼 수 있듯이, 혼맥을 통해 학문적 공동체의 결성을 굳건하게 다지는 기반으로 활용했던 것이다. 때문에 가문과 학문적 공동체가 긴밀하게 연계될 수 밖에 없었다.

이때 혼맥으로 학문적 공동체의 형성이 어려운 환경, 즉 이른바 사숙 제자들과의 공유는 학맥을 대표하는 물리적 공간을 중심으로 구성되는 특징을 지닌다. 서원이 그 대표적인 예이며, 누정이나 정사 등도 여기에 해당된다. 이때는 학맥의 스승과 직접 마주할 수 없었던 시간적 한계가 있었기 때문에, 과거 스승이 영위했던 공간을 찾아 옛 자취를 목도하는 경험을 통해 사상의 공유와 연대의식이 생성되었던 것이다.

무흘정사는 한강 문인에게 있어서 다양한 정사 공간 가운데 특별한 의미를 지닌다. 특히 한강이 세상을 떠나고자 했던 어려운 시기를 보냈던 공간이기에, 그 시기에 느꼈을 심정을 추체험하는 형태로 스승과 동일한 마음을 공유하려는 인식이 후학들에게 생성되는 공간으로 의미가 있는 것이다.

무흘정사는 혈연과 학연이 시간을 초월하여 연맥되는 구심점으로 작용되는 공간이었다. 때문에 정사라는 공간은 거대한 '가(家)'로 상징될 수 있으며, 이를 통해 동일한 공간을 왕래하던 개인이 정서적 공감을 영위하면서 공동체의 일원임을 인식하는 계기가 되는 곳이었다. 이는 광의로 살펴봤을 때, 혈연적 학적 공동체로 묶어줄 수 있는 한강 문인의 상징체와 같은 의미를 지닌다. 즉, 그 구성원은 혈연이든 학연이든 가를 중심으로 연결된 광의의 가족이라 할 수 있다.

---

26) 『論語』, <公冶長>, "子謂公冶長, 可妻也. 雖在縲絏之中, 非其罪也, 以其子, 妻之. 子謂南容, 邦有道, 不廢, 邦無道, 免於刑戮, 以其兄之子, 妻之."

특히 중세 시대는 학맥이 단순히 스승의 학문만을 배우는 것에서 그치는 게 아니라, 스승의 사상, 행위규범, 태도 등의 전인적 측면을 온전히 존숭하는 것을 모범으로 삼았다. 때문에 단순한 사승관계만으로 설명할 수가 없다. 학맥의 의미 속에는 공동체 지향이 내재되어 있으며, 삶의 규범으로 삼았기에 그들은 단순한 사승관계에서 벗어난 연대의 성격이 강했다. 그러므로 그들은 광의의 가족이라 불릴 수 있을만큼 공고한 지향의식을 세대를 걸쳐 공유했다.

이런 측면에서 봤을 때 한강 개인에게 무흘정사는 만년의 은둔 공간이었기에 삶의 무정함과 비애(悲哀)가 녹아든 곳이자 경세의 의지에 대한 재충전의 공간으로 존재했다. 하지만 한강 학파에게 있어서 무흘정사란 정통성을 부여하는 연대의 공간으로 상징되었고, 여러 번에 걸친 이거와 중수의 과정을 통해 생명력을 불어넣고자 하는 의지가 발현된 공간으로 의미가 깊다. 따라서 무흘정사는 둔세의 장소이자 강학의 구심처, 그리고 시간을 뛰어넘는 한강 학파의 연대 공간으로 새롭게 그 의미를 자리매김할 수 있을 것이라 생각된다.

영화로 보는 역사
- <최종병기 활>과 버려진 백성

조 상 현

환향녀?
화냥년?

우리 속담 가운데 '화냥년 시집 다니듯'이란 게 있다. 우리 문화에서 '여자는 평생 한번만 결혼 하는 것'을 오랫동안 당연하다고 생각했는데, '화냥년'은 자기 맘대로 여러 서방에게 왔다 갔다 했으니, 문란하고 정절도 없는 대명사로 '화냥년'이라는 말이 사용되었던 것이다. 속담만 들어봐도 화냥년이 얼마나 비속적인 말인지 감이 온다. 실제 국립국어원의 표준국어대사전을 살펴도 '화냥년'을 '화냥을 비속하게 이르는 말'이라고 설명하고 있다. 여기서 '화냥'은 '서방질을 하는 여자'인데, 국어사전에서는 그 어원을 만주어 '화낭(花娘)'으로 제시하고 있다.

그런데 일반인들이 기억하는 '화냥년'의 어원은 사전과는 약간 차이가 난다. 아직까지도 많은 글에서 화냥년의 어원을 '환향녀(還鄕女)'라고 말하고 있다. '고향으로 돌아온 여자'가 어떻게 서방질 하는 '화냥년'과 같은 의미가 됐을까? 전혀 어울릴 것 같지 않은 이 두 단어의 연결과 관련하여 일반적으로 많이 회자되는 사건이 바로 병자호란이다. 청나라에 끌려갔다가 고향으로 돌아온, 다시 말해 오랑캐 땅에서 조선 땅으로 '환향'한 여성들이 어느 순간 '화냥년'으로 돌변해 있던 것이다. 아니 어떻게 전쟁의 와중에 끌려갔다 돌아온 여성들에 대해 이토록 가혹한 언사로 공격한단 말인가?

그렇다면 이제 '환향'한 여성과 관련하여 **영화 한 편**을 이야기하며 역사 속 사실을 찾아가는 과정을 시작해 보자.

최종병기 활
"나라는 결코 백성을 저버려서는 안 되오"

1623년 어느 날 밤, 최평량의 집에 병사들이 난입한다. 아버지는 아들 남이(박해일)에게 "외교를 모르는 자들이 임금을 옹립하니 반드시 전쟁이 날 것이다. 사직과 백성의 안위가 바람 앞의 등불이니 어이할꼬."라는 말을 남기며, 개성에 있는 친구 김무선(이경영)의 집으로 가서 여동생 자인(문채원)을 끝까지 돌볼 것을 당부한다. 아이들을 **집 밖으로** 내보낸 최평량은 역적이 되어 그렇게 최후를 맞이한다.

영화 <최종병기 활>은 이렇게 광해군을 축출하고 인조반정이 일어난 밤부터 이야기를 풀어나간다. 최평량은 아마도 광해군의 외교 노선을 지지하는 북인, 그 가운데 자주 외교를 외치던 대북파(大北派)였을 것이다.

영화는 13년의 세월을 건너 1636년으로 넘어간다. 역적의 자식임을 숨긴 채 아버지 친구의 집에서 양육된 자인은 김무선의 아들 서군(김무열)과 장래를 약속한다. 드디어 서군과 자인의 행복한 혼례식이 열리던 날, 갑자기 지진이 일어난 듯 지축이 울리고 상 위에 놓인 술잔이 흔들리기 시작한다. 심상치 않은 일이 일어난 것이다. 이내 저 멀리 산을 넘어 수많은 청나라 기마부대가 말을 달려 성을 공격한다. 남이에게 남긴 최평량의 유언처럼 기어이 전쟁이 일어나고야 만 것이다. 이렇게 병자호란(丙子胡亂)이 일어났다.

사진출처 : DAUM 영화 정보
(https://movie.daum.net/moviedb/main?movieId=61482)

인조(仁祖)를 비롯한 조정대신들도 청군의 진행 상황을 몰랐는데, 개성이라고 알고 있었을 리 만무했다. 갑작스런 청의 기습에 개성은 속수무책으로 무너지고 만다. 평화로이 절구질 하던 아낙의 목에, 곰방대 물고 주막에 앉아 있던 사내의 목에, 그리고 혼례를 치르던 서군과 자인의 목에도 올가미가 던져지고 이내 조선의 백성들은 청나라 군대의 포로 사냥 대상이 되어 짐승처럼 끌려가게 된다.

급하게 남한산성에 피신했던 인조 역시 오래 버티지 못하고 항복을 했다. 이 부분은 또 다른 병자호란 배경 영화 <남한산성>에 잘 설명되고 있다. 삼전도에서 인조의 항복을 받은 후 청나라 군대는 다시 철군하는데, 올 때는 빈손이었지만 갈 때도 빈손일 순 없었을 터. 조선 백성을 전리품으로 챙겨 자신들의 고향으로 끌고 간다. 사로잡힌 백성들은 굴비 엮이듯 줄에 묶여 고향을 떠나 청나라까지 머나먼 고행의 길을 떠나게 된다.

영화에서는 이 부분에 다음과 같은 자막이 흐른다.

> 남한산성으로 피신한 임금 인조는 힘겹게 항거하다 항복한다.
> 50만...
> 많은 사람들이 남녀·서열을 가리지 않고 포로와 인질로 끌려갔다.
> 모진 학대와 과도한 행군, 무수한 사람들이 죽어나갔다.

이제 영화는 여동생을 구하기 위한 남이와 청나라 군대 사이의 쫓고 쫓기는 추격전으로 변한다. 물론 그 와중에도 조선 백성들이 청나라로 끌려가는 과정에 대한 정보가 꾸준히 제공된다. 그 가운데 조선 여성들의 실상도 잘 나오는데, 청나라 왕자가 귀국길에 자신의 천막으로 조선의 처녀들을 불러 성적 노리개로 사용하는 것이었다. 자인도 왕자의 선택을 받아 천막에 불려가지만, "나는 혼례를 올린 몸이요. 제발 이리 살지 않게 해주시오"라며 격렬한 저항을 한다. 정절을 목숨보다 소중히 생각했던 조선의 여성상이 자인을 통해 투영된 것이다.

왕자에게 대항하다가 목숨이 위태로워진 자인의 앞에 오빠 남이와 신랑 서군이 등장한다. 우여곡절 끝에 먼저 탈출에 성공한 서군-자인 부부가 압록강을 건너 다시 조선 진영에 도착했다. 그런데 의외의 상황이 벌어진다.

국경을 지키던 조선 병사들이 그들을 막아서면서 묻는다.

"어떤 자가 국경을 넘는가?"

"우린 조선 백성이요!"

"혹 청 진영에서 탈출했는가?"

"그렇소."

그러자 조선 장수는 이들을 체포하라 명하고 병졸들이 창을 들이대며 달려든다.

"강을 건넌 이상 너희들은 더 이상 조선 백성이 아니다."

"그럼 우린 무엇이요?"

"모르느냐?"

"모르오."

"이미 청의 노예다. 국법이 그리 되었다."

"그래서 어찌하겠다는 것이요?"

"국법에 따라 다시 청으로 압송될 것이야."

서군은 분노한다.

"국법이 그리할 순 없다. 나라는 백성을 결코 저버릴 수 없는 것이니."

탈출한 조선 백성을 막아서는 조선 병사(출처 : 영화 <최종병기 활> 장면 캡쳐)

칼을 빼앗아 청군이 아닌 조선군과 싸우는 서군. 조선군 장수를 붙잡아 국가의 책임 방기에 대해 한 마디를 던지고 남이를 데리러 다시 청으로 넘어간다.

"어렵게 돌아왔소. **나라는 결코 백성을 저버려서는 안 되오.** 국법이 그리 되었다는 비겁한 얘기는 하지 마시오."

영화 마지막 장면.

서군과 자인은 싸늘하게 식은 남이의 시신과 함께 그토록 원했던 고향 땅을 향해 다시 배를 몰아간다. 그리고 그 밑으로 자막이 흐른다.

1637년 병자호란 후 나라의 송환 노력은 없었다.
다만 소수의 사람들이 그들 스스로의 힘으로 돌아왔을 뿐이다.

"우리를 버리고 가십니까"
버려진 백성, '피로인被擄人'

<최종병기 활>의 시대적 배경은 인조 14년(1636) 음력 12월부터 1637년 음력 1월, 조선과 청나라 사이에 벌어진 병자호란이다. 전쟁 당시 두 나라의 국력 차이는 상당했다. 만주족의 인구는 대략 150만 명인 반면 조선의 인구는 1000만 명을 넘겼을 것이라는 추정도 있다. 청나라가 조선 침략에 동원한 군대는 대략 12만 명 조금 넘는 수준. 그런데 무려 7년이 걸렸던 임진왜

란(1592~1598)과 달리 병자호란은 단 두 달 만에 끝이 났다. 그것도 조선의 처참한 패배로 말이다. 일본의 공격을 7년이나 버텼던 조선이 아닌가. 아무리 임진왜란과 이괄의 난 후유증이 남아 있다고 한들, 조선 임금이 별다른 저항도 못한 채 성문을 열고 나와 머리를 조아리며 완전한 항복을 할 정도로 조선이 무너진 것은 무슨 이유였을까?

이런 결과에는 다 그만한 이유가 있었다. 12월 9일 압록강을 건넌 청군은 조선군이 산성으로 들어가 버티자 이들을 내버려 둔 채 곧바로 한양을 향해 달리기 시작했다. 전쟁 시작 소식이 한양으로 알려진 것은 12월 12일. 조정에서는 조선군이 곳곳에서 막아설 것이라고 생각했지만, 예상은 보기 좋게 빗나가고 말았다. 13일 청군의 평양 통과 소식이 전해지고, 14일에는 이미 개성을 지났다는 소식이 알려진다.

앞서 영화에서 아무것도 모른 채 혼례를 올리다가, 혹은 어느 때와 다를 바 없는 일상을 영유하다가 청군에게 공격을 당하는 모습이 나왔다. 혼례가 치러지던 김무선의 집은 개성에 있었기 때문에 12월 13일이 자인의 결혼식 날짜였을 것이다.

개성이 속수무책으로 당했다. 그런데 개성은 한양과 지척 아니던가. 급해진 조정은 14일 종묘사직의 신주와 세자빈, 왕자 등 왕실 식구들을 먼저 강화도로 보냈다. 그리고 14일 밤, 마지막으로 인조의 피난 행렬이 도성을 빠져 나왔다. 하지만 이미 청군은 한양 근처에 도달해 있고, 설상가상 강화도로 가는 길을 청군이 막고 있다는 보고가 들어왔다. 이제 임금의 행렬이 갈 수 있는 곳은 남한산성뿐이었다. 12월 15일 새벽, 급히 남한산성에 들어가 농성을 시작한다. 하지만 버티기만 할 뿐 다른 방도가 없었다. 강화도가 함락되고 대피했던 왕실 가족과 주민들이 포로로 잡히자 결국 항복 외에는 선택지가 없게 됐다.

1월 28일 청 태종은 인조에게 항복을 허락하는 조건으로 11개 조항을 제시했다. 첫째는 당연하게도 '조선이 청에 대해 신하의 예를 행할 것'이었다. 그리고 명과의 우호관계를 끊으며, 왕자 두 명과 대신의 아들을 볼모로 청에 보낼 것, 명을 정벌할 때 조선이 원군을 보낼 것, 명에 했던 것처럼 때마다 청나라에도 사신을 보낼 것 등이었다. 청 태종의 조건에 불만이 있다고 한들 협상할 처지도 아니었다. 인조의 안전한 항복을 위해서는 받아들일 수밖에 없었다. 결국 1월 30일 인조는 남한산성에서 걸어 나와 삼전도에서 굴욕적인 항복식을 갖는다. 인조는 항복이란 말을 사용하기 싫었다. 그래서 정축년에 성에서 내려왔다는 의미로 '정축하성(丁丑下城)'이라고도 하고, 성 아래에서 맺은 맹세라는 의미에서 '성하지맹(城下之盟)'이라고도 불렀다.

삼배구고두례(三拜九叩頭禮)를 마치고 청나라 장수 용골대의 군병에 둘러싸여 창경궁으로 돌아가는 길, 청나라에 사로잡혀 끌려가던 백성들이 즐비했다. 그들은 "우리 임금이시여, 우리 임금이시여, 우리를 버리고 가십니까?"라며 울부짖고 있었다. 이때 환궁길에서 만난 '버려진' 백성만 만 명을 헤아렸다고 실록은 적고 있다.

영화에서도 자세히 나왔던 청나라에 잡혀간 포로들은 '피로인(被擄人)'이라는 이름으로 불린다. 얼마나 많은 사람이 잡혀갔을까? 전쟁이 끝난 후 최명길이 '병자호란의 전말'을 알리기 위해 명나라에 보낸 글에 조선인 피로인이 50만 명이라는 기록이 나온다. 나만갑은 『병자록』에 '청군이 철수하는 동안 매번 수백 명의 조선인들을 열을 지어 세운 뒤 감시인을 붙여 끌고 가는 것이 하루 종일 지속되었다.'는 기록과 '심양 인구 60만 명 가운데 상당수가 조선사람'이라는 기록을 남겼다. 일반적으로 피로인의 숫자를 50만 명 정도로 보는 경우가 많다.

50만 명의 백성이 끌려간다면 국가도 이들을 위해 무엇인가 조치를 취해야 마땅했을 것이다. 하지만 앞에도 말했듯이 당시 조선의 최대 관심사는 백성이 아니라 종묘사직의 보호, 더 직접적으로는 청나라로부터 인조의 안전을 보장받는 것이었다. 조선 백성들의 처지는 중요 관심사에서 멀어지게 된 것이다.

그렇다면 누가 끌려갔나? 1637년 2월 19일 인조가 백성들을 교유하기 위해 발표한 글을 보자.

> 겹겹이 포위된 약한 군졸은 백등(白登)의 위태로움보다 심했는데, 뜻을 굽히고 보존하기를 도모하여 겨우 청성(靑城)의 재액만은 모면하였다. 그러나 나라는 망하지 않았다 하더라도 사람들이 나를 뭐라고 하겠는가. 좋은 옷과 맛있는 음식은 사람마다 원하는 바인데 지금 나는 헤진 갖옷을 입고 거친 밥을 먹는 것이 일반 천민과 다름이 없고, 자식을 사랑하고 돌보려 하는 마음은 천성에서 자연히 우러나오는 것인데 지금 나는 두 아들과 두 며느리를 모두 이미 북쪽으로 떠나보냈다. 그러나 돌아보건대 내가 매우 마음 아파하는 것은 여기에 있지 않다. 백성을 기르는 자리에 있으면서 자신이 도를 잃은 나머지 나 한 사람의 죄 때문에 모든 백성에게 화를 끼쳤다. 그리하여 난을 구하러 달려온 군사들로 하여금 길이 전장의 원혼(冤魂)이 되게 하였고, 죄 없는 백

성을 모두 다른 나라의 포로가 되게 하여, 아비는 자식을 보호하지 못하고 지아비는 지어미를 보호하지 못하게 하여 어디를 보든지 간에 가슴을 치고 하늘에 호소하게 하였다. 백성의 부모가 되어 책임을 장차 누구에게 전가할 것인가. 이 때문에 고통과 괴로움을 머금고 오장이 에는 듯하여 뜬 눈으로 밤을 새운다.

조선 국왕을 제외하고 가장 높은 사람이라고 할 소현세자와 둘째 아들 봉림대군, 그리고 두 며느리까지도 청나라에 인질로 잡혀갔다. 신분 고하를 막론하고 남녀를 막론하고 무차별적으로 잡혀갔던 것이다. 하지만 국가가 할 수 있는 것이라고는 아무 것도 없었다.

끌려간 사람들의 형편은 그야말로 말로다 할 수 없을 정도로 끔찍했다. 포로로 잡히던 시기가 12월~1월의 한겨울인데 노숙을 하면서 동사하는 경우도 많았다. 영화 <남한산성>을 보면 성 안의 병사들마저도 얼어 죽는 이야기가 나오는데, 더 추운 북쪽으로 끌려가면서 풍찬노숙해야 하는 피로인들이 동사하거나 동상에 걸릴 가능성은 훨씬 높았을 것이다.

50만 명이 끌려가는데 도망하는 사람이 없진 않았을 것이다. 그렇게 탈출한 사람을 부르던 말이 주회인(走回人)이다. 그런데 청나라는 주회인을 그냥 포기하거나 방치하지 않았다. 청태종은 1월 28일 인조에게 항복 조건을 내걸 때 포로들에 대한 조항도 하나 넣어뒀었다.

군중(軍中)의 포로들이 압록강을 건너고 나서 만약 도망하여 되돌아오면 체포하여 본래 주인에게 보내도록 하고, 만약 속(贖)

을 바치고 돌아오려고 할 경우 본래 주인의 편의대로 들어 주도록 하라. 우리 군사가 죽음을 무릅쓰고 싸워 사로잡은 사람이니, 그대[인조]가 뒤에 차마 결박하여 보낼 수 없다고 말하지 말라.

압록강을 건너기 전 탈출에 성공한다면 모를까, 압록강을 건넌 후에는 청나라 재산이 조선으로 흘러간 것이니 이를 본래 주인에게 돌려줘야만 한다는 것이다. 실제로도 종전 후 조선에 주회인의 송환을 강력히 요구하는 사례가 많다. 1639년에는 조선이 주회인 송환에 성의를 보이지 않는다며 인조를 심양으로 부르겠다는 협박을 하였으며, 1644년에는 주회인 문제로 인조의 왕위를 교체하겠다는 협박도 서슴지 않았다. 결국 선택의 여지가 없는 조선은 어렵게 탈출한 백성들을 다시 붙잡아 청나라로 보내야만 했다. <최종병기 활> 영화의 말미에 나오는 국경 장면에서 많은 사람들이 '아니 제 힘으로 도망쳐 온 사람을 왜 다시 돌려보내?'라고 의아해 할지 모르겠지만, 이는 나름대로 잘 고증한 사실이었던 것이다.

살아서 돌아오기 힘든…
돌아와서 살아가기 힘든… 환향還鄕

워낙 많은 사람들이 잡혀갔기 때문에 조선의 입장에서 청나라에 있는 50만 명이나 되는 피로인을 그냥 보고만 있을 순 없었다. 그래서 피로인을 되돌려 받기 위한 노력을 하는데, 청나라가 피로인을 바라보는 관점이 문제였다. 인구가 별로 없는 청나라 입장에서 전쟁을 통해 획득한 포로들은 '하늘이 내려 준' 자신들의 재물이었다. 그래서 조선과의 전쟁에서도 청나라 병사들은 피로인 사냥에 골몰하였던 것이다. 피로인을 속환 받고 싶으면 그 재물에 대한 정당한 대가를 지불해야 했다. 이미 정묘호란 때 끌고 간 조선 포로를 통해 이득을 취한 경험이 있던 청나라는 병자호란 때 비싼 값을 받을 수 있는 양반 가문 사람들을 많이 끌고 갔다.

조선은 속환에 소요되는 비용을 무작정 올릴 수 없었다. 그래서 선택한 것이 국가차원의 협상이었다. 적은 비용을 들여 최대한 많은 피로인을 속환받기 위해 1인당 가격을 '은 100냥' 밑으로 책정하고 청과의 협상을 진행하였으나, 양측의 금액 차가 커서 실패하였다. 자꾸 시간이 지연될수록 돈이 많은 고위관료나 부유층에서는 국가차원의 협상을 무시하고 개인적인 협상을 시작하였다. 급한 사람을 대상으로 하는 인질장사가 시작된 것이다. 『심양일기』는 당시 상황을 이렇게 묘사하고 있다.

> 청인들이 남녀 인질들을 모아놓으니 수만 명이 됐다. 모자가 상봉하고 형제가 서로 만나 부여잡고 울부짖으니 곡소리가 천지를 진동했다.

돈 걱정 없는 부유층은 비싼 속환가를 지불하고서라도 빨리 자신들의 가족을 데려오고 싶은 마음이 굴뚝같았다. 영의정 김류는 첩의 딸을 위해 용골대에게 은 1000냥을 제시했고, 병조사령 신성회는 600냥을 지불했다. 영중추부사 이성구의 경우 1,500냥이나 지불했다고 한다. 이렇듯 개별적인 협상은 속환 비용 폭등이라는 부작용을 가져오고야 말았다. 최명길 등이 속환가 상한선을 제시하는 방안을 냈지만 실현되지 않았다. 결국 비싼 속환가를 마련할 수 없는 사람들은 가족과의 재회를 포기해야만 했다.

돈이 없는 백성들은 정상적인 방법으로 고향 땅에 돌아오는 것이 힘들었다. 그래서 탈출을 시도하는 주회인이 많았던가 보다. 대표적인 주회인을 한 명 소개하자면, 개성 근처에 살다가 강화도로 피난 갔지만 강화도 함락과 함께 포로가 된 안추원이 있다. 이후 심양에서 한족(漢族)에게 팔려갔던 안추원은 현종 3년(1662)에 1차 탈출을 시도했다 실패하고, 2년 후 최종적으로 탈출에 성공했다. 잡혀간 지 28년 만에 주회인이 된 것이다. 그런데 힘들게 고향 개성으로 돌아와도 안추원을 반기는 사람은 아무도 없었다. 가족 친지들은 모두 죽거나 흩어져 아무도 남아 있지 않았기 때문이었다. 그렇다고 국가가 주회인에게 별다른 호구지책을 제시할 수도 없었다. 28년 만에 목숨을 걸고 탈출해 고국 땅을 밟았던 안추원은 결국 자기 발로 북경으로 되돌아가기로 한다. 하지만 돌아가는 것도 순탄치 않아 압록강을 건너자마다 책문에서 체포되었다.

살아서 돌아오기도 힘들었지만, 돌아와서도 살아가기 쉽지 않았던 것이다. 이같은 상황은 특히 여성들에게 더 가혹하게 다가왔다. 영화에서도 등장했지만 전쟁의 와중에 여성 포로들은 성적 착취의 대상이 되곤 하였다. 혹은 정절을 지키기 위해 스스로 목숨을 끊거나, 강렬히 저항하다 다치거나 죽었다. 이긍익이 쓴 『연려실기술』에는 병자호란 때 순절한 부인들에 대한 여러 기록이 남아 있다.

> 윤선거의 아내 이씨는 갑곶의 수비가 무너진 소식을 듣고 스스로 목을 매어 죽었다. … 이성구의 아내 권씨는 아들 상규의 아내 구씨 및 그 두 딸인 이일상과 한오상의 아내와 더불어 목매어 죽었는데, 모두 정려하였다. … 도정 권순창의 아내 장씨는 목매어 죽었고, 권순정의 아내 장씨는 그 동생인데 같이 목매어 죽었다. 아울러 정려하였다. …
>
> 그 밖에 부인들이 절개를 위하여 죽은 것은 모두 다 기록할 수 없었으며, 천인(賤人)의 아내와 첩도 자결한 사람이 많았다. 적에게 사로잡혀 적진에 이르러 욕을 보지 않고 죽은 자와 바위나 숲속에 숨었다가 적에게 핍박을 당하여 물에 떨어져 죽은 자들이 얼마나 되는지 알 수 없다. 사람들이 전하기를, "머리 수건이 물에 떠 있는 것이 마치 연못물에 떠 있는 낙엽이 바람을 따라 떠다니는 것 같았다." 하였다. …
>
> 어떤 선비의 아내가 청병이 강을 건넌다는 말을 듣고, 그 계집종에게 말하기를, "적이 죽은 사람을 보면 옷을 모두 벗겨 간다 하니, 내가 죽은 뒤에 급히 불을 가져다가 태워서 적의 손이 시체를 가까이하지 말도록 하라." 하고, 드디어 스스로 목을 매어 죽었다.

이는 최고위층이라도 예외가 아니었다. 강화도로 대피했던 소현세자빈은 강화가 함락되자 자기 목을 찔렀다. 다행히 내시들이 세자빈을 잡아 죽음은 피했지만 조선 여인들에게 '야만 오랑캐'에게 끌려간다는 것이 무엇을 의미하는지 잘 알 수 있는 대목이다.

청나라에 도착해서도 문제였다. 여성 피로인 가운데 상당수는 청나라 사람의 첩이 되었는데, 본처들이 투기하여 고문을 가하거나 끓는 물을 뿌리는 경우까지 있었다. 그런데 여성들의 고통은 청나라에 잡혀 가는 것에서 끝나지 않았다. 속환되거나 탈출하여 어렵사리 조선에 되돌아와도 여성들을 기다리는 것은 싸늘한 눈초리뿐이었다.

항복 이듬해인 인조 16년(1638) 3월 11일. 예조에 진정서가 한 통 올라온다.

> 신풍부원군 장유가 예조에 단자를 올리기를 "외아들 장선징이 있는데 강화도의 변에 그의 처가 잡혀 갔다가 속환되어 와 지금은 친정 부모집에 가 있다. 그대로 배필로 삼아 함께 선조의 제사를 받들 수 없으니, 이혼하고 새로 장가들도록 허락해 달라."고 하였다. 전 승지 한이겸은, 자기 딸이 사로잡혀 갔다가 속환되었는데 사위가 다시 장가를 들려고 한다는 이유로 그의 노복으로 하여금 격쟁하여 원통함을 호소하게 하였다.

외아들의 며느리가 청나라에 끌려갔다가 속환되어 왔지만, 그 며느리에게 제사를 맡길 수 없으니 이혼을 허락해 달라는 요청이다. 진정서에 이유를 적시하진 않았지만 청나라에 끌려갔으니 몸이 더러워졌을 것이고, 그런 며느리를 데리고 살 수는 없다는 것일 터이다. 그런데 바로 다음 문장은 반대로 딸의 입장에서 억울함을 호소하고 있다. 자기 딸을 속환시켜 데려왔더니 사위가 이혼을 하려 한다는 것이다. 아들을 가진 부모와 딸을 가진 부모의 이해가 전혀 상반된 형태로 표출되었다.

속환되어 고향으로 돌아온 여성들, 우리는 이들을 소위 '환향녀(還鄕女)'라 부른다. 전쟁 후 환향녀가 급증하자 조정에서 환향녀와의 이혼 문제를 두고 갑론을박이 벌어진다. 좌의정 최명길은 직접 심양에 갔을 때의 예를 들어가며 모든 여성들이 정절을 잃은 것은 아니기 때문에 이혼을 허락해서는 안 된다는 단호한 입장을 밝혔다. 인조는 임란왜란 후 선조의 선례를 좇아 최명길의 손을 들어주었다.

> 임진왜란 때 사대부의 부녀들이 적진에 잡혀갔다가 살아서 돌아온 자를 시집에서 이혼하고 개취(改娶)할 것을 청하여 조정에서는 의논이 많았다. 선조가 이르기를 '이것은 음탕한 행동으로 절개를 잃은 것에 견줄 것이 아니니 버릴 수 없다' 하여 허락하지 않았다. (그런데) 이제 와서 청나라로부터 속환된 자에 대하여 조정에서 다시 장가드는 것은 허락하고, 인연을 끊는 것을 허락하지 않는 것이 옳다는 의논이 있었으니 임금이 전교하기를 "선조(先朝)의 정한 예에 따라 시행하라."고 하였다.

인조의 결정으로 일단락된 듯싶었던 환향녀와의 이혼문제는 몇 달 후 다시 재기된다.

> 특진관 조문수가 아뢰기를, "부부는 인간의 대륜입니다. 포로로 잡혀갔던 여자들은 남편의 집안과 대의가 이미 끊어진 것이니, 어찌 억지로 다시 합하게 하여 사대부의 가풍을 더럽힐 수 있겠습니까. 우리 동방은 예의의 나라인데 한 번 변란을 겪은 뒤 이런 거조가 있으니 신은 삼가 성조(聖朝)를 위하여 부끄럽게 여깁니다." 하였다.
>
> 상이 이르기를, "포로로 잡혀갔던 여자들은 이미 본심에서가

아니었고 죽을 수도 없었다. 대신들의 뜻은 실로 그들이 의지할 데 없음을 가엾게 여긴 것이다." 하였다.

사대부. 조선의 남성. 그들은 임금의 명이라도 따를 수 없었던 모양이다. 실록을 기술한 사신(史臣)은 실록에 이렇게 조선 남성을 대표하는 견해를 적시하고 있다.

사신은 논한다. 충신은 두 임금을 섬기지 않고 열녀는 두 남편을 섬기지 않으니, 이는 절의가 국가에 관계되고 우주의 동량(棟樑)이 되기 때문이다. 사로잡혀 갔던 부녀들은, 비록 그녀들의 본심은 아니었다고 하더라도 변을 만나 죽지 않았으니, 절의를 잃지 않았다고 할 수 있겠는가. 이미 절개를 잃었으면 남편의 집과는 의리가 이미 끊어진 것이니, 억지로 다시 합하게 해서 사대부의 가풍을 더럽힐 수는 절대로 없는 것이다. 최명길은 비뚤어진 견해를 가지고 망령되게 선조(先朝) 때의 일을 인용하여 헌의하는 말에 끊어버리기 어렵다는 의견을 갖추어 진달하였으니, 잘못됨이 심하다. … 절의를 잃은 부인을 다시 취해 부모를 섬기고 종사를 받들며 자손을 낳고 가세(家世)를 잇는다면, 어찌 이런 이치가 있겠는가. 아, 백 년 동안 내려온 나라의 풍속을 무너뜨리고, 삼한(三韓)을 들어 오랑캐로 만든 자는 명길이다. 통분함을 금할 수 있겠는가.

여자에게 있어 신체의 정절만이 중요한 것이 아니라면서 그 같은 상황을 만나서도 죽지 않은 사실이 문제라며 꾸짖고 있다. 이처럼 자결하지 않음이 더럽다는 생각이 어쩌면 조선 남성들의 일반적인 사고였을 것이다. 결국 사대부집 자제들은 모두 다시 장가를 들고, 환향녀와 다시 합하는 자가 없었다고 실록은

전한다.

부인은 원래 남이었으니 그렇게 야박하게 굴었다고 백번 양보한다손 치더라도, 자기 할머니와 어머니에게 죽음을 강요하는 경우도 있었다. 강화도 수비를 책임지고 있던 김경징은 청군이 강화로 진격하자 늙은 어미를 버리고 배를 타고 도주해버렸다. 김경징의 아들은 제 할머니와 어머니, 일가 여인들을 협박하여 자결하도록 하였다. 그렇다면 할머니와 엄마를 사지로 내몬 그 아들은 어떻게 됐을까? 자기 혼자 살아남았다.

'환향녀'에서 '일본군 위안부'까지

'환향녀'와 '화냥년'을 자연스럽게 연결시키는 것은 조선시대 방식이 아니었다. 『조선왕조실록』을 포함한 다양한 역사 사료에서 '환향녀'라는 용어는 등장하지 않는다. '뭐라구? 병자호란 이후로 사용하던 말이 아니었어?'라는 놀람은 잠시, 여전히 우리는 환향녀를 말하면서 머리 한쪽에서는 '화냥년'을 떠올린다.

일단 용어에 얽힌 진실부터 하나씩 정리하고 넘어가자. 환향녀라는 말이 처음 사용된 시점을 명확히 확인하긴 어렵지만, 일제강점기를 지나 해방 직후에도 등장하지 않고 있다. 『동아일보』를 검색한 결과에 따르면 1975년 한 차례 등장하고, 1989년 가극 '환향녀'가 발표되면서 몇 차례 기사에 언급되는 정도이다. 물론 작품명으로 활용되었다는 것은 일상생활에서 이미 사용하고 있음을 방증하는 것이긴 하지만 그 시기가 1970년대 중반에서 크게 벗어나지는 않을 것으로 보인다.

가극 <환향녀>(1989년) 포스터
(사진출처 : 국립합창단 홈페이지)

일반 국민들에게 '환향녀'가 뇌리에 깊이 새겨진 것은 아마도 유명 TV 시리즈인 '전설의 고향'에 소개된 이후가 아닐까 한다. 1997년 전설의 고향 23화 <환향녀>, 2008년 전설의 고향 8화 <환향녀>, 2012년 드라마스페셜 시즌3 1화 <환향-쥐불놀이>가 대표적이라고 하겠다. 이 외에도 환향녀를 소재로 한 작품은 더 있지만, 그 내용을 보면 대동소이하다. 대부분 환향녀의 정절 문제를 시비 삼아 자결을 강요하거나, 혹 자결을 하지 않으면 자결로 위장된 살인을 가하는 등의 내용이다.

이처럼 '환향녀'는 현대에 만들어진 신조어일 가능성이 농후하다. 그렇다면 화냥년은 어떨까? 1910년 3월 3일자 『대한매일신보』에 해당 단어가 등장한다.

울긋불긋비단옷을 말쑥하게닙은 後에 演劇場에들어가셔 분뒷박을 니두르며 낙시눈을써가지고 셔방질에 滋味나셔 집안일은아

니보고 淫心蕩情撑中ᄒᆞ야 良風美俗壞亂ᄒᆞ니 뎌런못된**화냥년**들 卽刻內로 捉待ᄒᆞ라

시작점이 정확치는 않지만, 적어도 대한제국의 끝자락인 1910년 초를 기준으로 화냥년이 성적으로 문란한 여성을 일컫고 있다는 것은 명확해졌다. 그렇다면 '환향녀'가 '화냥년'이 되었다는 것은 역사적으로 사실이 아니라고 말할 수 있다. 그 반대로 여전히 정절을 강조하는 우리 사회에서 화냥년과 비슷한 발음 구조를 가진 '환향녀'를 만들어 공격했던 것은 아닌가?

2016년 개봉한 영화 <귀향>은 위안부 소녀들의 이야기를 담고 있다. 1991년 8월 14일 김학순 할머니의 '일본군 위안부'에 대한 피해 사실 증언을 계기로 국가는 동사무소에서 피해자 신고 접수를 받는다. 영화 속 영옥(손숙)은 피해자 신고를 위해 동사무소에 갔지만 차마 용기를 내지 못하고 망설였다. 결국 발길을 돌리는 그녀의 귀에 동사무소 직원들의 수근거림이 들린다.

"우리 관할 구역에는 1명도 없네요."
"미치지 않고서야 그런 걸 누가 신고해?"
폭발한 영옥은 이렇게 외친다.
"내가 그 미친년이다! 우짤래!"

소위 환향녀와 위안부의 구조를 보면 동일한 흐름을 확인할 수 있다. 국가가 지키지 못한 수많은 사람들. 거기에는 여성만 있는 것도 아니고 남녀노소가 다 포함되어 있다. 그런데 전쟁 후 처리 과정에서 늘 여성에게는 다른 이와 다른 '정절'과 '수치'

의 프레임이 따라다니게 된다. 같은 피해자인데 여성만은 '창피한 줄 알아야' 하는 이상한 일이 벌어지는 것이다.

환향녀가 화냥년으로 둔갑된 것은 해방 이후라고 추정된다. 해방 이후 그 시절 우리의 철학적 깊이가 그 정도였다는 것은 그렇다고 치자. 이제 21세기. 우리 주변에 여전히 환향녀와 화냥년을 등치시키고, 위안부를 비하하며, 여성의 열녀됨을 칭송하는 사람들은 없는가?

사진출처 : DAUM 영화 정보 (https://movie.daum.net/moviedb/main?movieId=91662)

영화 한 편을 통해 우리 마음 속 차별에 대해 살펴보았다. 마지막으로 하나만 덧붙이자면, 이 글에서도 소위 '환향녀'라는 표현을 사용하고 있는데, 이는 '환향녀'라는 단어 자체를 설명하기 위해서 불가피 한 것이었다. 혹시라도 일상생활 중에 병자호란 때 끌려간 여성들을 지칭할 일이 생긴다면 어떤 이름이 좋을까? 우리 이제 '환향녀' 대신 '속환녀' 혹은 '여성 피로인'이라는 역사적 용어를 사용하는 것은 어떨까?

저자 약력

강의혁 전남대 인문학연구원 HK교수
김 현 전남대 철학연구센터 학술연구교수
장복동 전남대 인문학연구원 HK연구교수
한수현 감신대
이수진 전남대 영어영문학과
이혜란 전남대 영어영문학과
박중렬 전남대 국어국문학과
김청우 전남대 인문학연구원 HK연구교수
박세인 전남대 국어국문학과
한의숭 전남대 인문학연구원 HK교수
조상현 전남대 사학과

전남대학교 인문학연구원 HK+가족커뮤니티사업단 시민문화총서

안과 밖의 경계 가족과 공동체의 풍경

인 쇄 2020년 2월 25일
발 행 2020년 2월 28일

저 자 강의혁·김 현·장복동·한수현·이수진·이혜란
박중렬·김청우·박세인·한의숭·조상현
발행인 정병석
발행처 전남대학교출판문화원

등 록 1981. 5. 21. 제53호
주 소 61186 광주광역시 북구 용봉로 77
전 화 (062) 530-0571~2
마케팅 (062) 530-0573
팩 스 (062) 530-0579
홈페이지 http://www.cnup.co.kr
이메일 cnup0571@hanmail.net

값 15,000 원

ISBN 978-89-6849-698-1 (93330)

이 저서는 2018년 대한민국 교육부와 한국연구재단의 지원을 받아 수행된 연구임
(NRF-2018S1A6A3A04042721)

이 도서의 국립중앙도서관 출판예정도서목록(CIP)은 서지정보유통지원시스템 홈페이지(http://seoji.nl.go.kr)와
국가자료공동목록시스템(http://www.nl.go.kr/kolisnet)에서 이용하실 수 있습니다.
(CIP제어번호: CIP2020007464)